C. Bernd Sucher
Unsichere Heimat

C. Bernd Sucher

Unsichere Heimat

Jüdisches Leben in Deutschland
von 1945 bis heute

PIPER

Mehr über unsere Autorinnen, Autoren und Bücher:
www.piper.de

Von C. Bernd Sucher liegen im Piper Verlag vor:
Mamsi und ich
Unsichere Heimat

ISBN 978-3-492-07038-6
© Piper Verlag GmbH, München 2023
Satz: Eberl & Koesel Studio, Kempten
Gesetzt aus der Garamond Premier Pro
Litho: Lorenz & Zeller, Inning am Ammersee
Druck und Bindung: GGP Media GmbH, Pößneck
Printed in Germany

Denn wohin du gehst, will ich gehn, und wo du nachtest, will ich nachten dir gesellt. Dein Volk ist mein Volk und dein Gott ist mein Gott.

Wo du sterben wirst, will ich sterben und dort will ich begraben werden. So tue ER mir an.

Rut 1,16, übersetzt von Martin Buber und Franz Rosenzweig

Für A.

Lochenhäusl, im September 2023

Sage nie, du gehst den letzten Weg!
Trotz grauem Himmel und kein blauer Tag,
die ersehnte Stunde kommt wie Paukenschlag.
Und die Parole lautet: wir sind da.

Vom grünen Palmenland bis hin zum Land voll Schnee,
wir kommen an mit unserm Leid, mit unserm Weh.
Und wo ein Spritz gefallen ist von unserm Blut,
dort wächst in uns ein neuer Wille, neuer Mut.

Das Heute wird zu Gold, wenn erst die Morgensonne
scheint,
das Gestern wird verschwinden mit dem Feind.
Und zögert auch die Sonne noch am Horizont,
das Lied ist ein Versprechen, dass sie kommt.

Geschrieben ist's mit Blut und nicht mit Blei.
Kein Liedchen ist's von Vögeln, froh und frei.
Es hat ein Volk, vor schon zerstörten Wänden,
das Lied gesungen, Waffen in den Händen.

Drum sage nie, du gehst den letzten Weg.
Trotz grauem Himmel ohne blauen Tag,
die ersehnte Stunde kommt wie Paukenschlag.
Und die Parole lautet: wir sind da.

Hirsch Glik, Partisanenlied[1]

Inhalt

Vorwort

Im Juli 2019 erschien in diesem Verlag »Mamsi und ich«.
Ein Buch, in dem ich über meine jüdische Mutter und mich
nachdenke, über die Shoah und mein Leben. Es ist geprägt
vom Leid meiner Mutter. Unsere Doppelbiografie verlangte
mir mehr Mut und Ehrlichkeit ab, als ich anfangs gedacht
hatte. Beim Schreiben war alles, was meine Familie ver-
drängt und meine Mutter geschmerzt hatte, was mein Leben
beeinflusste, gegenwärtig. Es gab nur zwei Möglichkeiten: zu
lügen oder mich der Wahrheit mit all ihren Abgründen und
ihrem Grauen zu stellen. Es war ein qualvoller Prozess. Am
Ende jedoch war ich froh!

Felicitas von Lovenberg, die mich von Anfang an bestärkt
hatte, diese Familiengeschichte zu schreiben, schlug wenig
später ein neues Projekt vor. Ein Buch über jüdisches Leben
in Deutschland nach 1945, wobei Gegenwart und Zukunft
mehr Raum einnehmen sollten als der Blick zurück. Hoff-
nungsvoll begann ich die Recherchen, führte Gespräche. Ich
wollte bestätigt finden, was die politischen Sonntagsredner
überall und immerzu freudig-optimistisch verkünden: »Das
Judentum gehört zu Deutschland, es hat die deutsche Geschichte und Kultur immer mitgeschrieben, vor und nach
dem Zivilisationsbruch der Shoah, es prägt und es bereichert
uns«, sagte Bundespräsident Frank-Walter Steinmeier im
Januar 2021[1]. Im selben Jahr gab es fast eintausend »antisemitische Vorfälle«, die RIASS, der Bundesverband der Recher-
che- und Informationsstellen Antisemitismus, meldete.

Ich machte mich in dem Vertrauen an die Arbeit, in diesem Land blühendes jüdisches Leben zu finden, und war mir ziemlich sicher, dass das im gesellschaftlichen Kontext so oft und gern hinausposaunte »Nie wieder!« von einem kämpferischen, kompromisslosen Eintreten von Nichtjuden für deutsche Juden begleitet sein würde.

Der Titel dieses Buches wurde nach vielen Überlegungen und Diskussionen gefunden. Jede optimistischere Formulierung verbot sich.

München, 6. Juli 2023/Schiwa Assar beTammus 5783

Einleitung

Ja, es leben wieder Juden in Deutschland! Mit Stand 2021 registrierte der Zentralrat der Juden in Deutschland 91 839 Mitglieder in den deutschen jüdischen Gemeinden und Landesverbänden. Nicht mitgezählt sind jene Jüdinnen und Juden, die Mitglieder in den 27 Gemeinden der »Union progressiver Juden in Deutschland« sind, und jene, die zwar als Jüdinnen und Juden gelten – weil sie jüdische Mütter hatten oder haben –, aber keiner Gemeinde angehören. So kann nur geschätzt werden, dass in Deutschland ungefähr 225 000 Personen leben, die als Jüdinnen und Juden gelten (können).[1] Bei einer Gesamtbevölkerung von über 83 Millionen ist das eine verschwindend kleine Gruppe – nicht einmal 1 Prozent. Und doch steht sie immer wieder im Mittelpunkt der medialen Aufmerksamkeit.

Wegen der Shoah. Wegen antisemitischer Ausschreitungen. Wegen der israelischen Politik. Und wegen der vielen gut gemeinten Appelle, dass die Juden zu diesem Land gehören.

Im Februar 2021 beschwor Bundespräsident Frank-Walter Steinmeier das seit Jahrhunderten gelebte Miteinander von Juden und Nichtjuden in diesem Land: »Welch beeindruckende Zeitspanne! 1700 Jahre jüdisches Leben feiern wir überall in Deutschland in diesem Jahr, und es war mir eine Freude und ein ganz besonderes Anliegen, als Bundespräsident die Schirmherrschaft für dieses Festjahr zu übernehmen – ein Jahr, in dem wir uns überall in unserem Land auf die Spuren jüdischen Lebens, jüdischer Kultur begeben. Erstes offizielles Zeugnis jüdischen Lebens auf dem Gebiet des heutigen Deutschlands ist das Edikt des römischen Kaisers Konstantin im Jahr 321, das es Juden in Köln erlaubte, öffentliche Ämter zu bekleiden. Seither gehört das Judentum zu Deutschland, gehören Juden zu Deutschland – ich glaube, vielen Menschen ist gar nicht bewusst, wie tief das Judentum verwoben ist mit der Geschichte und Kultur unseres Landes, wie sehr es sie mitgeschrieben und mitgeprägt hat. Und ich hoffe und wünsche mir sehr, dass es in diesem Festjahr gelingt, mehr Bewusstsein dafür zu schaffen! Ich bin zutiefst dankbar, dass nach dem Zivilisationsbruch der Shoah wieder jüdisches Leben in Deutschland möglich ist, dass es wieder aufblühen konnte und heute so vielfältig, jung und voller Schwung ist. Das ist ein unermessliches Glück für unser Land. «[2]

Diese Meinung, dass die Jüdinnen und Juden in Deutschland für das Land ein » unermessliches Glück « sind, teilen nicht alle Menschen, die in der Bundesrepublik leben.

Ich meine nicht nur jene Deutsche, die Anschläge planen und verüben, die Juden beschimpfen, weil sie sie an der Kippa erkennen, oder Synagogenmauern beschmieren. Ich meine die unaggressive Mehrheit. In einer Studie des Pew-Forschungsinstituts aus dem Jahr 2018 antworteten 19 Prozent der Teilnehmer auf die Frage, ob sie Menschen jüdischen Glaubens in ihrer Familie gutheißen würden, mit Nein. 12 Prozent gaben keine eindeutige Antwort.[3] Ist diese Studie für Jüdinnen und Juden schon beunruhigend, so lehrt sie eine 2019 vom Jüdischen Weltkongress initiierte Umfrage das Fürchten. Danach waren 27 Prozent aller Deutschen antisemitische Gedanken keineswegs fremd. Die Begründungen für diesen Judenhass waren aberwitzig: Die Juden redeten zu viel über die Shoah, und sie hätten überhaupt zu viel Macht in Deutschland und der Welt, schlimmer noch, die Juden trügen die Verantwortung für die meisten Kriege. Auf die Frage, warum sie die Juden hassten, waren sich fast ein Viertel der Befragten sicher, dass die Juden selbst schuld seien, ihr Verhalten führe zur Ablehnung durch Nichtjuden.[4]

Um dem entgegenzuwirken, wird von Politikerinnen, Historikern, Publizistinnen und Vertretern der Kirchen immer wieder bekundet, was Deutsche den Juden während der Naziherrschaft angetan haben. Damit nicht genug. Zerstörte Synagogen wurden und werden wieder aufgebaut, neue Gotteshäuser wurden von den Juden mit der (finanziellen) Unterstützung von Nichtjuden errichtet, andere sind in Planung. Denkmäler wurden gebaut, ehemalige Konzentrationslager umgewidmet zu Begegnungsstätten. Jüdische Museen findet man inzwischen in allen großen Städten, in vielen kleinen und manchmal auch in Dörfern.

Ein nicht zu stoppender Philosemitismus machte sich breit. » Vor lauter › Juden ‹ im Kopf könne «, so der Historiker Per Leo, der Antisemitismus » die widersprüchliche Vielfalt realer Juden nicht sehen. «[5]

Der Begriff Erinnerungskultur prägt die Diskurse, wenn von der jüdischen Geschichte in diesem Land und von der Gegenwart der jüdischen Bevölkerung in der Bundesrepublik gesprochen wird. Man setzt auf Erinnerung; sie wird erhofft, zuweilen sogar eingefordert. Wie anders sind solche Wort-Mutanten zu deuten: Erinnerungsarbeit, Erinnerungsaufgabe, Erinnerungsbemühung, Erinnerungshype, Erinnerungskampf, Erinnerungskrampf, Erinnerungspflicht, Erinnerungsversuch. Und das sind keineswegs alle.

» Nirgendwo wird so nachdrücklich erinnert und gemahnt wie in Deutschland, auch wenn dies einigen immer noch zu wenig geschieht und es anderen mittlerweile zu viel wird. «[6] Und die Bundeszentrale für politische Bildung erklärt auf ihrer Website: » Verdrängen, vergessen, verschweigen – die deutsche Erinnerung an Nationalsozialismus und Zweiten Weltkrieg hat selbst eine Geschichte. Eine intensive Auseinandersetzung und Aufarbeitung setzte erst zögerlich ein, das Thema wurde zunächst weitgehend totgeschwiegen in der Bundesrepublik, während die DDR als ›per se antifaschistischer Staat‹ jede Verantwortung für die NS-Verbrechen ablehnte. In den vergangenen Jahrzehnten wandelte sich die Erinnerungskultur, die Verantwortung, die sich aus der Vergangenheit ableitet, ist mittlerweile Teil der deutschen ›Staatsräson‹. Mit dem Untergang des SED-Regimes rückten auch neue Themen in den Fokus, beeinflusst durch die Rolle der Massenmedien. Wie steht es um die Aufarbeitung der deutschen Vergangenheit, und welche Rolle spielt die Vergangenheit in der Gegenwart?«[7]

Kann man Erinnerung einfordern? Kann das Erinnern an die Judenmorde im sogenannten Dritten Reich verordnet werden? Gibt es ein Überangebot an Erinnerungsorten, Erinnerungsveranstaltungen? Und welche Konsequenzen könnte das Überangebot haben? Etwa aus Überdruss die Akzeptanz von Antisemitismus in jeglicher Form?

In seinem Buch *Tränen ohne Trauer – Nach der Erinnerungskultur* schreibt Per Leo: »Der Läuterungsstolz, mit dem manche den Gewinn der Erinnerungsweltmeisterschaft bejubeln, ist genauso unangemessen und einseitig wie die Behauptung, der kritische Umgang mit dem Nationalsozialismus sei ein Mythos, dessen Haltlosigkeit sich am derzeitigen ›Rechtsruck‹ und am Fortbestand völkisch-rassischer und antisemitischer Einstellung ablesen ließe.«[8]

Im vorliegenden Buch sollen Antworten gefunden werden auf die wichtigsten Fragen, die das Zusammenleben von Juden und Nichtjuden in Deutschland aufwirft – seit der Befreiung 1945 bis heute.

Wann ging es eigentlich los mit dem Antisemitismus nach dem Kriegsende? War er in diesem Land je verschwunden?

Oder wurde er von der Politik nur verharmlost und verschwiegen? Die Historikerin Stefanie Schüler-Springorum schreibt in ihrem Essay »Das Untote – Warum der Antisemitismus so lebendig bleibt und ist« von der erstaunlichen »Stabilität der antisemitischen Architektur«.[9] Und Norbert Frei, ein Historiker und Publizist, der alle seine Äußerungen ebenso entschieden wie vorsichtig formuliert, präzisiert bei gleichzeitiger Kritik an den Thesen seines US-Kollegen Daniel Goldhagen: »Der Antisemitismus hat nie aufgehört, und die seinerzeit vor allem von Daniel Goldhagen propagierte Idee, dass er mit der Ankunft der Amerikaner überwunden war, beziehungsweise überwunden wurde, ist natürlich Unfug.«[10]

Gab es also schon wieder judenfeindliche Strömungen gleich nach der Kapitulation 1945? Was bewog Juden, die die Shoah überlebt hatten, im Land der Mörder zu bleiben oder gar dorthin zurückzukehren und hier heimisch zu werden? Sie wurden von vielen Juden im Ausland – vor allem denen in den USA und in Israel – angegriffen. Selbst Jahrzehnte später, vor der Jahrtausendwende, wunderte sich Yohanan Meroz, von 1974 bis 1985 israelischer Botschafter in Deutschland, noch darüber: »Ich kann es tatsächlich schwer verstehen, wie Juden nach der Schreckenszeit in Deutschland Fuß fassen konnten. Ich kann es schwer verstehen, weil ich in den deutsch-israelischen Beziehungen den einzig wirklichen Ersatz für eine vermeintliche Symbiose sehe, die im Sande verlaufen ist. Deutsch-israelische Zusammenarbeit ist für mich der letztgültige Beweis für ein deutsch-jüdisches Miteinander. Nicht die Tatsache, dass vernichtete Gemeinden zum Teil künstlich aufgepfropft werden und zum Teil wachsen durch einen Strom von Neuankömmlingen aus der ehemaligen Sowjetunion. Ich halte es für schwer verständlich, dass sich Menschen, die keinen Hintergrund der Zugehörigkeit zum deutschen Kulturkreis haben, dort niederlassen und neue Gemeinden aufbauen. Aber das ist die Entscheidung des Einzelnen. Wenn sich Leute zu diesem Versuch entschließen, respektiere ich das, ohne ihn gutzuheißen.«[11]

Was bedeutet in diesem Zusammenhang die sogenannte Wiedergutmachung? Der in München geborene und in Tel Aviv lebende Journalist Richard C. Schneider nennt diesen Begriff »zynisch« und beklagt, dass er sich dennoch im deutschen Sprachgebrauch erhalten hat: »Es war keine Abschlagszahlung für die sechs Millionen Toten, es waren Zahlungen zur Integration des letzten Rests der ehemaligen KZ-Häftlinge.«[12]

Was bedeutet die Gründung des Zentralrats der Juden in Deutschland im Jahr 1950? Einigung der deutschen und der osteuropäischen Juden?

Was bedeutet Adenauers Schweigen bei seinem Regierungsantritt? Norbert Wollheim, ein deutscher Jude, Mitbegründer des Zentralrats der Juden in Deutschland, stellvertretender Vorsitzender des Zentralkomitees der befreiten Juden in der britischen Zone, war konsterniert über die Haltung des ersten Bundeskanzlers: »Als Adenauer die erste Regierungserklärung im Bundestag abgegeben hat, verlor er kaum ein Wort über die Vergangenheit, nichts über Solidarität mit den Opfern, Bedauern über die Verluste, ganz zu schweigen von Wiedergutmachung. Ich erinnere mich, wir hatten eine Sitzung in Bremen, und wir hatten sie unterbrochen, um Adenauer zuzuhören. Wir konnten kaum die Sitzung zu Ende bringen, denn die Erregung war ungemein.«[13]

Entschiedener äußerte sich der Publizist Ralph Giordano, der die Adenauer-Ära als »braunen Epilog« bezeichnete, »die Ära, in der sich das manifestierte, was ich die zweite Schuld genannt habe, womit ich die Verdrängung von Leuten von der ersten Schuld unter Hitler meine. Und zwar nicht bloß als moralische oder rhetorische Kategorie, sondern tief instituiert durch das, was ich den großen Frieden mit den Tätern genannt habe. Nicht nur, dass sie straffrei davonkamen, sie konnten auch in allen Sparten ihre Karriere weiter fortsetzen. Die Funktionselite der alten BRD war bis in die Siebziger nahezu identisch mit der unter Hitler. Und das war Adenauers Werk. Adenauer ist eigentlich für mich der Schöpfer der zweiten Schuld.«[14]

Wollten die Deutschen überhaupt wieder jüdische Gemeinden in ihrem Land? Die Antwort von Asher Ben Nathan, dem ersten Botschafter Israels in Deutschland, ist verstörend und lenkt wieder auf Spuren. Täter können durchaus Erinnerungen benutzen, um zu vergessen: »Ich glaube, die Bundesrepublik war an einer jüdischen Gemeinde in Deutschland interessiert. Vielleicht nicht an einer so großen wie in der Vergangenheit, aber trotzdem. Sie wollten das Zeichen. Es gibt eine jüdische Gemeinde hier und ein gutes Zusammenleben. Das war sicher eine der Absichten.«[15]

Wo sehen wir im Land jüdisches Leben? Und wo ist es bedroht? Wie hilfreich sind die vielen Initiativen, die deutsche Nichtjuden und deutsche Juden versöhnen möchten, die eine Annäherung von Deutschen und Israelis versuchen?

Und schließlich soll auch gefragt werden, wie die knapp 100 000 beziehungsweise 225 000 Jüdinnen und Juden hier versorgt werden – gibt es für die Orthodoxen unter ihnen die Möglichkeit, koschere Lebensmittel zu kaufen, koscher essen zu gehen, in koscheren Hotels zu übernachten? Gibt es ein speziell jüdisches Kulturangebot?

Im vorliegenden Buch, in dem es letztlich um Antworten auf eine einzige, wesentliche Frage geht – Haben die deutschen Juden in diesem Staat eine Zukunft oder nicht? –, werden auch deutsche oder in Deutschland lebende Jüdinnen, Juden und Nichtjuden zu Wort kommen, mit denen ich gesprochen habe, und jüdisches Leben in Deutschland reflektieren. Der letzte Teil ist der Dokumentation unserer Gespräche gewidmet.

»Nur durch Gespräch, nur durch Informationen kommen wir vielleicht eines Tages dazu, dass Normalität in der Begegnung zwischen Juden und Nichtjuden, die noch nicht vorhanden ist, irgendwann doch realisiert werden kann. Aber ich bezweifle, dass wir das in dieser oder in der nächsten Generation erreichen werden«.[16]

Vielleicht eines Tages ... Eine geradezu utopische Hoffnung, die Paul Spiegel nach seiner Wahl zum Präsidenten des Zentralrats der Juden in Deutschland am 9. Januar 2000 äußerte.

Gar nicht denken möchte ich aber, was Spiegels Amtsvorgänger Ignatz Bubis vor der Jahrtausendwende formulierte: »Wenn die 80 Millionen Nichtjuden keine jüdische Zukunft hier haben wollen, dann werden die 80 000 Juden keine Zukunft aufbauen können.«[17]

Teil I

1945 – und nun?

Zurück im Land der Mörder

Wir sind da! – Das war nach der Befreiung Deutschlands von der nationalsozialistischen Herrschaft kein Schlacht- und schon gar kein Triumphruf der zurückgekehrten oder zugewanderten Juden. Wir sind da! – das war Ausdruck eines unerschütterten und trotz vieler sofort wieder ein- setzender Anfeindungen unerschütterlichen Überlebens- willens, auch eines wiedergewonnenen jüdischen Selbst- bewusstseins.

Die Juden, die sich entschlossen hatten, in Deutschland, dem »Land der Mörder«, zu bleiben oder hierhin zurück- zukehren, wurden von den Deutschen keineswegs mit offe- nen Armen willkommen geheißen. Zudem wurden sie, und das traf sie härter, von den Juden verachtet, die nach Israel, ins Gelobte Land, oder in andere Länder der Welt ausge- wandert waren. Diese Gruppe hatte es in den Augen der meisten Überlebenden richtig gemacht – sie hatte Deutsch- land so schnell wie möglich verlassen und diesem Staat ein für alle Mal den Rücken gekehrt. Diejenigen, die hingegen in Deutschland die alte, neue Heimat finden wollten, zogen sich dem Münchener Historiker Michael Brenner zufolge nicht »ihrer numerischen, sondern ihrer emblematischen Bedeutung wegen den Zorn der Juden der Welt zu«.[1]

Auf Deutschland, so sahen es die emigrierten Juden, las- tete nach der Katastrophe, dem millionenfachen Mord, ein Fluch. Ein Bann. Und so traf er auch das neue jüdische Kollektiv auf deutschem Boden. In den Augen derer, die aus Palästina oder den USA nach Deutschland schauten, widersetzten sich diese Menschen dem in der Judenheit mehrheitlich durchgesetzten Dogma, dass es für das Land der Deutschen und seine Bewohner keine Vergebung geben dürfe. Auf deutschem Boden zu verbleiben oder dorthin zurückzukehren war nichts anderes, als den einstigen Verbrechern unausgesprochen die Hand zur Versöhnung hinzustrecken.

Charlotte Knobloch, die Präsidentin der Israelitischen Kultusgemeinde in München, erinnert sich, dass sie und ihre Familie ausgeschlossen wurden. Sie empfängt mich im neuen Gemeindehaus auf dem St.-Jakobs-Platz. Bevor ich in das große, lichte Sitzungszimmer geführt werde, von dem man einen Blick auf das Dach der Synagoge hat, muss ich mich ausweisen und scannen lassen. Keinen Schritt kann ich ohne Begleitung tun. Nachdem ich drei Männer, das Sicherheitspersonal für die Präsidentin, passiert habe und endlich im vierten Stock angekommen bin, entdecke ich im Bücherregal einen Talmud und die 22 Bände der *Encyclopaedia Judaica*.

Charlotte Knobloch, eine 87-jährige, kleine Dame, lächelt: »Sie möchten wissen, wie man heute als Jüdin oder Jude in Deutschland lebt? Erlauben Sie mir, mit der Vergangenheit zu beginnen, mit den Jahren nach 1945. Es war nie einfach, als jüdischer Mensch in Deutschland zu leben, und das ist es auch heute nicht. Ich habe mein ganzes Leben in diesem Land verbracht, habe die Zeit des Naziterrors überlebt und bin am Ende in meiner Geburtsstadt München geblieben. Was sich geradlinig anhört, war aber in Wahrheit ein langer und schwieriger Prozess. Ich wuchs als jüdisches Münchner Kindl im NS-Staat auf. Ich habe die Verfolgung der jüdischen Gemeinschaft durch die Nationalsozialisten miterlebt und am 9. November die orthodoxe Synagoge brennen sehen. Sie stand am heutigen Lenbachplatz. Nachdem meine Großmutter im Sommer 1942 deportiert worden war, gelang es meinem Vater, mich bei der Familie einer ehemaligen Hausangestellten seines Bruders auf einem Dorf in Franken zu verstecken, in Arberg. Nicht nur ich überlebte, auch mein Vater überlebte. Meine Großmutter wurde 1944 ermordet. Als ich nach Kriegsende nach München zurückkehrte, war die Stadt völlig zerstört. Zugleich war sie voller jüdischer Displaced Persons. Das waren Überlebende, die sich nichts sehnlicher wünschten, als Deutschland zu verlassen. Argentinien, Australien, Amerika, die Schweiz, England, Israel, egal. Es gab viele Ziele, aber raus aus Deutschland, das wollten fast alle. Den meisten gelang das auch. Von den wenigen, die blieben, hatte jeder seine eigene Geschichte zu erzählen, warum es mit der Auswanderung nichts geworden war. Auch ich: Mein Mann und ich waren bereits auf dem Sprung in die USA gewesen, als das erste Kind sich ankündigte. Dann kamen ein zweites und ein drittes, und am Ende blieben wir hier. «

Ob es stimme, dass diese Displaced Persons gleich wieder von den Deutschen angegriffen worden seien, dass es gleich nach 1945 wieder antisemitische Ausschreitungen gegeben habe, möchte ich wissen. Ich hoffe auf ein entschiedenes Nein und bekomme ein entschiedenes Ja als Antwort. Die Juden, die in Deutschland geblieben waren, wurden eben nicht nur von den Deutschen wieder angefeindet, sondern auch von den Juden im Ausland. Also verbargen sie ihre Identität, wenn sie sich in anderen Ländern aufhielten, gaben sich zum Beispiel als Schweizer Juden aus. Und nie verließ sie das Gefühl der Anfeindung und der Unsicherheit. Ihre Angst war nicht unbegründet, wie der Brandanschlag auf das jüdische Gemeindehaus in München im Februar 1970 bewies – und schrecklicher noch zwei Jahre später das Attentat in dieser Stadt auf die israelische Olympiamannschaft.[2]

Die Juden, die sich in Deutschland (wieder) niederließen, wurden bedroht von einer Gruppe nicht jüdischer Deutscher; und sie wurden gedemütigt von den Juden im nicht deutschsprachigen Ausland.

Wir sind da! – das war also ein sehr mutiger Schritt. Zum einen wussten die Juden nicht, wie sie aufgenommen würden; zum anderen schlossen sie sich mit ihrer Entscheidung selbst aus. In den Augen vieler anderer Juden gehörten sie nicht mehr zur weltweiten jüdischen Gemeinschaft. Einst von den Nationalsozialisten ausgeschlossen und verfolgt, begaben sie sich nun freiwillig in einen Bund mit den Tätern – und wurden gerade dadurch wieder zu Verachteten, die jetzt von ihresgleichen zumindest verbal verfolgt wurden. In Deutschland zu bleiben, dafür brauchte es Mut – und einen sehr großen Optimismus, eine besondere Liebe zu diesem Land und seiner Kultur.

Doch nicht nur von außen gab es Angriffe. Die verschieden sozialisierten Gruppen – deutsche Juden, die den Holocaust überlebt hatten, trafen auf eine weit größere Anzahl osteuropäischer Juden – machten einander das Zusammenleben zusätzlich schwer. Die sogenannten Ostjuden waren meist aus Polen zugewandert, gestrandet auf deutschem Boden, Staatenlose, Displaced Persons, abgekürzt DPs. In Deutschland hatten nicht mehr als 1500 Juden überlebt. Dazu kamen 9000, die aus den befreiten Konzentrationslagern zurückkehrten. Eine nach jüdischen Gemeinden, also nach den Landesverbänden, geordnete Statistik vom März 1949 zählt insgesamt 21 645 Mitglieder. Davon waren 10 994 sogenannte deutsche Juden und 10 651 nicht deutsche. 50,7 Prozent deutsche Juden, 49,3 Prozent Displaced Persons.[3]

Moris Lehner, emeritierter Professor für internationales Steuerrecht, erklärte mir, bevor wir gemeinsam mit seiner Frau Schabbat feierten, was für ihn » Displaced Persons «

seien. » Die Menschen, die Konzentrationslager mit großem Glück und mit letzter Kraft überlebt haben, waren nicht nur › displaced ‹ im Sinne von heimatlos und umgesiedelt. Sie waren lebende Leichen, die – ihr Leben lang! – meistens nicht mehr zu einem psychisch und physisch erträglichen Zustand zurückgefunden haben. «[4]

Schon im Jahr der Befreiung hatte es wieder die ersten antisemitischen Ausschreitungen in Deutschland gegeben, die einer breiten Öffentlichkeit und damit auch den Beobachtern im Ausland deutlich machten, dass jüdisches Leben in diesem Land bereits wieder gefährdet war.

Im Sommer 1945 hatten die jüdischen DPs begonnen, sich Organisationsstrukturen zu schaffen. Am 25. Juli 1945 trafen sich im westlich von München gelegenen Kloster St. Ottilien, in dem zu dieser Zeit ein jüdisches Krankenhaus untergebracht war, 96 Delegierte, die 40 000, in 46 deutschen und österreichischen Camps lebende Juden vertraten. Diese Gruppe der » Scha'erit hapleta « – » des geretteten Rests « – war nicht homogen, ihre Angehörigen unterschieden sich durch ihre Herkunftsländer, ihre politischen und kulturellen, sogar durch ihre religiösen Überzeugungen. Und damit nicht genug der Schwierigkeiten: Die jüdischen Gemeinden, die von aus ihren Verstecken oder den Konzentrationslagern zurückgekehrten deutschen Juden dominiert wurden, stellten sich einer Integration der » Ostjuden « entgegen. Es etablierte sich also rasch eine Hierarchie.

Das Unvermögen der deutschen Nachkriegsgesellschaft, mit der Vergangenheit umzugehen, in die sie tief verstrickt war, zeigte sich direkt nach dem Krieg gerade am Umgang mit den Displaced Persons jüdischer Herkunft.[5] Der Judaist Peter Schäfer sieht zu dieser Zeit bereits wieder » die alten Stereotype vom Schachern und Wuchern der Juden wirksam «.[6] Am 2. August 1949 veröffentlichte die *Süddeutsche Zeitung* einen Leitartikel des Leitenden Redakteurs für

Politik Wilhelm Emanuel Süskind unter der Überschrift »Judenfrage als Prüfstein«.[7] Sein Beitrag war offen antisemitisch. Zwar äußerte er eher kleinlaut, dass niemand die Juden ein zweites Mal vergraulen sollte, nachdem sie im Land überlebt oder nach Deutschland zurückgekehrt waren. Er plädierte dafür, sie zu halten, was auch immer dieses Verb zu bedeuten haben mochte. Allerdings formulierte er für diese Duldung der Juden – denn darauf lief es hinaus – Bedingungen: Der jüdische Schwarzmarkt in München und dort in der Bogenhausener Möhlstraße müsste von den Nichtjuden unterbunden werden. Den Deutschen – einem Wir – stellte er die anderen, die Fremden, gegenüber.[8]

Bogenhausen – und dort eben die Möhlstraße, aber auch Nebenstraßen wie zum Beispiel die Siebertstraße – war das Zentrum jüdischer gesellschaftlicher Aktivität der DPs. Auch heute ist der Stadtteil eine von der jüdischen Bevölkerung Münchens bevorzugte Wohngegend. Hier besitzt die Israelitische Kultusgemeinde Immobilien. Und hier hatten die wichtigsten Einrichtungen der »Ostjuden« ihren Sitz: das Zentralkomitee der befreiten Juden in der amerikanischen Besatzungszone, die jüdische Berufsschule, der jüdische Schauspieler- und Schriftstellerverband, das Bayerische Hilfswerk für die von den Nürnberger Rassegesetzen Betroffenen, die Hebrew Immigrant Aid Society (HIAS), das jüdische städtische Komitee, der jüdische Kindergarten, die jüdische Volksschule, das jüdische Gymnasium, die jüdische Bibliothek, das Stadtkommissariat für rassisch, religiös und politisch Verfolgte und das jüdische Krankenhaus. Die Straßenbahnlinie dorthin nannten die nicht jüdischen Münchner den »Palästina-Express«.

Baruch Graubard stammte aus Polen und hatte den Holocaust versteckt in einem Franziskanerkloster in der Slowakei überlebt. Im Jahr 1946 war er als DP nach Deutschland gekommen und arbeitete im Kulturamt des Zentralkomitees der befreiten Juden in der amerikanischen Zone, wurde später Vizepräsident der Israelitischen Kultusgemeinde in München. Satirisch stellte er fest, wie es in Bogenhausen zuging – und formulierte damit viele antisemitische Stereotype: »Es ist kein großes Vergnügen, an einem heißen Septembertag auf dem Platz beim Münchner Komitee handeln zu gehen. Ein Gedränge, ein Lärm und der Geruch von Zwiebeln und Fisch. Dazu kommt der Schlamm! Gott im Himmel! Woher nehmen die Juden in so einer Hitze Schlamm? Es macht den Eindruck, daß man ihn eigens aus Pinsks importiert.«[9]

Der SZ-Autor Wilhelm Emanuel Süskind hatte wohl solche Szenen vor Augen, als er an seine deutsche Leserschaft appellierte, »daß wir – moralisch – eine besondere Rücksicht und Zartheit den Juden gegenüber walten lassen wollen, auch wenn der einzelne Jude Rücksicht und Zartheit nicht herausfordert. Daß wir – intellektuell – unser Urteil nicht bestimmen lassen von Fehlern einzelner Juden und auch nicht von Fehlern, die das ganze Volk in seiner Durchgezüchtetheit besitzen mag.«[10]

»Durchgezüchtetheit«, das war Nazijargon – und Süskind war während des Dritten Reichs auch nicht gerade durch eine systemkritische Haltung aufgefallen. Sein Artikel schlug jedenfalls Wellen: »Am 9. August 1949 wandte sich die Redaktion an ihre Leser. Süskinds Ausführungen zur ›Judenfrage‹ hätten ›einen ganz ungewöhnlich starken Widerhall gefunden‹, schrieb sie. ›Wir veröffentlichen von den äußerst verschiedenartigen Leserbriefen einige besonders charakteristische.‹«[11] Erst kam ein philosemitischer Briefschreiber zu Wort, der betonte, dass er viele Juden zu Freunden gehabt habe, aber die Schwarzmarktjuden Anlass zu Antisemitismus geben könnten. Ein zweiter Leser argwöhnte, man unternehme nichts gegen den Markt, weil Auschwitz gegen die Möhlstraße aufgerechnet werde. Der letzte Schreiber war am deutlichsten: »Geht doch nach

Amerika, aber dort können sie Euch auch nicht gebrauchen, sie haben genug von diesen Blutsaugern. Ich bin beim Ami beschäftigt, und da haben verschiedene schon gesagt, dass sie uns alles verzeihen, nur das eine nicht, und das ist: daß wir nicht alle vergast haben, denn jetzt beglücken sie (die Juden) Amerika ... Sie können sich darauf verlassen, daß ich alles tun werde, um recht viele Amis aufzuklären. Ich versichere Ihnen, daß ich kein Nazi war, aber ich bin ein 1 000-prozentiger Deutscher. Ich gehöre zu den sogenannten › Stillen im Lande ‹, und die Flüsterpropaganda ist mehr wert als 100 Zeitungen ... « [12] Unterzeichnet hatte ein Adolf Bleibtreu mit der fiktiven Adresse Palästinastraße.

Die sogenannte Entnazifizierung sollte den Deutschen einen Neuanfang ermöglichen, so wollten es die Besatzungsmächte; sie zielte auf die Umerziehung der Bevölkerung – offensichtlich gelang sie nicht. Dass ein Text wie der von Süskind die Redaktionskollegen nicht empört hatte, dass er erscheinen durfte, ist der beste Beweis dafür, dass selbst in den Medien nicht die » Umerzogenen « das Wort führten, sondern die Ewiggestrigen.

Nicht allein in München wurde daraufhin auf den Straßen gegen den Süddeutschen Verlag demonstriert. Es kam zu Krawallen, die Polizei musste eingreifen. Doch der Autor Süskind verlor seinen Posten nicht!

Der Artikel war zwei Wochen vor der allerersten, Mitte August stattfindenden Bundestagswahl erschienen. Am 20. September 1949 gab Bundeskanzler Konrad Adenauer seine erste Regierungserklärung ab – und redete in der Sache um den heißen Brei herum:

Die antisemitischen Bemerkungen der Deutschen, die vor allem in ausländischen Zeitungen zitiert worden waren, nannte er sehr verharmlosend » ungezogene Reden «. Seiner Logik folgend waren deshalb diese Veröffentlichungen übertrieben. Besonders auffällig und verräterisch: Adenauer sprach von rechts- und linksradikalen Außenseitern, obwohl der linke Antisemitismus sich erst viel später Gehör verschaffte. Mit einem Nebensatz erklärte er, dass der Staat in all diesen Fällen von seinen Gesetzen Gebrauch machen müsste. Mit einem kleinen Adverb – » nötigenfalls « – machte er deutlich, dass er den Zeitpunkt, sich gegen den neu erstarkenden Antisemitismus zu wehren und zu wappnen, noch nicht sah, sehen wollte.[13]

Wie also sagte Adenauer? Ungezogene Reden? Euphemistischer lässt sich dieses Skandalon nicht umschreiben.

Dann aber formulierte er klar und unmissverständlich: » Meine Damen und Herren! Lassen Sie mich in diesem Zusammenhang ein Wort zu hier und da anscheinend hervorgetretenen antisemitischen Bestrebungen sagen. Wir verurteilen diese Bestrebungen auf das Schärfste. Wir halten es für unwürdig und für an sich unglaublich, daß nach all dem, was sich in nationalsozialistischer Zeit begeben hat, in Deutschland noch Leute sein sollten, die Juden deswegen verfolgen oder verachten, weil sie Juden sind. «[14]

Oder vielleicht doch nicht so klar? Das, » was sich begeben hat «, war Völkermord!

Aber auch die Konflikte zwischen den DPs und den aus Deutschland stammenden Juden waren offenkundig. Bei diesen innerjüdischen Auseinandersetzungen spielten wirtschaftliche Unterschiede ebenso eine Rolle wie kulturelle. Deutsche Nichtjuden konnten die rivalisierenden Fraktionen nicht verstehen. Müssten die einst Verfolgten – im Leiden durchaus gleichgestellt – jetzt nicht gemeinsam für ihre Rechte kämpfen? Für Integration in der bundesrepublikanischen Gesellschaft? Nicht gemeinsam gegen wiederkehrende antisemitische Vorurteile aufstehen? Doch statt Solidarität herrschten zwischen den beiden jüdischen Gruppen Zwietracht, Neid und Argwohn. Auf der einen Seite beklagten die DPs die Ignoranz der deutschen Juden, die sich ihrerseits von den jüdischen Wohlfahrtsorganisationen benachteiligt fühlten, weil die anderen, von denen viele nach Palästina auszuwandern gedachten, bevorzugt wurden. Ein Max Horsch, von dem sonst nicht viel bekannt ist, hat dieses Spottgedicht gegen die ostjüdischen Überlebenden hinterlassen:

»Max und Moritz, diese beiden,/im KZ sich konnten leiden;/aus Polen Moritz Mayer stammt,/der Maxe war aus deutschem Land!/Weshalb nun dieser Bruderzwist,/wo jeder Jud gewesen ist?/Seit Moritz wird genannt DP,/fühlt Maxe sich genarrt wie nie!/Ihre Freundschaft kriegt ein Loch,/trotzdem Bruder beide doch,/seit Moritz echte Camels raucht,/während Maxe Kippen klaut!/Denn Moritz kriegt vom Commitee/Zucker, Kaffee und auch Tee;/daß er hiervon ganz ausgeschlossen,/Maxe stellt fest es verdrossen!/Aus den USA die Ware stammt,/gesammelt wird mit lieber Hand,/für alle Juden sollt es sein,/und nicht für die DPs allein!/Und die Moral von der Geschicht;/Vergeßt die deutschen Juden nicht!«[15]

Richard C. Schneider, ein 1957 in München geborener Jude, der die Erforschung des Antisemitismus und des Antizionismus zum Schwerpunkt seiner Arbeit gemacht hat, sieht in diesem Disput kein Problem. Geradezu amüsiert erklärt er mir, dass er dem Rabbiner Walter Rothschild heftig widersprechen müsse, der die Frage stellte, inwieweit die Juden selbst schuld am Antisemitismus in Deutschland seien: »Juden waren immer untereinander zerstritten. Na und? Welche Rolle spielt das? Was hat das mit der Außenwelt zu tun und der Art, wie Juden wahrgenommen werden? Selbst wenn Juden sich *perfekt* verhalten würden – was auch immer das sei –, wären sie Objekt von Antisemitismus, Ressentiment, Vorurteil. Nun denn. Die Frage ist in sich sogar ein klein wenig antisemitisch. Sie insinuiert, dass Juden, wenn sie denn nur anders wären, besser leben würden, auch weniger abgelehnt würden. Das hat unterschwellig etwas Perfides. Und zeugt sogar von einem Minderwertigkeitsgefühl. So nach dem Motto: Wenn wir nur anders wären, *besser*, dann wäre alles gut. Juden sind, wie sie sind. So what? Das gibt einer nicht jüdischen Umwelt nie das Recht, zu diskriminieren, zu verfolgen, anzugreifen.«[16]

Gleich nach 1945 herrschten somit nicht nur die Vorurteile deutscher Nichtjuden, es machten sich auch die Vorurteile der deutschen Juden gegen die nicht deutschen Juden breit – und umgekehrt. Nicht deutsche Juden empfanden die deutschen Juden als unjüdisch, als anbiederisch gegenüber der nicht jüdischen Gesellschaft, und sie missbilligten deren Assimilationsbedürfnis. Die deutschen Juden ihrerseits empfanden die »Ostjuden« als ungebildet, unkultiviert und in ihrem Verharren in den Traditionen als störrisch.

Zentralrat der Juden

Schon im Jahr der Befreiung hatten sich 51 Gemeinden gegründet; ein Jahr später kamen 16 Gemeinden dazu. Am 19. Juli 1950 wurde der Zentralrat der Juden in Deutschland, abgekürzt ZdJ, in Frankfurt am Main als Körperschaft des öffentlichen Rechts gegründet. Er ist die größte Dachorganisation der jüdischen Gemeinden, und er versteht sich auch als deren politische Vertretung. Zu den Gründern zählten 25 führende Delegierte der bereits wieder bestehenden jüdischen Gemeinden in Deutschland. Zum ersten Direktorium gehörten sieben Personen: Philipp Auerbach, Heinz Galinski, Benno Ostertag, Peisach Piekatsch, Chaskiel Eife, Josef Rosensaft und Norbert Wollheim. Bis 1951 hatte der Zentralrat seinen Sitz in der Stadt seiner Gründung, von 1951 bis 1985 in Düsseldorf, von 1985 bis zum 1. April 1999 in Bonn. Seitdem befindet sich sein Amtssitz im traditionsträchtigen Leo-Baeck-Haus in Berlin.

Spätestens mit dem Gründungsjahr des ZdJ 1950 sahen die meisten Juden außerhalb Deutschlands die Entwicklung hiesigen jüdischen Lebens nicht mehr nur negativ. Nein, geradezu mit Abscheu beobachteten sie die Vorgänge in dem ihnen verhassten Land. Juden, die auf dem blutgetränkten Boden blieben, wurden nicht einfach missachtet oder totgeschwiegen, sie wurden bekämpft. Die Feinde der Juden in Deutschland waren also auch die Juden außerhalb Deutschlands.

Drei wichtige Männer des Gründungsdirektoriums des Zentralrats waren deutsche Juden. Alle drei hatten das Martyrium in Auschwitz überlebt: Philipp Auerbach, Heinz Galinski und Norbert Wollheim. Auerbach hatte das Amt des bayerischen Staatskommissars für rassisch, religiös und politisch Verfolgte inne; Galinski stand der Berliner Gemeinde vor, in der bis 1953 Ost und West noch vereint waren; Wollheim war der Sprecher der Juden in der britischen Zone. Diese Besetzung ist bemerkenswert, spiegelt sie doch die Machtverhältnisse in vielen deutschen jüdischen Gemeinden wider. In Bayern waren über neunzig Prozent der Juden osteuropäisch, und doch waren die Vorsitzenden der Gemeinden häufig deutsche Juden – in München, Nürnberg und Würzburg zum Beispiel.

Vielleicht war das Jahr 1954 entscheidend für die Entwicklung jüdischen Lebens in Deutschland. Die Jewish Agency, die es sich zur Aufgabe gemacht hatte, Juden die Immigration nach Israel zu erleichtern, hatte bereits Ende 1950 ihre Büros aufgegeben, als Hendrik George van Dam, Generalsekretär des Zentralrats, vier Jahre später in einer Rede deutlich machte, dass die Juden in Deutschland nicht nur vorübergehend ansässig sein wollten: »Ich glaube, dass wir heute sagen können, dass die Juden nach 1945 eine Geschichte haben. Es liegt eine Epoche hinter uns, die bereits zum Abschluss gelangt ist, die Periode der Liquidation der jüdischen Menschen in Deutschland. Der Gedanke, dass die Juden in Deutschland nichts mehr zu suchen haben und sofort Deutschland verlassen müssen und ihre Gegenwart eine Notlösung ist, ist hinfällig geworden.«[1]

Charlotte Knobloch sieht die Entwicklung ein wenig anders. Wohlgefühlt oder besser: sicher gefühlt hätten sich Juden in Deutschland erst viel später: »Erst Ende der Achtzigerjahre wurde deutlich, dass das jüdische Leben in Deutschland vor einem epochalen Umbruch stand. Für mich waren das Jahre, in denen ich langsam akzeptieren konnte, dass München, meine Geburtsstadt, auch auf Dauer wieder meine Heimatstadt werden konnte. Das war nicht einfach für meine Familie und mich, denn die sprichwörtlichen Koffer waren immer noch gepackt. Die Deutschen hatten sich verändert. Aber die Koffer blieben dennoch gepackt; die Angst war da – bis 2003. Als wir damals am 9. November, einem sonnigen Herbsttag, den Grundstein für das neue Jüdische Zentrum Jakobsplatz legten, das heute das Herzstück unserer Gemeinde bildet; als wir den Baubeginn von Gemeindezentrum und neuer Hauptsynagoge feierten, da wusste ich: Meine Koffer konnten ausgepackt werden. Ich fühlte mich zum ersten Mal wirklich angekommen in München. Wir sind stolz auf das Geleistete und darauf, dass die Münchner uns diese nicht zu übersehende Präsenz in der Stadt geschenkt haben.«

Charlotte Knobloch fügt jedoch ganz rasch hinzu, dass sie – und viele andere in der Gemeinde – vielleicht zu optimistisch waren. Der Aufstieg der Neonazis, die Drohungen von Bombenanschlägen, die wachsende Verunsicherung erzeugten, vor allem bei jüngeren Jüdinnen und Juden, den Wunsch, auszuwandern oder sich zu verstecken. Selbstbewusst die eigene jüdische Identität zu demonstrieren erfordere (wieder) Mut.[2]

In den ersten Jahren war der Zentralrat vor allem damit beschäftigt, in einer extrem heterogenen Gruppe Gemeinsamkeiten zu finden und zu leben. Das größte Problem: Sogenannte Ostjuden trafen auf Juden, die vor der Shoah schon in Deutschland gelebt hatten. Innerhalb der jüdischen Gemeinden sprach man von »süddeutschen Problemen«,[3] die in Bayern heftiger als in Baden-Württemberg zu innerjüdischen Konflikten führten: Wenige zurückgekehrte deutsche Juden trafen auf eine weit größere Gruppe osteuropäischer Juden. Der Zentralrat musste reagieren, und er reagierte. In einer eindeutigen Erklärung kritisierte er die deutschen Juden, die die ostjüdischen Mitglieder in den

Gemeinden zu diskriminieren versuchten. Im Januar 1954 formulierte es ein »Aktionskomitee zur Vorbereitung demokratischer Wahlen in der Israelitischen Kultusgemeinde Augsburg« auf diese Weise: »Das Direktorium ist einmütig der Auffassung, dass die Mitgliedschaft zu einer jüdischen Gemeinde unabhängig von der Staatsangehörigkeit und dem Geburtsort ist. Hieraus ergibt sich auch, dass zum Vorstand und zur Repräsentanz jedes Gemeindemitglied berufen werden kann, das seiner Persönlichkeit nach die notwendige Eignung für eine derartige Funktion aufweist. Das Direktorium legt allerdings Wert darauf, dass nach Möglichkeit in Deutschland geborene Gemeindemitglieder in den repräsentativen Gremien auch in Gemeinden vertreten sind, in denen das in Deutschland geborene Element nicht die Mehrheit bildet. Eine Diskriminierung bei der Ausübung des Stimmrechtes bei den Gemeindewahlen erscheint dabei unzulässig.«[4] Dieser Aufruf verhallte jedoch. Die nicht deutsch-jüdischen Gemeindemitglieder gingen daraufhin vor Gericht – und siegten. Ähnliches ereignete sich auch in der Münchner jüdischen Gemeinde, gleichfalls mit einem Gerichtsbeschluss.

Der Konflikt wurde durch das Lager Föhrenwald verschärft, in dem noch bis 1957 Displaced Persons lebten.

Der dort aufgewachsene Journalist Leibl Rosenberg berichtet in seinen »Geschichten aus Föhrenwald«, dass das DP-Lager eine geschlossene Gesellschaft gewesen sei. Man habe Jiddisch gesprochen, Polizei und Verwaltung seien jüdisch gewesen. »Es war wie früher in Polen, die Eltern haben versucht, ein Stück Kultur, die ihnen verloren gegangen war, lebendig zu halten, in die Gegenwart herüberzuretten.«[5]

Und nicht allein die Polizei und die Verwaltung waren jüdisch, sondern auch die Schulen und die Kindergärten. Man lebte in einer oberbayerischen Siedlung nahe Wolfratshausen wie einst im Schtetl. Doch das änderte sich. Im Dezember 1951 übernahmen deutsche Behörden die Aufsicht über das Lager – und griffen durch. Es gab Razzien, vorgegangen wurde dabei auch gegen die sogenannten Illegalen, jene DPs, die aus Israel schon wieder zurückgekehrt waren. Dennoch: In den Fünfzigerjahren wurden die Juden wieder sesshaft in Deutschland. Synagogen wurden erbaut und eingeweiht, Gottesdienste fanden statt – schon 1950 in Dresden, ein Jahr später in Saarbrücken, 1952 dann in Stuttgart.

Der Zentralrat war in all diese Vorgänge involviert. Zudem versuchte er, auf die Gesetzgebung der Bundesregierung einzuwirken, auch was die sogenannte Wiedergutmachung betraf. Doch sehr rasch verschob sich das Zentrum seines Wirkens. Der Kampf gegen den wieder auflebenden oder nie beendeten Antisemitismus wurde immer wichtiger. Daneben bemühte sich der Zentralrat – trotz aller Vorbehalte, die ihm von israelischer Seite entgegengebracht wurden – um eine Annäherung zwischen Deutschland und dem Staat Israel.

Der Mauerfall veränderte das Leben in den jüdischen Gemeinden und beeinflusste auch die Politik des Zentralrats. Aus den ehemaligen GUS-Staaten wanderten Zehntausende Jüdinnen und Juden nach Deutschland ein. Die meisten von ihnen waren durch Geburt jüdisch, aber nicht jüdisch sozialisiert. Sie sprachen weder Hebräisch noch hatten sie Kenntnis von den elementaren jüdischen Ritualen, Ge- und Verboten. Von 1990 bis heute verdreifachte sich die Zahl jüdischer Gemeindemitglieder in Deutschland. Das stellte die einzelnen Gemeinden und den Zentralrat vor viele neue Aufgaben, die Hinzugekommenen mussten integriert, versorgt sowie finanziell und intellektuell unterstützt werden. Die Integration hätte sich eigentlich auch in der Zusammensetzung des Zentralrats abbilden müssen, doch dem war und ist nicht so. Noch immer prägen ihn die in Deutschland geborenen Juden, obwohl in nicht wenigen Gemeinden die aus dem Osten Europas stammenden Juden die Mehrheit stellen. Eine Ausnahme bilden die liberalen jüdischen Gemeinden, in denen es fast keine osteuropäischen Juden, dafür sehr viele amerikanische gibt.

So besteht neben dem Zentralrat eine zweite, mit ungefähr 3000 Mitgliedern allerdings weitaus kleinere Vereinigung von Jüdinnen und Juden in Deutschland, die » Union progressiver Juden « (siehe dazu auch das Kapitel » Union progressiver Juden in Deutschland «). Zwischen beiden Organisationen gab es nicht wenige Konflikte. Nicht religiöser Art – da respektierten sich die orthodoxen und die liberalen Juden. Nein, es ging um Geld. In einem 2003 ausgehandelten Staatsvertrag hatte sich die Bundesregierung bereit erklärt, das jüdische Kulturerbe in Deutschland zu unterstützen und finanziell die Integration von Juden aus dem Ausland ebenso zu fördern wie die sozialen und kulturellen Aktivitäten des Zentralrats. Schließlich fielen von Anfang an nicht wenige Kosten für dessen Verwaltung und die der einzelnen Gemeinden an. In einem neuerlichen Vertrag verpflichtete sich die Bundesrepublik Deutschland dann konkret zu einer jährlichen Leistung von 13 Millionen Euro. Natürlich wollte die » Union progressiver Juden « nicht leer ausgehen; größere, auch gerichtliche Auseinandersetzungen waren die Folge. Schließlich kam es zu einer Einigung. Sie wurde nicht zuletzt dadurch möglich, dass manche Jüdinnen und Juden Mitglieder beider Organisationen sind. Heute kann man das Verhältnis von Zentralrat und Union als durchaus entspannt bezeichnen.

Im Oktober 1963, kurz vor seinem Rücktritt vom Amt des Bundeskanzlers, gab Konrad Adenauer der *Allgemeinen Wochenzeitung der Juden in Deutschland* ein Interview. Auf die Frage, wie er die Konsolidierung der jüdischen Gemeinden in der Bundesrepublik in den vergangenen 14 Jahren sehe, also in den Jahren, in denen er Regierungsverantwortung getragen hatte, bezog er sich erst einmal auf ein Gespräch, das er mit dieser Zeitung 1949 geführt hatte. Damals hatte er von Hoffnungen im Zusammenleben von Juden und Deutschen gesprochen und sah sich nun bestätigt: »Ich bin zutiefst davon überzeugt, daß sich die Hoffnungen, die ich damals [...] in einem Interview für die *Allgemeine Wochenzeitung der Juden* ausgesprochen habe, in dem Maße, in dem das möglich war, erfüllt haben. Ich weiß jedenfalls, daß viele jüdische Mitbürger nach diesem Gespräch wieder Hoffnung geschöpft und sich darauf besonnen haben, daß manche Deutsche mit ihnen unter der Tyrannei jener Tage seelisch und physisch gelitten haben. So darf ich annehmen, daß meine Überzeugung dazu beigetragen hat, die Voraussetzung für einen neuen Anfang jüdischen Lebens in der Bundesrepublik zu legen. Ich danke bei dieser Gelegenheit auch dem Zentralrat der Juden sowie allen jüdischen Mitbürgern, die zum Wiederaufbau und zur Wiedergeburt Deutschlands so tatkräftig beigetragen haben.«[6]

Gesellschaft für Christlich-Jüdische Zusammenarbeit

Gleich nach der Befreiung von der nationalsozialistischen Herrschaft entschlossen sich deutsche Nichtjuden Gesellschaften für Christlich-Jüdische Zusammenarbeit zu gründen. Alles begann mit dem ersten Besuch von Vertretern der amerikanischen Militärregierung und des » International Council of Christians an Jews « im Oktober 1947 bei Münchens Oberbürgermeister Karl Scharnagl. Diese Zusammenkunft gab den Anstoß für die Gründung einer Initiative aus Vertretern aller Konfessionen und Parteien, die sich zum Ziel setzten, für eine bessere Verständigung und ein erneuertes Verhältnis von Christen und Juden einzutreten.[1] Ein schwieriges Unterfangen. Wieder initiiert von Vertretern des Tätervolks. Richard C. Schneider kommentierte: » Deutschland, die Bundesrepublik, bemühte sich [...], sich von ihrer besten Seite zu zeigen. Man gründete Christlich-Jüdische Gesellschaften, Bundes- und Landespolitiker versäumten nicht, zu den jüdischen Feiertagen Grußbotschaften an die Gemeinden zu schicken, überhaupt wurde jede Gelegenheit wahrgenommen, sich und der Welt zu beweisen, dass man gelernt hatte aus der Vergangenheit. «[2]

München war die erste Stadt in Deutschland, in der eine » Gesellschaft für Christlich-Jüdische Zusammenarbeit « gegründet wurde – als eingetragener Verein. Bei der Gründungsfeierlichkeit im Münchner Rathaus, am 9. Juli 1948, wurden bereits die Ziele dieser Initiative benannt. Aber erst drei Jahre später wurden sie in einer Satzung formuliert. Priorität sollte und soll bis heute »die Beseitigung von Vorurteilen zwischen Menschen verschiedener rassischer, nationaler, religiöser und sozialer Herkunft« haben. Die Gesellschaft versteht sich explizit als eine wichtige ethisch-moralische Instanz im christlich-jüdischen und christlich-islamischen Zusammenleben. Seit 1951 wird versucht, Persönlichkeiten aus Politik, Wirtschaft und Kultur für die Mitarbeit zu gewinnen, um im öffentlichen Leben des Staates präsent zu sein. Das bedeutet, dass schon bei der Gründung nicht allein das Verhältnis von Juden und Christen im Vordergrund stand, sondern ein nicht genauer definierter und eingegrenzter Humanitätsbegriff.[3]

2012 wurde eine erweiterte Fassung, die auch nicht jüdische Mitglieder der Gesellschaft einschließt, formuliert: »Die Gesellschaft für Christlich-Jüdische Zusammenarbeit setzt sich ein für die Brüderlichkeit aller Menschen ohne Unterschied der Rasse, des Glaubens oder der Herkunft.

Gemäß dieser Zielsetzung gilt die Arbeit der Gesellschaft bei gegenseitiger Achtung aller Unterschiedlichkeiten besonders dem Verhältnis zwischen Christen und Juden, das für viele Mitglieder durch den gemeinsamen Glauben an den Gott der Offenbarung gekennzeichnet ist. Offen auch für Menschen mit anderer Weltanschauung tritt sie ein für eine aktive Kooperation zwischen Christen und Juden sowie für die Pflege freundschaftlicher Beziehungen mit dem Staat Israel.

Weltanschaulicher Fanatismus, religiöse Intoleranz, Rassendiskriminierung, soziale Unterdrückung, politische Unduldsamkeit und nationale Überheblichkeit gefährden die moralische und physische Existenz der einzelnen wie auch ganzer Gruppen und Völker. Diesen Gefahren muss gleichermaßen im privaten Bereiche, wie auch in der Öffentlichkeit begegnet werden.

Im Aufzeigen dieser Zusammenhänge und dem Vermitteln fehlender notwendiger Informationen versteht die Gesellschaft für Christlich-Jüdische Zusammenarbeit ihre Aufgabe als eine Forderung der Humanität und in besonderem Maße als einen erzieherischen und politischen Auftrag.

Im Kampf gegen die Benachteiligung und Unterdrückung weiß sie sich allen religiösen, sozialen und politischen Kräften mit gleicher Zielsetzung verbunden.«[4]

Die Lebensverhältnisse der Münchner Bevölkerung in den ersten Jahren nach dem Ende des 2. Weltkrieges waren extrem schwierig. Denn es mangelte allen an Wohnraum, an Lebensmitteln. Die Münchner, die in den letzten Kriegsjahren evakuiert worden waren, trafen in der Stadt auf Flüchtlinge sowie eine hohe Anzahl von Displaced Persons, darunter eben auch Juden. Dieses Zusammentreffen unter den ungünstigsten wirtschaftlichen Verhältnissen verschärfte die ohnehin angespannte Lage. Zumal die Militärregierung Wohnungen beschlagnahmte, um sie den Opfern des NS-Regimes anzubieten. Schon in diesen Jahren kam es zu den ersten antisemitischen Bekundungen, auch in den Zeitungen. Dieser Stimmungslage entgegenzutreten, war das Ziel Scharnagls und seines Stadtschulrats Anton Fingerle. Noch bevor die Militärregierung nach Wegen suchte, den Deutschen die Vorzüge des amerikanisch-demokratischen Erziehungssystems nahezubringen – also die Reeducation zu starten –, suchten Deutsche nach einer Lösung der sich anbahnenden neuen, alten Probleme.

Zu den Gründern der Gesellschaft für christich-jüdische Zusammenarbeit (GCJZ) zählte neben dem katholischen Bürgermeister Karl Scharnagel der evangelische Journalist Hans H. Gensert und der jüdische Arzt und Senator Julius Spanier. Ein zuvor schon ins Leben gerufenes »Komitee zur Bekämpfung des Antisemitismus« ging in dieser Neugründung auf. Als ersten Geschäftsführer ernannte man Josef Brandlmeier.[5]

Die Wirkung der Münchner Gesellschaft führte schon bald zur Gründung von Partnergesellschaften in Augsburg im Jahr 1951 und ein Jahr später in Regensburg.[6] Diese drei Gesellschaften waren der Beginn einer Gründungsserie. Schon im September 1949 wurde als Dachorganisation für die deutschen Gesellschaften der »Deutsche Koordinierungsrat« ins Leben gerufen, in dem heute 83 lokale und regionale Gesellschaften für Christlich-Jüdische Zusammenarbeit mit derzeit etwa 20 000 Mitgliedern organisiert sind. Ihnen allen geht es nicht nur um einen verstärkten jüdisch-christlichen Dialog, sondern auch um »die Aufarbeitung des Holocaust«, wie es auf der Website der Gesellschaft heißt.[7]

Seit 1952 veranstalten die Gesellschaften für Christlich-Jüdische Zusammenarbeit jeden März eine »Woche der Brüderlichkeit«.

Wie die Gesellschaft geht auch die »Woche der Brüderlichkeit« auf amerikanische Vorbilder zurück: Die »National Conference of Christians and Jews« (NCCJ) veranstaltete seit 1934 jeweils Ende Februar/Anfang März eine »Brotherhood Week«, die trotz sozialer, ethnischer und religiöser Unterschiede die nationale Einheit der Vereinigten Staaten betonen sollte. Die als weltweite Dachvereinigung der verschiedenen nationalen christlich-jüdischen Begegnungsgruppen 1950 in Paris gegründete »World Brotherhood« schlug vor, derartige Wochen in möglichst vielen Ländern durchzuführen. Neben elf anderen europäischen Ländern wurde dieser Vorschlag 1951 auch in Deutschland aufgegriffen, wo die Münchner »Gesellschaft« eine Art Vorreiterrolle einnahm.

Die »Woche der Brüderlichkeit in Bayern« wurde erstmals vom 18. bis 25. Februar 1951 in München und an anderen Orten durchgeführt. Seitdem hat diese Woche thematische Schwerpunkte, die belegen, dass es den Mitgliedern vor allem um Bildung, um Information, um Aufklärung geht. Diese sieben Tage werden alljährlich in der Öffentlichkeit weit stärker wahrgenommen als alle anderen Aktivitäten des Rates. Vielleicht auch deshalb, weil nicht allein die Shoah Zentrum der Veranstaltungen ist. Ganz anderer Themen wird sich angenommen. In den letzten Jahren ging es zum Beispiel auch um Heimatvertriebene und die Rolle der Frau in der Bundesrepublik.

Doch nie verloren diese christlich-jüdischen Gesellschaften den Holocaust aus den Augen. Die Beschäftigung mit den Judenmorden ist Zentrum geblieben – bis heute. Der neue, der alte, der wiedererstarkende Antisemitismus in Deutschland beunruhigt die Festredner der » Woche der Brüderlichkeit «. Am 10. März 2019 sprach Bundespräsident Frank-Walter Steinmeier – und er begann seine Rede so: » Ein jüdischer Schüler einer neunten Klasse in Berlin wird von Mitschülern monatelang gemobbt und bedroht. Er verlässt die Schule, eine, die als besonders international und weltoffen gilt. Männer, die Kippa tragen, werden beschimpft, beleidigt und angegriffen: geschehen in Berlin, in Bonn, in anderen deutschen Städten. In der Nähe des Brandenburger Tors brennen israelische Flaggen. Stolpersteine und jüdische Grabsteine werden beschmiert und geschändet. Die Liste ließe sich fortsetzen. Lang, viel zu lang. Und noch länger ist die Liste der Fälle, von denen wir gar nichts wissen, weil sie nie irgendwo gemeldet wurden.

Als Bundespräsident dieses Landes beschämt mich jeder einzelne dieser Vorfälle zutiefst. Es beschämt mich und es schmerzt mich, dass Antisemitismus in Deutschland – gerade hier! – wieder häufiger und offen seine Fratze zeigt. Deshalb wünsche ich mir, dass wir, auch heute hier aus Nürnberg, ein deutliches und eindeutiges Signal senden:

Antisemitismus ist immer ein Angriff auf unsere gesamte Gesellschaft! Er gilt immer uns allen. ›Nichts sehen, nichts hören, nichts sagen, nichts tun‹ ist keine Option, für niemanden von uns. Wer ein freiheitliches, ein lebenswertes Land will, der muss einstehen, der muss aufstehen gegen Antisemitismus in jeder Form. Wir wollen und wir dürfen das nicht dulden in unserem Land!«[8] Wieder eine dieser Sonntagsreden? Wieder diese Nie-wieder-Beschwörungs-floskeln? Steinmeier wiederholte mit anderen Worten, was die Erinnerungs- und Sorgerednerinnen und -redner seit mehr als siebzig Jahren beschwören: »Antisemitismus ist in jeder demokratischen Gesellschaft so etwas wie eine rote Linie, muss es sein. Und diese Linie darf nicht verhandelbar sein.«[9]

Diese rote Linie haben sehr viele deutsche Nichtjuden schon längst überschritten.

Die Shoah ist Vergangenheit –
der Antisemitismus ist Gegenwart

Nach dem Holocaust bestand der Antisemitismus weiter. Das hatte Gründe. Schweigen war Schutz und politisches System.[1] Lehrer beschäftigten sich nicht gern mit dem Thema Nationalsozialismus. Konrad Adenauer konnte Hans Globke zum Staatssekretär im Bundeskanzleramt berufen – niemand protestierte. Dabei war Globke Mitverfasser und Kommentator der Nürnberger Rassegesetze gewesen.

Es entstanden antisemitische Verschwörungsideologien. Der Antisemitismus blieb virulent. Zwar vermieden es die meisten nicht jüdischen Deutschen, antijüdische Meinungen öffentlich zu äußern, doch die Verbrechen wurden kleingeredet. Beliebt war und bleibt bis heute der Vergleich. Schuld und Leid wurden aufgerechnet. Konzentrationslager gegen Luftschutzkeller: ein Abwägen von Angst, Verbrechen, Tod. Der Antisemitismus bekam Nahrung auch durch Neid: Die sogenannte Wiedergutmachung ärgerte nicht wenige Deutsche, deren Versorgung nur schleppend vonstattenging. Nach der Gründung des Staates Israel gesellte sich zum bestehenden Antisemitismus in Deutschland eine neue Variante der Judenfeindschaft: ein israelbezogener Antisemitismus, der heute mehr denn je gesellschaftsfähig geworden ist. Beschimpft wird der jüdische Staat, gemeint sind die Juden überall. 1952 wurden die Bundesbürger zum ersten Mal befragt, ob es besser wäre, keine Juden in Deutschland zu haben. 37 Prozent bevorzugten ein »judenfreies« Deutschland.

Schon 1947 wurde wöchentlich ein jüdischer Friedhof in Ost- und Westdeutschland geschändet. Die Angriffe auf Synagogen begannen zwölf Jahre später. Im Januar 1959 beschmierten Unbekannte die Neue Synagoge in Düsseldorf mit Hakenkreuzen; am Heiligen Abend dieses Jahres taten zwei Mitglieder der Deutschen Reichspartei dasselbe an der Synagoge in Köln, fügten aber noch eine Aufschrift hinzu: »Deutsche fordern: Juden raus«.[2]

Bereits am ersten Weihnachtsfeiertag wurden die Täter festgenommen: der Bäckergeselle Arnold Strunk und sein Freund Paul Josef Schönen, beide 25 Jahre jung. In den folgenden Wochen fanden diese Täter viele Nachahmer in ganz Deutschland, es gab Hunderte solcher Vorfälle, die in der Geschichte des Nachkriegsantisemitismus in Deutschland den Namen »Schmierwelle«[3] bekamen.

Baruch Graubard interpretierte diesen Anschlag als einen Affront gegen den humanen Staat an sich, als Zeichen dafür, wie wenig die deutsche Bevölkerung den Judenhass als Bedrohung auch der eigenen demokratischen Verfasstheit ernst nehme. In den *Münchner Jüdischen Nachrichten* erklärte er zwei Jahre später: »Der griechische Philosoph Demokrit sagt: ›Das Volk muss das Gesetz gleich dem Wall seiner Stadt verteidigen.‹ Das hat eben das deutsche Volk in den Jahren nach 1933 nicht getan, und das muss der Jugend klargemacht werden. Daher ist es auch wichtig, daß der Begriff Brüderlichkeit mehr exakten, konkreten Inhalt bekommt. Wenn man ihnen nur genau und präzise nach einem Wort von Aristoteles erklären würde, was Gesetz und Staat bedeutet, würden sie sehen, daß die Probleme nicht nur in religiösen, sondern auch in staatspolitischer und persönlicher Beziehung von ungeheurer Bedeutung sind.«[4]

Die sogenannte Aufarbeitung der NS-Vergangenheit in Deutschland begann erst 1952 mit dem Luxemburger Abkommen, in dem sich Adenauers Regierung verpflichtete, der Jewish Claims Conference sowie dem Staat Israel 3,5 Milliarden DM zukommen zu lassen. Erst sechs Jahre später erhielt die Aufarbeitung mehr Schwung. »Nach fast einem Jahrzehnt der stillschweigenden Reintegration auch schwer belasteter Nazis bekam die Aufklärung der NS-Verbrechen mit der Zentralen Stelle der Landesjustizverwaltungen in Ludwigsburg einen institutionellen Rahmen«, so beschreibt es Per Leo in seinem Buch *Tränen der Trauer*.[5] Dadurch »wurden die Entschädigung der Opfer, die Verfolgung der Täter und die Erforschung der Taten als öffentliche Aufgaben anerkannt«.[6]

Beim Besuch des ehemaligen KZ Bergen-Belsen am 2. Januar 1960 bedauerte Konrad Adenauer, der an der Wiedereinweihung der Kölner Synagoge teilgenommen hatte, den Vorfall in der Stadt. Gut drei Wochen später nannte er in einer Fernsehansprache die Tat der beiden Rechtsextremen »eine Schande und ein Verbrechen«. Doch war für den Kanzler die Kölner Schändung noch ein »Fall [...] politischer Natur«, so bezeichnete er die Nachahmertaten lediglich als »Flegeleien ohne politische Grundlage«,[7] da der Nationalsozialismus im deutschen Volk keine Wurzel mehr habe.

Im Sommer 1960 verabschiedete der Deutsche Bundestag das Sechste Strafrechtsänderungsgesetz. Im neu gefassten § 130 StGB hieß es jetzt: »[1] Wer in einer Weise, die geeignet ist, den öffentlichen Frieden zu stören, die Menschenwürde anderer dadurch angreift, daß er 1. zum Haß gegen Teile der Bevölkerung aufstachelt, 2. zu Gewalt- und Willkürmaßnahmen gegen sie auffordert oder 3. sie beschimpft, böswillig verächtlich macht oder verleumdet, wird mit Gefängnis nicht unter drei Monaten bestraft. [2] Daneben kann auf Geldstrafe erkannt werden.«[8]

Fast zehn Jahre nach der Untat von Köln, am 9. November 1969, deponierte die linksterroristische Gruppe Tupamaros Westberlin während einer Gedenkveranstaltung zum 31. Jahrestag der Novemberpogrome eine Brandbombe im Gemeindehaus der Jüdischen Gemeinde in der Fasanenstraße in Berlin-Charlottenburg. Die Attentäter hatten Pech: Der Zeitzünder war defekt.[9]

1969 war ein besonderes Jahr in den Beziehungen zwischen deutschen Juden und deutschen Nichtjuden, zwischen der Bundesrepublik Deutschland und dem Staat Israel. 1965 hatten die beiden Staaten wieder diplomatische Beziehungen aufgenommen. Der erste israelische Botschafter in der Bundesrepublik wurde im zweiten Jahrzehnt nach dem Holocaust Asher Ben-Natan – von 1965 bis 1969. In seinem letzten Jahr in Deutschland besuchte er vom 9. Juni an Frankfurt am Main und Hamburg. Auf Einladung des Bundesverbands Jüdischer Studenten in Deutschland wollte er in den Universitäten dieser Städte mit Studentinnen und Studenten diskutieren. Doch dazu kam es nicht. Der Sozialistische Deutsche Studentenbund (SDS), der mit den Palästinensern sympathisierte, hatte zu Demonstrationen gegen diese von den jüdischen Studenten organisierte »Woche für den Frieden im Nahen Osten« aufgerufen. Es kam zu turbulenten Szenen. Ich erinnere mich, dass Asher Ben-Natan nicht das Wort ergreifen konnte, weil er lautstark niedergeschrien wurde. Im Hamburger Audimax wurde ich selbst, der ich eine Kette mit einem Davidstern trug, von Kommilitonen als »faschistisches Judenschwein« angespuckt. Meine Mutter, Opfer der Nationalsozialisten, Überlebende des Konzentrationslagers Majdanek, hatte mich gewarnt. Es kam zu Handgreiflichkeiten, Prügeleien. Ich floh.

Am 19. Juni reagierte Theodor W. Adorno in einem Brief an Herbert Marcuse: »Die Gefahr des Umschlags der Studentenbewegung in Faschismus nehme ich viel schwerer als Du. Nachdem man in Frankfurt den israelischen Botschafter niedergebrüllt hat, hilft auch die Versicherung, das sei nicht aus Antisemitismus geschehen, und das Aufgebot irgendeines israelischen ApO-Mannes nicht das mindeste. [...] Du müsstest nur einmal in die manisch erstarrten Augen derer sehen, die, womöglich unter Berufung auf uns selbst, ihre Wut gegen uns kehren.«[10]

Wenige Monate später ein Brandanschlag in München, am 13. Februar 1970. Die Attentäter hatten im Treppenhaus des jüdischen Gemeindezentrums in München, im oberen Stockwerk, dort, wo ein Altenheim eingerichtet worden war, Benzin vergossen und es angezündet. Sieben Menschen kamen um, die den Holocaust überlebt hatten und friedlich in München leben und sterben wollten.

Vor der Geiselnahme während der Olympischen Spiele 1972 in München gab es andere Anschläge. An Bord eines Verkehrsflugzeugs der Swissair auf einem Linienflug von Zürich nach Tel Aviv detonierte eine palästinensische Bombe. Die Maschine stürzte ab – 47 Menschen starben. Diese Täter wurden nicht ermittelt. Die Geiselnahme in München am 5. September 1972 forderte 17 Menschenleben.[11]

Bis zum Jahr 1978 war der 9. November ein Tag wie jeder andere. Es gab in Deutschland kein Gedenken, keine öffentliche Erinnerung. Erst vierzig Jahre nach der Reichspogromnacht – die damals noch beschönigend Kristallnacht genannt wurde –, änderte sich das. Helmut Schmidt besuchte an jenem Tag die Kölner Synagoge und hielt eine Rede. Die erste Gedenkrede eines Bundeskanzlers zu den Ereignissen von 1938. Und das Wort »Kristallnacht« vermied Schmidt. Dafür sprach er über die Gegenwart und eine mögliche Zukunft von deutschen Juden und deutschen Nichtjuden: »Wir sehen manche Sorge und manches Erschrecken bei vielen Mitbürgern – Juden ebenso wie Nichtjuden –, wenn Zeichen einer vermeintlichen Wiederkehr nationalsozialistischen Gedankenguts auftauchen oder wenn mordwütiger

Terrorismus an die Morde erinnert, deren Opfer zu Beginn der ersten deutschen Republik Rathenau, Erzberger, Luxemburg und Liebknecht gewesen sind.« Schmidt bat »die Juden in der Welt«, die zweite deutsche Demokratie nicht an jenen wenigen verirrten Extremisten zu messen. Und dann dankte er ausdrücklich dem Zentralrat der Juden, dass er in der Frage des wiedererstarkenden Antisemitismus »immer wieder unsere Zuversicht geteilt hat: der Rechtsextremismus findet bei uns sicherlich keine Heimstätte mehr«.[12]

Klare Worte des damaligen Bundeskanzlers! Sie hatten zur Folge, dass nun kein 8. Mai und kein 9. November verging, »ohne die nachdrückliche und stets wiederholte Mahnung, den Holocaust zu erinnern, der Opfer zu gedenken, die spezifisch deutsche Schuld zu bekennen und die Massenverbrechen des Nationalsozialismus nicht zu vergessen«.[13] Nennen die einen dieses Ritual des Erinnerns eine »Pflicht« oder eine »Obsession«, sprechen andere von der »Vergötzung des Gedächtnisses« oder von einer »Epidemie des Gedenkens«, sogar von einem »Diktat der Aufarbeitung«.[14]

Der Blick auf einige Reden der höchsten Männer im Staat zeigt die entsprechende Entwicklung in den letzten Jahrzehnten auf.

Im November 1978 war Helmut Schmidt zum vierzigsten Jahrestag der Reichspogromnacht der Protagonist in der Kölner Synagoge. Unter den Zuhörern war auch Bundespräsident Walter Scheel, der bereits früher am Tag über Rundfunk und Fernsehen eine Erklärung abgegeben hatte, die mit einem Aufruf endete: »Unser Staat ist dem Recht und dem Frieden verpflichtet. Darum dürfen wir, um unserer Zukunft willen, den November 1938 nicht vergessen. Das schulden wir dem jüdischen Volk; das schulden wir der Welt; das schulden wir uns selbst.«[15]

Weitere 35 Jahre später hielt Bundespräsident Joachim Gauck am 24. November 2013 in Berlin eine Rede auf dem Gemeindetag des Zentralrats der Juden in Deutschland.

» Es ist viel los in der jüdischen Gemeinschaft, es ist viel buntes Leben in den einzelnen Gemeinden. [...] Und ich erkenne vor allem auch viel fröhliches und unbeschwertes jüdisches Leben, ich erkenne selbstverständliches jüdisches Hiersein. Das ist etwas, das mich mit tiefer Freude erfüllt.

Es hat sich sicher auch hier auf dem Gemeindetag gezeigt, dass es Probleme, dass es Schwierigkeiten und dass es Ängste und Nöte in den jüdischen Gemeinden und Familien gibt. Es wird zur Sprache gekommen und diskutiert worden sein, wie heimisch und wie fremd man sich fühlt hier in Deutschland, ja: auch in seiner eigenen Gemeinde. [...] Ich will noch einmal sagen, was ich Ihnen im vorigen Jahr zu Rosch ha-Schana geschrieben habe: Jüdische Gemeinden, jüdischer Glaube und jüdische Lebenspraxis sind Teil unserer Kultur. Das ist selbstverständlich, und das muss selbstverständlich bleiben. Es wird nicht vergessen werden, welche Geschichte hinter uns liegt. Sie haben ein deutliches Zeichen der Erinnerung gesetzt, als Sie diesen Gemeindetag in Berlin ganz bewusst mit einem Gedenken am Gleis 17 in Grunewald begonnen haben, von wo die Berliner Juden deportiert worden sind. Nein, diese Geschichte wird nie und von niemandem hier vergessen. Und wenn neue Seiten im Buche der Geschichte aufgeschlagen werden, so bleiben die alten Seiten doch für alle Zeiten lesbar.

Gerade auf diesem Gemeindetag ist nun deutlich sichtbar geworden, dass neue und gute Seiten im Leben der jüdischen Gemeinde in Deutschland und im Zusammenleben zwischen Juden und Nichtjuden aufgeschlagen worden sind und dass neue Kapitel gerade geschrieben werden. [...] Unsere gemeinsame Zukunft ist jetzt! «[16]

Wieder sechs Jahre später, wieder bei einem Gemeindetag des Zentralrats der Juden, wieder in Berlin, sprach am 19. Dezember 2019 Bundespräsident Frank-Walter Steinmeier. Nachdem er sich bei dem Zentralratsvorsitzenden Josef Schuster für die Einladung bedankt hatte, kam er rasch zur Sache – das Zusammenleben zwischen Juden und Nichtjuden gestaltete sich, 70 Jahre nach der Rede Adenauers, noch immer schwierig.

»Likrat, aufeinander zugehen: Sie alle kennen dieses Wort. [...] Aufeinander zugehen – ich glaube, viele in unserem Land, Juden und Nichtjuden, haben diesen Wunsch! Doch der Weg, auf dem wir einander entgegengehen, ist beschwerlicher geworden in den vergangenen Jahren. Wer fürchten muss, auf offener Straße angegriffen, beschimpft oder bespuckt zu werden, wer erleben muss, dass die eigenen Kinder auf dem Schulhof verhöhnt werden, wird das Vertrauen kaum aufbringen können, auf andere zuzugehen, sich zu öffnen und zu Hause zu fühlen.

Aufeinander zuzugehen braucht Vertrauen. Viele, ganz viele von Ihnen sind vor dreißig Jahren einen weiten Weg gegangen. Sie haben ein Land verlassen – Familienangehörige, Ihre vertraute Umgebung –, um hier zu leben, hier eine Heimat zu finden. Sie haben Vertrauen in dieses Land gesetzt, ein Vertrauen, das nach der Shoah alles andere als selbstverständlich ist. Mehr noch: Sie alle, die Sie zur jüdischen Gemeinschaft in Deutschland gehören, haben sich, Ihre Kinder, Ihre Familien, Ihre Zukunft diesem unserem Land anvertraut.

Auch deshalb bin ich hier, um Ihnen zu sagen: Ich weiß, dass Ihr Vertrauen fragil geworden ist. Antisemitische Angriffe in unserem Land nehmen zu. Der Weg aufeinander zu, den Sie gehen, wird Ihnen nicht leichter, sondern immer öfter schwer gemacht.«

Steinmeier verwies auf 699 Straftaten mit antisemitischem Hintergrund, darunter 22 Gewalttaten, allein in den Monaten Januar bis Juni 2019, und nannte die antisemitischen Anschläge »beschämend«. Und schlug den Bogen zu 1700 Jahren jüdischen Lebens an Donau und Rhein. »Das Judentum gehört zu Deutschland, es hat immer die deutsche Geschichte mitgeschrieben und geprägt, vor und nach der Shoah. Dass die jüdische Gemeinschaft mit der Zuwanderung aus den Staaten der ehemaligen Sowjetunion wieder gewachsen ist, ist ein Geschenk für dieses Land.« Er schloss mit folgendem Satz: »Meine Damen und Herren, ich bin froh, Sie hier zu wissen, zu Hause in Deutschland!«[17]

Nur wenige Kommentatoren – nicht jüdische und jüdische – bemerkten, dass der Bundespräsident mit dieser verbalen Umarmung die Kritik der Juden in Deutschland an dem wieder auflebenden Antisemitismus zum Schweigen zu bringen versuchte. Steinmeier blendete in seiner Rede alles Kritische aus. Es war ein Erinnern ohne Kontextualität.

Er war aber keineswegs der erste Bundespräsident, der diese Form und dieses Format der Erinnerungskultur gewählt hatte. Er führte fort, was Richard von Weizsäcker am 8. Mai 1985 in seiner Rede im Bundestag begonnen hatte. Per Leo nennt diesen bundespräsidialen Auftritt »die Urszene der deutschen Erinnerungskultur«.[18]

Weizsäcker zitierte zunächst einen jüdischen Mystiker des 18. Jahrhunderts. Er verwies mit diesem Fund (seiner Mitarbeiter) aus der kabbalistischen Literatur darauf, dass das Vergessenwollen das Exil und damit die Erlösung noch verlängere und nur die beständige Erinnerung ein Mittel sei, Heil zu finden – und Vergebung. Per Leo erklärt zu Recht, dass es einen Unterschied mache, »ob man zu einem alten Volk gehört, das sich erst durch das Aufschreiben seiner Geschichte konstituiert hat und dessen Fortbestand von der Erinnerung an diesen Anfang abhängt, oder zu einem modernen Staatsvolk, das in einem ganz anderen, viel schwächeren Sinn auf Integrationserzählungen angewiesen ist; ob man in der Geschichte Gott am Werk sieht oder nicht; und vor allem: ob man seiner eigenen Toten gedenkt oder der Opfer der eigenen Tat – all diese fundamentalen Unterschiede hüllte Weizsäcker in die Wolken einer pastoralen Rhetorik, mit der er einen Gedankenfetzen aus der jüdischen Geistesgeschichte riss, um eine angeblich ort- und zeitlose Weisheit zu beschwören. [...] Wenn das Staatsoberhaupt der Tätergesellschaft sich in hohem Ton an die Opferperspektive anschmiegte, dann passte das (...) auch zur Hauptlinie seiner Rede«.[19]

Diese Hauptlinie hatte ein inhaltliches Ziel: Das Volk der Deutschen bestand nicht aus Nazis. Es gab eine deutsche Schuld, ja, aber es gab keine Täter: »Die Ausführung der Verbrechen«, so Weizsäcker vor fast vierzig Jahren, »lag in der Hand weniger.«[20]

Kurz: Die deutschen Nichtjuden haben seit 1985 zwei Möglichkeiten gefunden – und sie nutzen sie beide –, dem Problem Nationalsozialismus und Judenmord aus dem Weg zu gehen. Sie können sich erinnern oder vergessen. Erinnern ist ein politisches Gebot – Vergessen ein politisches Verbot. Kultiges nostra culpa – und sanktioniertes Aufbegehren gegen jede Form, sich den Erinnerungskulturen zu entziehen.

In Wahrheit ließ die Gewalt gegen Juden niemals nach. Aber nicht allein Brand- und Sprengstoffanschläge auf Synagogen und jüdische Einrichtungen zeugten vom fortbestehenden Antisemitismus. Auch der Rechtsextremismus erhob wieder sein schmutziges Haupt.

Thomas Dienel, 1961 in Weimar geboren, gehörte schon früh zu den besonders engagierten Verfechtern des ostdeutschen Rechtsextremismus. Nach einer Mitgliedschaft in der NPD gründete er seine eigene Partei in Thüringen, die Deutsch Nationale Partei (DNP). Am 20. Juli 1992, einen Tag nach dem Tod des Präsidenten des Zentralrats der Juden in Deutschland, Heinz Galinski, warf er zwei Schweinekopfhälften und eine Schmähschrift in den Vorgarten der Erfurter Synagoge. Von 2002 an wurden jüdische Friedhöfe und Gedenkstätten vermehrt Ziel der Angriffe. Sogar Stolpersteine wurden mit SS-Runen geschändet – wie in Apolda 2017. Kindergärten wurden angegriffen, und Einzelpersonen. Konnte man bis 2016 noch von vereinzelten Ereignissen sprechen, so änderte sich dies von 2017 an. Es verging kein Monat ohne Anschläge, Schändungen und Misshandlungen von Juden. Ein versuchter Totschlag im Januar 2016 erregte die Öffentlichkeit erstaunlich wenig. In einer Nürnberger U-Bahn-Station stieß ein Mann einen anderen auf die Gleise und hinderte ihn danach durch Tritte gegen den Kopf und auf die Finger daran, wieder auf den Bahnsteig hinaufzusteigen.[21]

Über diesen Vorfall wurde wenig berichtet. Die *Jüdische Allgemeine,* »Wochenzeitung für Politik, Kultur, Religion und jüdisches Leben«, griff ihn allerdings auf und schrieb über das Verbrechen und den anschließenden Prozess. Der Täter wurde zu fünf Jahren Freiheitsstrafe wegen versuchten Totschlags in Tateinheit mit gefährlicher Körperverletzung verurteilt. Die Autorin des Artikels, Judith Werner, kommentierte, es sei interessant, »dass die Staatsanwaltschaft zunächst zusätzlich noch eine Anklage wegen Volksverhetzung erhoben hatte. Wie der Klageschrift zu entnehmen war, hatte der Täter als Motiv bei seiner ersten Vernehmung gegenüber der Polizei angegeben, er habe sein Opfer – nach Medienberichten ein Grieche – für einen Juden gehalten. Der Täter soll dem Beamten gesagt haben: ›Ich hab das gemacht, weil er ein Jude ist, das nächste Mal mache ich es richtig. Ich wusste gleich, dass er ein Jude ist, da ich es gerochen habe [...]. Ich hasse alle Juden. Es kam nur kein Zug. Scheiße.‹ Doch die Anklage wegen Volksverhetzung wurde auf Antrag der Staatsanwaltschaft fallen gelassen. ›Eine Einstellung auf Basis von Paragraf 154 II StPO ist nicht mit einem Freispruch zu verwechseln‹, gibt Friedrich Weitner, Pressesprecher am Oberlandesgericht Nürnberg, zu bedenken. Für den Tatbestand der Volksverhetzung müsse eine Tat allerdings öffentlich passiert sein; antisemitisch geäußert hatte sich der Mann aber nur gegenüber dem Polizeibeamten«.[22]

2019 wurde ein schlimmes Jahr für Juden in Deutschland. Zu Beginn des Jahres erhielten der Zentralrat der Juden und dessen Präsident Josef Schuster elektronische Drohbriefe der rechtsextremen Gruppierung »NSU2.0«. Gleichfalls im Januar wurde im Bahnhof von Langen ein achtzigjähriger Mann beleidigt, als Jude beschimpft und zu Boden gestoßen – wahrscheinlich war der Angegriffene ein Rabbiner, aber das blieb ungeklärt, weil das Opfer sich nach der Tat nicht meldete. Am 30. Juli wurde Yehuda Teichtal, Rabbiner der Jüdischen Gemeinde Berlin, nach dem Besuch des Gottesdienstes von zwei arabisch sprechenden Männern angepöbelt und bespuckt. In den Reaktionen der Kommentatoren wurde der importierte Antisemitismus hervorgehoben.[23]

Vier Tage später eine ähnliche Tat in München: nach dem Besuch der Synagoge wurden ein 53-jähriger Rabbiner und seine beiden Söhne von einem Mann als »Scheißjuden« beleidigt. Dieses Mal von Deutschen. Eine Frau, die den Vorfall beobachtete, mischte sich ein, spuckte dem Rabbiner ins Gesicht und wiederholte: »Scheißjude!«[24] Der Münchner Oberbürgermeister Dieter Reiter sagte in einem Appell, es sei Auftrag der Stadtgesellschaft, Antisemitismus »in all seinen Facetten entschieden zu bekämpfen«. Die Münchner seien aufgefordert, den betroffenen Jüdinnen und Juden solidarisch zur Seite zu stehen und sich einzumischen, wenn Menschen aufgrund ihrer Herkunft, Hautfarbe, Religion, ihres Geschlechts oder ihrer sexuellen Orientierung beleidigt, diskriminiert oder angegriffen würden. Nachdem zwei

Tage später weitere judenfeindliche Drohungen bekannt geworden waren, forderte die SPD-Stadtratsfraktion im Münchner Rathaus die Ermittlungsbehörden auf, antisemitische Angriffe, Schmähungen und Internet-Hetzseiten konsequent strafrechtlich zu verfolgen.[25]

Und es wurde nicht besser in jenem Jahr 2019. Im September unterhielten sich vor einer Berliner Disco vier Touristen aus Israel auf Hebräisch. Ein Mann, der ihnen zugehört hatte, schlug daraufhin einem aus der Gruppe ins Gesicht – und floh. Die Opfer gaben zu Protokoll, der Angreifer habe Arabisch gesprochen. Keinen Monat später wurde im niederbayerischen Massing eine Frau aus Israel mit einem Stein beworfen, nachdem der Täter sie und ihre beiden Söhne zuvor auf Arabisch beschimpft hatte. Er konnte entkommen. Der Antisemitismusbeauftragte der Bayerischen Staatsregierung, Ludwig Spaenle von der CSU, verurteilte den Angriff. Er sprach, was alle Politiker zuvor gesprochen hatten: »Ich hoffe, dass unsere Sicherheitsbehörden den Täter ermitteln und die Justiz ihn konsequent verurteilt; wir müssen alles dafür tun, dass Jüdinnen und Juden sowie Israelis bei uns in Sicherheit leben können.«[26]

Am 9. Oktober 2019 erfolgte dann der Anschlag auf die Synagoge in Halle. Eine Tat, die nicht allein in Deutschland Menschen beunruhigte und aufbrachte. Dieses geplante Attentat war der Versuch eines Massenmords an deutschen Juden am höchsten jüdischen Feiertag Yom Kippur, dem Versöhnungstag. Begangen von dem Rechtsextremisten Stephan Balliet, der zum Zeitpunkt der Tat 26 Jahre jung war.

Es verwundert kaum, dass sich nach der Tat Politikerinnen und Politiker aller deutschen Parteien zu Wort meldeten. Mit Floskeln. Mit Bekundungen der Solidarität mit den jüdischen Mitbürgerinnen und Mitbürgern. Manche von ihnen bestanden darauf, dass die Juden in Deutschland ihren Glauben und ihre Kultur furchtlos müssten leben können.

Es erklang ein großer, vielstimmiger »Nie-wieder!«-Chor. Der damalige bayerische Innenminister Joachim Hermann mahnte und forderte, die geistigen Brandstifter zu benennen, und benannte sie auch selbst: Für ihn waren sie in den Reihen der AfD zu finden, insbesondere der Fraktionsvorsitzende im thüringischen Landtag Björn Höcke. Wenig überraschend widersprachen die zwei prominentesten Vertreter der AfD, Alice Weidel und Alexander Gauland. Sie nannten die Tat zwar ein »monströses Verbrechen«, beklagten aber zugleich die tagespolitische Instrumentalisierung des Anschlags und sahen sich in der Opferrolle einer »mit haltlosen Diffamierungen« verleumdeten politischen Konkurrenz.[27]

Matthias Drobinski von der *Süddeutschen Zeitung* erkannte und formulierte als einer der wenigen politischen Journalisten, dass die Juden in Deutschland von rechten Antisemiten und Islamisten angegriffen würden: »[...] beide Szenen beziehen ihre Ideologie und ihr mörderisches Know-how aus einem weltweiten Netz der Gesinnungsgenossen.«[28]

Dem Attentat folgten Diskussionen über die Sicherheit von Synagogen und jüdischen Einrichtungen. Es wurden Vorwürfe laut, in Halle sei das Fehlen von Polizeischutz vor der Synagoge unverzeihlich gewesen, weil die ersten Hilferufe nicht ernst genommen worden seien. Womöglich hielten die Verantwortlichen die jüdischen Sorgen und Warnungen für übertrieben. Als einen Monat nach der Tat am 9. November 2019 der Jahrestag der Reichspogrom begangen wurde, verwies Max Privoroztki, der Vorsitzende der jüdischen Gemeinde in Halle, noch einmal darauf, dass dieser Anschlag auch zu erklären sei und erklärt werden müsse als Ausdruck eines deutschlandweiten Antisemitismus, der schnell »immer krasser« werde. Privorotzkis Worten zufolge schämt man sich nicht mehr, sich als Antisemit zu outen. » Wobei dieser Antisemitismus nicht nur von Neonazis und Rechtsextremisten kommt, sondern auch von Islamisten propagiert wird. « [29]

Schon ein Jahr zuvor hatte Josef Schuster, der Vorsitzende des Zentralrats, beklagt, dass man sich heutzutage wieder zu sagen traue, was man lange vielleicht nur gedacht, aber sich eben nicht zu sagen getraut habe, darunter auch Diskriminierendes gegen Juden.[30] Nach dem Anschlag von Halle kritisierte er nun Versäumnisse der Politik beim Kampf gegen rechtsextreme Tendenzen – allerdings sei das neben dem Staat auch Aufgabe der Gesellschaft und jedes Einzelnen.[31] Kurzum, Rechtsextremismus und Antisemitismus wurden zu lange verharmlost oder gar ignoriert, und Juden offen zu verachten ist mittlerweile für viele Zeitgenossen wieder eine so selbstverständliche Äußerung geworden wie andere auch.

Stefanie Schüler-Springorum beginnt ihren Aufsatz zum sehr lebendigen Antisemitismus in Deutschland mit einer Rückschau auf das Attentat von Halle. » In der Berichterstattung über den ersten Prozesstag, an dem der Angeklagte zur Person und zum Tathergang vernommen wurde, dominiert ein Motiv: die Sprach- und Fassungslosigkeit der Zuhörer, Richterin und Staatsanwälte, Angehörige und Journalistinnen eingeschlossen. Es ist schon eine Weile her, dass man in einem deutschen Gerichtssaal eine so umfassende Präsentation dessen zu Ohren bekam, was die Forschung etwas gedrechselt ein › geschlossenes antisemitisches Weltbild ‹ nennt: Juden sind die Drahtzieher hinter allem Bösen. « [32] Wir müssten zur Kenntnis nehmen, » dass selbst der Massenmord nichts, aber auch gar nichts an der Struktur und der ungeheuren Attraktivität des antisemitischen Denkens verändert hat. Lediglich zwei neue Varianten eines alten Themas sind seitdem hinzugekommen. › Die Juden nutzen die Erinnerung an den Holocaust aus, um sich finanzielle, moralische, machtpolitische Vorteile zu verschaffen –

die ›Auschwitzkeule‹. Und Israel steckt hinter allem Bösen der Welt: 9/11, Folterregime in Lateinamerika und natürlich hinter dem gerade stattfindenden ›Großen Austausch‹. Der Erfolg der antisemitischen Weltwahrnehmung funktioniert heute noch immer wie vor 500 oder 1000 Jahren: eine einfache Antwort auf komplexe Verhältnisse, die besonders dann virulent wird, wenn man mit unerklärlichem Unglück konfrontiert wird, das man verstehen will, für das jemand verantwortlich sein muss, jemand, den man dann bekämpfen kann«.[33]

Zu Recht stellt sich also die Frage: Können Juden denn überhaupt noch in diesem Land leben? In meinen Gesprächen gaben meine Gegenüber unterschiedliche, aber doch unmissverständliche Antworten.

Richard C. Schneider preschte vor: » Der ständig wachsende Antisemitismus in diesem Land lehrt die Juden das Fürchten, denn dieser Antisemitismus ist keiner der Außenseiter am rechten oder linken Rand des politischen Spektrums. Der immer offenere Antisemitismus in Deutschland ist in der Mitte der Gesellschaft angekommen. Er ist nicht länger ein Tabu. « Was die Politik formuliere, sei nicht die Meinung der Deutschen. Heißt das, dass die Politik das Problem herunterspielt, verharmlost und die Bürger weit aggressiver sind in ihrer Haltung gegenüber den Juden in ihrem Land? – » Ja! « Aber das sei letztlich kein deutsches Problem, sondern ein europäisches.[34]

Charlotte Knobloch äußerte sich vorsichtiger, aber als ich ihr gegenübersaß und sie meine Frage beantwortete, glaubte ich zu bemerken, dass ihr ihre eher positive Antwort schwerfiel: » Es war nie einfach, als Jüdin oder Jude in Deutschland zu leben, und das ist es auch heute nicht. In gewisser Weise sind wir immer noch, oder besser: wieder im Zwischenzustand. Jüdisches Leben in Deutschland ist alles und nichts:

Es ist ein Wunder, und es ist – zumindest ein bisschen – Normalität. Es ist Alltag und Ausnahmezustand. Es ist zugleich wundervoll und schwierig, motivierend und bedrückend.«[35]

Rabbiner Tom Kučera aus München antwortete hingegen nicht beschwichtigend. »Ich kann Ihnen das gute Deutschland nicht bieten. Ab und an frage ich meine Schülerinnen und Schüler, welche Erfahrungen sie mit dem Antisemitismus gemacht haben und machen. Die meisten haben zum Glück nichts Schlechtes erlebt, aber es gibt auch Ausnahmen, sogar in den sogenannten besseren Stadtvierteln Münchens, in Bogenhausen und Grünwald. Dort, wo man nicht erwarten würde, dass erschreckende Bemerkungen über Juden und Gas gemacht werden.« Es seien schwierige Zeiten. »Man darf sich nichts vormachen – der Antisemitismus in diesem Land nimmt beständig zu. Unsere Normalität ist, dass wir Drohbriefe bekommen, Schmähungen immer, kontinuierlich. In unbestimmten Intervallen.«

Dann sprach der Rabbiner ein Thema an, das auch dem Historiker Norbert Frei besonders wichtig ist – der importierte Antisemitismus. »Längst kommen die negativen Ressentiments nicht nur von rechtsradikaler Seite«, da ist sich Tom Kučera sicher, »sondern ebenso von Radikalislamisten arabischer oder türkischer Herkunft. Das ist eine sehr unangenehme Wahrheit, der wir aber ins Gesicht sehen müssen.«[36]

Wer also sind die Antisemiten in Deutschland heute? Gibt es durch die Flüchtlinge und Einwanderer einen importierten Antisemitismus?

Norbert Frei versucht zu differenzieren: »Ich sehe im Wesentlichen drei Gruppen. Erstens die ›traditionellen‹, oft kleinbürgerlichen biodeutschen Antisemiten, die in der Demoskopie meist als relativ konstanter ›antisemitischer Bodensatz‹ nachweisbar sind. Zweitens die relativ kleine, aber hochgefährliche Gruppe der rechtsterroristischen Verschwörungs-Antisemiten. Und drittens den politischen und kulturellen Antisemitismus aus den Nachbarstaaten Israels, der mit den Geflüchteten importiert worden ist. Wie andere hierzulande nicht akzeptierte politische und gesellschaftliche Einstellungen auch: Homophobie, Antifeminismus etc.

Die Zäsur war der – jetzt aber möglicherweise zu einem Halt gekommene – Aufstieg der AfD nach 2015 beziehungsweise 2017, als zum ersten Mal seit 1949 eine rechtsradikale Partei in den Bundestag gekommen ist. Neben dem Flüchtlingsthema ist die ›erinnerungspolitische Wende um 180 Grad‹ ja das erklärte Ziel der ›Vogelschiss‹-Partei. Es ist eben nicht nur der offen rechtsradikale Flügel der Partei, der auf der Klaviatur der NS-Verharmlosung spielt – und trotzdem eine Gruppe von ›Juden in der AfD‹ auf seiner Seite weiß –, sondern es sind auch die vermeintlich bürgerlich-konservativen Kräfte um Alexander Gauland, der ja der Urheber der ›Vogelschiss‹-Analogie ist. In diesen Kreisen erweist sich das – auch von der CSU viel zu lange mitgemachte – Gerede von der christlich-jüdischen Tradition als bloßes Alibi für antiislamische Phobie.«[37]

Gibt es auch Antisemitismus in Kleinstädten, in denen die jüdischen Gemeinden fast nicht auffallen? Antje Yael Deusel, liberale Rabbinerin aus Bamberg, antwortet mit »Ja«, setzt aber relativierend hinzu: »Aber sie müssen sich nicht fürchten!« Dann berichtet sie von einem besonderen Angriff: Es habe zu Beginn der Coronapandemie ein Schild an einem Brunnen in der Altstadt gegeben. »Und darauf stand, dass Frau Merkel, die Ausländer und die Juden die Seuche in die Stadt gebracht hätten. Aber das ist nicht alles! Im letzten Jahr stand unter einer der Bamberger Brücken über längere Zeit ein Schild mit der Aufschrift: ›Kauft nicht beim Juden!‹ Und natürlich gibt es auch andere antisemitische Schmierereien auf Strom- und Briefkästen, Hauswänden.«[38]

Auf der unmittelbaren persönlichen Ebene weiß der mittlerweile emeritierte Münchener Juraprofessor Moris Lehner von einer ähnlichen Attacke in seinem beruflichen Umfeld zu berichten: »Als ich 1998 frisch an die Juristische Fakultät der LMU berufen war, habe ich in meinem Grundkurs ›Öffentliches Recht‹ – Staats- und Verwaltungsrecht – ausführlich über das Ermächtigungsgesetz gesprochen. Die Reaktion kam gleich am Nachmittag nach der Vorlesung: Auf die meinem Büro gegenüberliegenden Toilettentüren war je ein Hakenkreuz geschmiert, und dazu war geschrieben: ›Nicht für Juden‹. Auch auf der Tür zur Behindertentoilette befand sich ein Hakenkreuz. Der Text lautete jedoch: ›Nur für Juden‹. Das war kein Blöder ...«[39]

Wiedergutmachung – materiell und ideell

Der Antisemitismus brandmarkt das Leben der Juden in Deutschland – das ist das hässliche Gesicht dieses Landes. Doch dem nie überwundenen und immer stärker werdenden Antisemitismus, der längst in der Mitte der Gesellschaft angekommen ist und nicht länger an den Rändern grassiert, steht ein ungebrochener Philosemitismus gegenüber. Die guten Deutschen machten Front und zeigten schon sehr früh, dass sie nicht vorhatten, das Leid der Juden zu vergessen. Sie wollten sich freikaufen, das zum einen, und sie wollten dem Ausland das neue deutsche Denken demonstrieren. Und gewiss waren, das zum anderen, nicht wenige wirklich getrieben von Mitleid und den aufklärerischen Gedanken Gotthold Ephraim Lessings und Moses Mendelssohns. Diese von den Ideen der Aufklärer beeinflussten Menschen, denen die Schuld der Deutschen ein Vermächtnis war, machten zwar nur einen Bruchteil der bundesrepublikanischen Bevölkerung aus, aber sie unternahmen gesellschaftlich und kulturell alles, um einander nach Schneewittchen-Manier zu übertreffen: Wer sind die Judenfreundlichsten im Land?

Beim finanziellen Beistand sah es durchaus anders aus. In den ersten Jahren nach der Befreiung gab es einige wenige Hilfsmaßnahmen für überlebende Juden und die aus politischen und religiösen Gründen Verfolgten. Doch erst am 3. August 1953, acht Jahre nach Kriegsende, beschloss der Bundestag das »Gesetz zur Wiedergutmachung nationalsozialistischen Unrechts in der Kriegsopferversorgung für Berechtigte im Ausland«. Darüber geredet wurde Jahre zuvor schon. In der Ausgabe vom 25. November 1949 befragte der Chefredakteur und Herausgeber der *Allgemeinen Wochenzeitung der Juden in Deutschland,* Karl Marx, Bundeskanzler Konrad Adenauer nach Möglichkeiten, Leid zu kompensieren. Seine Antwort: »Unrecht und Leid, das über Menschen gebracht wurde, kann niemals kompensiert werden durch Unrecht oder Leid, das über andere Menschen gebracht wird. Das deutsche Volk ist gewillt, das Unrecht, das in seinem Namen durch ein verbrecherisches Regime an den Juden verübt wurde, soweit wiedergutzumachen, wie dies nur möglich ist, nachdem Millionen Leben unwiederbringlich vernichtet sind. Diese Wiedergutmachung betrachten wir als unsere Pflicht. Für diese Wiedergutmachung ist seit 1945 viel zu wenig geschehen. Die Bundesregierung ist entschlossen, die entsprechenden Maßnahmen zu treffen.« Marx gab zu bedenken, dass für die deutschen Juden die Wiedergutmachung nicht nur eine wirtschaftliche, sondern auch eine moralische Frage sei. Seltsamerweise kommentierte er Adenauers Formulierung, das Unrecht sei durch »ein verbrecherisches Regime« begangen worden, nicht[1]. Dieses Regime war gewählt worden! Bei den vier Reichstagswahlen zwischen 1930 und 1933 wählten am Anfang 6,4 Millionen, schließlich 17,3 Millionen Wählerinnen und Wähler Hitler und die NSDAP.

In seiner Antwort legte Adenauer Wert auf eine Unterscheidung von moralischer und wirtschaftlicher Wiedergutmachung: »Die moralische Wiedergutmachung ist ein Teil unseres rechtsstaatlichen Wiederaufbaues. [...] Ich möchte keinen Zweifel darüber lassen, dass die Schändung jüdischer Kultstätten und die Verwüstung jüdischer Friedhöfe, die leider in den vergangenen Jahren immer noch vorgekommen sind, ohne Nachsicht geahndet und bestraft werden. Es ist

Pflicht vor allem der Gemeinden, die jüdischen Kultstätten nicht nur in ihren Schutz zu nehmen, sondern, soweit nötig, den Wiederaufbau zu unterstützen. Ich habe in der ersten Regierungserklärung bereits angekündigt, dass wir gegen radikale Tendenzen nötigenfalls von den Rechten, die die Gesetze uns geben, entschlossen Gebrauch machen. Wir werden dies in aller Schärfe gegen antisemitische Tendenzen in der Presse oder im öffentlichen Leben tun, wenn sich dies als nötig erweist. Wir werden jeden Antisemitismus nicht nur bekämpfen, weil er uns innen- und außenpolitisch unerwünscht ist, sondern weil wir ihn aus Gründen der Menschlichkeit mit aller Entschiedenheit ablehnen.«[2]

Danach ging es in diesem Gespräch um Geld: »Ihre besondere Aufmerksamkeit wird die Bundesregierung dem Ausgleich der den jüdischen Staatsangehörigen zugefügten wirtschaftlichen Schäden widmen. Die bestehende Gesetzgebung bedarf hier mancher Verbesserung und Ergänzung. Der Staat Israel ist die nach außen sichtbare Zusammenfassung der Juden aller Nationalitäten. Die Bundesregierung beabsichtigt, dem Staat Israel Waren zum Wiederaufbau im Werte von 10 Millionen DM zur Verfügung zu stellen, und zwar als erstes unmittelbares Zeichen dafür, dass das den Juden in aller Welt von Deutschen zugefügte Unrecht wiedergutgemacht werden muss.«[3]

Schon das Wort Wiedergutmachung verdeutlicht, dass die Haftenden im Zentrum standen und nicht die Verfolgten, die – so lässt der Begriff anklingen – dankbar für diese Geste sein und versöhnt sein müssten. Der Staat Israel nannte die im deutsch-israelischen Abkommen von 1952 vereinbarte Globalzahlung »Shilumim«, schlicht »Zahlungen« – und verweigerte damit jede Verbindung von Geld und Versöhnung, Geld und Vergebung. Allein, genau diese geistigen Konnotationen wünschten sich die Deutschen. Selbst Politikern, denen niemand unterstellen kann und will, dass sie Geld in die Hand nahmen, um sich die blutigen Hände reinzuwaschen – wie etwa Theodor Heuß –, dachten bei diesem Wort eine Trias: ersetzen, bezahlen, sühnen.

Inzwischen ist der Begriff Wiedergutmachung zum Ärgernis geworden, weil er das Unrecht verharmlost, das deutsche Nichtjuden den Juden angetan hatten. Er insinuiert, das Unrecht sei kompensiert und damit aufgehoben.

Am 1. Oktober 1953 wurde das Bundesergänzungsgesetz verabschiedet. Es garantierte die Entschädigung der an Leben, Körper und Gesundheit, Freiheit, Eigentum und Vermögen erlittenen Einbußen. Antragsberechtigt waren nur deutsche Staatsangehörige, die ihren Wohnsitz in Westdeutschland haben mussten. Festgelegt wurde auch eine Entschädigungssumme pro Tag in einem KZ, einem Ghetto oder einem Zuchthaus. Der Einheitssatz: 5 Mark. Wer ein Jahr in einem Konzentrationslager gelitten hatte, erhielt also 2125 Mark. Die erkannte Unzulänglichkeit führte zur nachfolgenden Erhöhung des Betrags. Bis Ende 2020 – der Bundestag verabschiedete eine Erhöhung erst im September, obwohl der Bundesrat schon am 20. Dezember 2019 eine solche Aufstockung für angemessen gehalten hatte – betrug die Haftentschädigung 25 Euro pro Tag, danach 75 Euro.

1956 wurde das Bundesentschädigungsgesetz verabschiedet, in dem der Kreis der Personen erweitert und weitere Tatbestände genannt wurden. Allerdings blieben alle Ansprüche von Personen mit Wohnsitz im Ausland weiterhin ausgenommen. Große Gruppen von Opfern wurden ebenso ausgegrenzt, neben anderen Homosexuelle und Euthanasieopfer, Roma und Sinti. Selbst die Novellierung des Bundesentschädigungsgesetzes, neun Jahre später, änderte an diesen fatalen Ausgrenzungen nichts. Die Politikerinnen und Politiker wollten einen Schlussstrich – sie nannten ihn würdig, weil kostspielig –, und sie wollten eine wie auch immer geartete nationale Ehre wiedergewinnen, Ansehen in der

Welt erringen. Lässt sich Freispruch erkaufen? Oder Ansehen? Jedenfalls zahlte die öffentliche Hand auf dem Gebiet der Wiedergutmachung bis Ende 2018 fast 78 Milliarden Euro.

Erinnerungskultur

Ideell setzten die Länder, die Städte und Gemeinden auf vier Initiativen: Erhalt und Rekonstruktion von Konzentrationslagern, Errichtung von Gedenkstätten, Wiederaufbau von Synagogen oder Restaurierung von zerstörten jüdischen Gotteshäusern, Eröffnung jüdischer Museen. Daneben setzte man auf Gründungen von zukunftsorientierten Gemeinschaften, die sich mit den christlich-jüdischen Wurzeln der deutschen Kultur beschäftigen sollten. Es entstand ein gewaltiger Erinnerungshype, der bis heute andauert. Das Erinnern ist für den nicht jüdischen Deutschen, der nicht zu den Holocaust-Leugnern und -Verharmlosern gezählt werden möchte, zu einer Pflicht geworden.

In ihrem Buch *Gefühlte Opfer* schreiben Ulrike Jureit und Christian Schneider: »[...] es ist kaum von der Hand zu weisen, dass seit den 1980er-Jahren in Deutschland bei jeder passenden und unpassenden Gelegenheit gemahnt und erinnert wird. Kaum jemandem blieb die Erfahrung erspart, wie peinlich Gedenkveranstaltungen und Mahnmaleinweihungen sein können. Die bei solchen Anlässen zur Schau gestellte Moral, das inszenierte Übermaß an Sentimentalität und Pathos lösen zunehmend Erschöpfung, Langeweile und ein deutliches Unbehagen aus, selbst bei denjenigen, die den Nationalsozialismus nicht im Mülleimer der Geschichte entsorgen wollen. Es regt sich Kritik an der Olympiade der Betroffenheit. Warum erstarrt unser Gedenken in moralisierenden und sinnentleerten Formen des öffentlichen Erinnerns? Warum haben wir trotz institutionalisierter Mahn- und Gedenkstätten, trotz Erinnerungskulturen, die vielfältig sind und von breiten Bevölkerungsschichten getragen werden, (...) das unangenehme Gefühl, in einer erinnerungspolitischen Sackgasse gelandet zu sein?«[4]

Zu den vielfältigen Erinnerungsideen, -einrichtungen und -exerzitien gehören auch die zahlreichen Vereinigungen, die das christlich-jüdische Verhältnis reflektieren und beschwören; es gibt deutsch-jüdische und deutsch-israelische Gesellschaften. Wobei offensichtlich niemand sich daran störte und stört, dass zwar christlich und jüdisch ein Gegensatzpaar ist wie deutsch und israelisch auch. Aber deutsch und jüdisch – das war und bleibt ein Ungetüm. Denn in diesen Gesellschaften trafen und treffen deutsche Juden auf deutsche Nichtjuden. Was sie eint, ist eben die Nationalität.

Die Erinnerungskultur – im Hinblick auf den Nationalsozialismus – begann bereits 1946. Sie wurde reglementiert. Die Erinnerung, darauf verweisen Historikerinnen und Historiker zu Recht, musste konsensfähig gemacht werden.[5]

1946 existierte der Begriff Erinnerungskultur noch nicht. Er hielt erst in den 1990er-Jahren Einzug in die Wissenschaftssprache. Der Historiker Christoph Cornelißen sieht in ihm den »Leitbegriff der modernen Kulturgeschichtsforschung« überhaupt. Erinnerungskultur sei ein formaler Oberbegriff für alle denkbaren Formen der bewussten Erinnerung an historische Ereignisse, Persönlichkeiten und Prozesse, seien sie ästhetischer, politischer oder kognitiver Natur. »Der Begriff umschließt mithin neben Formen des ahistorischen oder sogar antihistorischen kollektiven Gedächtnisses alle anderen Repräsentationsmodi von Geschichte, darunter den geschichtswissenschaftlichen Diskurs sowie die nur ›privaten‹ Erinnerungen, jedenfalls soweit sie in der Öffentlichkeit Spuren hinterlassen haben. Als Träger dieser Kultur treten Individuen, soziale Gruppen oder sogar Nationen in Erscheinung, teilweise in Übereinstimmung miteinander, teilweise aber auch in einem konfliktreichen Gegeneinander. Versteht man den Begriff in diesem weiten Sinn, so ist er synonym mit dem Konzept der Geschichtskultur, aber er hebt stärker als dieses auf das Moment des funktionalen Gebrauchs der Vergangenheit für gegenwärtige Zwecke, für die Formierung einer historisch begründeten Identität ab. Sehr deutlich wird dies in den untergeordneten Begriffen der Erinnerungs-, Vergangenheits- oder Geschichtspolitik. Weiterhin signalisiert der Terminus Erinnerungskultur, dass alle Formen der Aneignung erinnerter Vergangenheit als gleichberechtigt betrachtet werden. Folglich werden Textsorten aller Art, Bilder und Fotos, Denkmäler, Bauten, Feste sowie symbolische und mythische Ausdrucksformen, aber auch gedankliche Ordnungen insoweit als Gegenstand der Erinnerungskulturgeschichte begriffen, als sie einen Beitrag zur Formierung kulturell begründeter Selbstbilder leisten.«[6]

Für den Kulturwissenschaftler Günther Hockerts ist Erinnerungskultur ein vereinfachender Sammelbegriff »für die Gesamtheit des nicht spezifisch wissenschaftlichen Gebrauchs der Geschichte in der Öffentlichkeit«.[7] Das bedeutet, dass alle Formen der Apperzeption von erinnerter Vergangenheit Bestandteile der Erinnerungskultur sind: Texte, Bilder, Denkmäler, Bauten, selbst Rituale und Feste. Verfolgt man diese Definition, dann gibt es kaum einen Gegenstand, kaum eine Aktivität, die sich hier nicht einordnen ließe.

Der Ägyptologe und Kulturwissenschaftler Jan Assmann grenzt den Begriff wieder ein – und beschränkt ihn auf die eigene soziale Gruppe. Die Erinnerungskultur stellt dann die Frage: »Was dürfen wir nicht vergessen? Diese Frage stellen sich die verfolgten Juden – ohne dass sie sich ihrer bewusst sind. Den Tätern wird diese Frage gestellt von einer

nachfolgenden Generation, durchaus mit einem mahnen-
den Unterton. Erinnerungskultur als verordnetes Nachdenken über die Vergangenheit mithilfe von Erinnerungsstü-
cken, von Zeugnissen. «[8] Es ist nicht verwunderlich, dass die
zu Museen umgestalteten ehemaligen Konzentrationslager
solche Zeugnisse sind und zugleich Mahnmale.

Bei Cornelißen, Hockerts und Assmann fällt es schwer,
den Begriff so anzuwenden, dass er nicht beliebig wird, weswegen Aleida Assmann, die Ehefrau und Wissenschaftskol-
legin Jan Assmanns, wohl recht behält, wenn sie durchaus
kritisch anmerkt, dass der Begriff »inflationär ausgebreitet«
und verwendet werde. Drei Bedeutungen für Erinnerungskultur lässt sie zu: Erstens kann sie die Zugänge zur Vergangenheit intensivieren ohne eine Zielorientierung. Zweitens
ermöglicht sie einer bestimmten Gruppe die Aneignung der
Vergangenheit und hat durchaus identitätsstiftende Wirkung – der Flaggenkult der deutschen Rechtsextremisten ist
hier zu nennen. Drittens ist sie – und damit sind wir bei der
vom deutschen Staat, den deutschen Kulturinstituten und
der aufgeklärten demokratischen Mehrheit der bundesrepublikanischen Bevölkerung angestrebten Erinnerungskultur –
die kritische Auseinandersetzung mit Staats- und Gesell-
schaftsverbrechen während der nationalsozialistischen
Herrschaft. Wobei hier als ideelle Wiedergutmachung allein
die Opferperspektive eingenommen wird – und nie die der
Täter. Das bedeutet, die Krematorien in den erhaltenen
Konzentrationslagern sind als Bauten Symbole für die
Opfer – nicht für die Täter.

In Hinblick auf die Ereignisse des 20. Juli 1944 – die
zumindest in den Fünfzigerjahren durchaus kontrovers be-
urteilt wurden – spricht der Historiker Norbert Frei von
»Erinnerungskampf«.[9] Den gibt es auch heute wieder – auf
den Geländen der Konzentrationslager, man denke nur an
Buchenwald. Und was auf dem Gelände des Konzentrati-

onslagers Dachau durch den Bau christlicher Gotteshäuser passiert ist, zeigt den Erinnerungskampf gleichfalls sehr deutlich.

Das Definitionstohuwabohu um den Begriff wird noch verstärkt dadurch, dass Erinnerungskultur sowohl im Singular als auch im Plural benutzt werden kann; dass Erinnerungskultur und Erinnerungsorte von manchen Historikern als Synonyme verwendet werden. Ist Auschwitz ein Erinnerungsort oder ein Ort der Erinnerungskultur?

Sicher ist, dass die Erinnerung an die Shoah innerhalb Europas in Ost und West eine andere ist. Zudem trennt auch die Erinnerung an den Gulag Ostmitteleuropa von Russland. Das bedeutet: Es gibt keine gesamteuropäische Erinnerung an das 20. Jahrhundert; es gibt in Europa keinen antitotalitären Konsens im Erinnern. Den Beschluss, einen europäischen Gedenktag für die Opfer der nationalsozialistischen und der stalinistischen Verbrechen zu initiieren – 2009 im Europaparlament vorgebracht –, sahen die Russen als einen Angriff auf ihr kollektives Gedächtnis, das vor allem geprägt wurde vom Sieg über Nazideutschland. Abschottung ist eben auch eine Form des Erinnerns, oder besser: des Nichterinnerns.

Die staatliche Losung für das Erinnern – und das gilt für alle Bundespräsidenten, alle Kanzler und auch die bislang einzige Kanzlerin, für alle Ministerinnen und Minister, alle Ministerpräsidentinnen und -präsidenten – war: so viel Erinnerung, so viel Erinnerungskultur und Erinnerungskult wie möglich. Das bedeutete: Weniger das Erinnern des Zerstörten rückte in den Fokus als vielmehr das Schauen auf den Wiederaufbau, auf den Neubau. Also wurde alles unternommen, den Blick nach vorn zu richten und eben nicht zurück. Jüdisches Leben sollte auf deutschem Boden wieder blühen. Der Text, den Johannes R. Becher im Auftrag der SED für eine DDR-Hymne geschrieben hatte, bestimmte im Umgang mit der nationalsozialistischen Vergangenheit ironischerweise das Verhalten der Entscheidungsträger in der Bundesrepublik: »Auferstanden aus Ruinen/Und der Zukunft zugewandt/Laß uns dir zum Guten dienen/Deutschland, einig Vaterland./Alte Not gilt es zu zwingen/und wir zwingen sie vereint,/denn es muß uns doch gelingen,/daß die Sonne schön wie nie/über Deutschland scheint.« Darüber hinaus wollten nicht jüdische Deutsche mit den jüdischen Deutschen Gemeinschaften bilden – intellektuelle und kulturelle. Der Zukunft zugewandt.[10]

Im Jahr 2022 gibt es kaum noch Zeitzeugen, was das offizielle und das persönliche Erinnern sehr erschweren wird. Es ist zu befürchten, dass es bald selbst ernannte, sehr selbstbewusste Erinnerungsfunktionäre geben wird, Erinnerungswächter. Die bundesrepublikanische Öffentlichkeit wird an den Punkt gelangen, »an dem sich Individuelles, Persönliches und Geschäftliches auseinanderlegt. Deshalb ist die Gedenkstimmung so erhitzt. Deshalb wird Erinnerung beschworen und verwaltet, statt sie walten zu lassen. Deshalb wird Trauer zur ornamentalen Staatsräson, wird alles, was diesem Verständnis zu widersprechen scheint, potenziell justiziabel, wenigstens aber an den moralischen Rand gedrängt. Kaum jemand unterzieht sich der gedanklichen Anstrengung, den Sinn von Trauer zu hinterfragen. Dafür wird das Vokabular der Erinnerung, der Trauer immer genauer festgelegt. Die Vetos der zuständigen Erinnerungswächter mehren sich endzeitlich. Niemand darf ›Pogrom‹ sagen, wenn es sich nicht um das handelt, von dem der Name abgenommen wurde. Dass der Begriff nicht nur bereits im Mittelalter keineswegs allein gegenüber Juden benutzt wurde und zudem längst seinen Bedeutungshof erweitert hat, spielt dabei keine Rolle. Das alttestamentarische Bilderverbot ist zum Vergleichsverbot mutiert. Der Kreis der Anständigen wird immer kleiner, je präziser die Textschablonen gestanzt werden, die einzig Korrektheit anzeigen. Gleichzeitig mit dem Schrumpfen der ›Kernanständigen‹ wächst, in ihrer Selbstwahrnehmung, ihre moralische Bedeutung – und in Zukunft wohl auch ihre gesellschaftliche. Denn wenn nicht mehr die Betroffenen, die Opfer, mit der ihnen zukommenden authentischen moralischen Legitimation sprechen können, werden es die in Verbänden Zusammengeschlossenen: die Erinnerungsfunktionäre und Trauerverwalter, sein, die bestimmen, was geht und was nicht geht«.[11]

Droht Deutschland also ein Erinnerungskampf? Was zeichnet die »Vergangenheitsbewältigung *made in Germany*«[12] aus? Ein ungeheures Strebertum. Irgendwann wird es keine Täter mehr geben, sondern nur Opfer. Die Juden werden dann die besseren Opfer sein, aber die deutschen Nichtjuden werden gleichfall auf ihrer Opferrolle bestehen – nach der Adenauer-Formel, dass ein »verbrecherisches Regime« gewütet habe, nach der Weizsäcker-Formel, dass die Tätergruppe eine sehr kleine gewesen sei.

Eine völlig andere Form der »Erinnerungskultur«, die nicht von den deutschen Nichtjuden ausging, sondern von den Juden, ist die erst 1981 in München gegründete Gesellschaft zur Förderung jüdischer Kultur und Tradition, ein eingetragener Verein. Erster Vorsitzender war Simon Snopkowski, der in einem Katalog anlässlich des 15-jährigen Bestehens einen Rückblick »auf das dank kontinuierlicher Arbeit Geleistete« versuchte.[13] Snopkowski machte unmissverständlich deutlich, dass die Juden, die nach dem Holocaust in Deutschland waren, die Initiative ergriffen hatten, um sowohl die nicht jüdische Bevölkerung Deutschlands als auch die Jüdinnen und Juden (wieder) vertraut zu machen mit jüdischer Kultur: »Die meisten der heute in Bayern lebenden jüdischen Bürger sind nicht seit Generationen in diesem Land ansässig. Sie sind zum größten Teil nach der Befreiung vom Naziregime im unvergessenen Jahr 1945 aus

Osteuropa hierhergekommen. Sie waren Flüchtlinge und Fremde in doppelter und dreifacher Hinsicht. Nicht nur Sprache und Landschaft, Klima und Kultur waren ihnen nicht vertraut. Sie fanden sich hier ohne Familien und Hoffnung, physisch und psychisch zutiefst verwundet. Die Wurzeln ihres Seins, das unendlich vielfältige und lebensbejahende geistige, kulturelle und religiöse Leben des Judentums Osteuropas, waren vernichtet. «

Und da auch von den kulturellen Traditionen des deutschen und westeuropäischen Judentums kaum etwas erhalten geblieben war, da die vor der Shoah ins Ausland geflohenen Juden mit wenigen Ausnahmen nicht nach Deutschland zurückkehren wollten, beschränkte sich das kulturelle Leben, wie Snopkowski erklärte, » mehr oder weniger auf die Religionsausübung « und die ideelle Unterstützung des Staates Israel. Der größte Mangel sei aber gewesen, dass » ein kultureller Austausch mit der nicht jüdischen Umgebung « nicht stattgefunden habe. Das habe sich erst sehr spät, Ende der Siebzigerjahre, geändert, als die Juden in Deutschland ihr Interesse bekundeten, kulturelle Begegnungen mit den nicht jüdischen Bundesbürgern zu ermöglichen. Das war Anlass für die Gründung dieses Vereins, der sich die Förderung jüdischer Kultur und Traditionen zum Ziel setzte und darüber hinaus hoffte, ein nicht jüdisches Publikum für jüdische Themen, jüdisches Theater, jüdische Künstler zu interessieren. » Die Juden «, so Snopkowski 15 Jahre später, » die heute in Bayern leben, tragen ein äußerst vielschichtiges Erbe in sich. Sie sind aus vielen Ländern Europas hierhergekommen. « Sein folgender Satz verblüfft heute: » Wir leben gerne hier, und wir leben auch ganz bewusst als Juden in diesem Land. Unsere Gemeinsamkeiten mit unserer Umwelt und unsere Unterschiede wollen wir offen in einem Dialog einbringen. « Es ging also darum, den Juden wieder jüdische Kultur zu präsentieren und den Nichtjuden jüdische Kultur näherzubringen. Und noch etwas: Diese Gesellschaft wollte auch die Verfolgung thematisieren: »Wir müssen und wollen das unsere dazu beitragen, der Gefahr des Vergessens zu begegnen.«[14] So dankbar Snopkowski der Bayerischen Staatsregierung war, dass »sie die Gründung befürwortet« hatte, er verschweigt nicht, dass diese Regierung nur »eine bescheidene materielle Basis für die Aktivitäten« geschaffen hatte.

Was also bot und bietet der Verein den Münchnern: jüdische Volksmusik, vor allem Klezmer, Gastspiele des Warschauer Jiddischen Theaters und der Pupp Theatre Company aus New York, Vorträge, Ausstellungen, Filmwochen.

In den ersten Jahren, so die Herausgeber des Jubiläumskatalogs, war es schwierig, Kontakte zu Künstlern und Referenten herzustellen, »die zu der damaligen Zeit vornehmlich nur im Ausland zu finden waren und dies in einer kleinen Minderheit«.[15] Zum einen waren viele der Holocaust-Überlebenden zu alt, eine Reise nach Deutschland zu unternehmen; andere waren einfach nicht bereit, ins Land der Täter zu reisen.

1981 wurden das Jiddische Theater Warschau und die Klezmer-Band »Kapelye« zu einem Gastspiel eingeladen. Die Resonanz sei »sensationell« gewesen, freuen sich die Autoren. Und reflektieren nicht, dass sie den Juden in München und den Nichtjuden die Stereotype jiddischer Kultur präsentierten und noch heute anbieten. Größeren Diskursen, vor allem Diskussionen die aktuellen Probleme im Zusammenleben von Juden und Nichtjuden in der Bundesrepublik betreffend, wichen die Verantwortlichen eher aus.

1987 wurde die erste jüdische Kulturwoche in München gefeiert. Neben Klezmerkonzerten und jiddischen, in Polen in den Jahren 1936, 1937 und 1938 entstandenen Spielfilmen wurden auch Dokumentarfilme gezeigt und ein Tanzabend wurde veranstaltet. Obwohl der Verein Wert darauf legte, im

Programm wenn möglich Bezug zur Geschichte des Judentums zu nehmen – also 1988 der Pogrome gedachte, die fünfzig Jahre zuvor Synagogen und jüdische Geschäfte zerstört hatten –, blieben jiddische Lieder, jiddische Revuen und Klezmer-Konzerte Zentrum der Programme und eben nicht die Geschichte der Shoah. Und als 1989 die erste große Dokumentationsausstellung präsentiert wurde – in München, Augsburg, Regensburg und Würzburg –, beschäftigte man sich mit den »Juden in Deutschland von der Römerzeit bis zur Weimarer Republik«.

Machen wir einen Sprung in die Gegenwart. Die 35. Jüdischen Kulturtage in München, 2021. Die Vorsitzende Judith Epstein behauptete zu Recht, dass »die Sprache der Kulturen« verbinde: »Gerade Zeiten wie diese sind es, die uns vor Augen führen, worauf es ankommt. Ein starkes und tolerantes Miteinander. Denn nur gemeinsam können wir die Herausforderungen dieser Zeiten überwinden. Deswegen bin ich so glücklich darüber, dass die Jüdischen Kulturtage dieses Jahr der Pandemie nicht zum Opfer fallen. So erfahren wir ein Miteinander, das wir niemals verlieren dürfen. Ich freue mich, ein Teil dieses Miteinanders zu sein, denn nur gemeinsam sind wir stark, und nur die Vielfalt macht uns so gut.«[16]

Und das Programm? Es unterschied sich kaum von denen in den Jahren zuvor. Jiddische Musik, diesmal vom Jewish Chamber Orchestra, und ein Vortrag über Paul Celan.

Die Gesellschaft zur Förderung jüdischer Kultur und Tradition orientiert sich an der goldenen Zeit der ostjüdischen Kultur. Sie schaut lieber zurück, beschwört Schtetl-Fröhlich- und Traurigkeit. Zeitgenössische jüdische Maler, Fotografen, Autorinnen – und darunter sind nicht wenige streitbare Geister – werden nicht eingeladen. »Es geht meines Erachtens nicht um die Frage zu viel oder zu wenig«, fasste Richard C. Schneider in unserem Gespräch seine Haltung zum Thema Erinnerungskultur zusammen. »Es geht um das Wie. Und vor allem: für wen und von wem.«[17]

Wünschenswert wäre ein vielfältigeres kulturelles Angebot, das sich vor allem an junge Menschen richten sollte. Jüdische Kulturtage für Juden und Nichtjuden könnten die gemeinsamen kulturellen Wurzeln entdecken und zu neuer Blüte bringen, was gewaltsam am Wachsen gehindert wurde. So ein Angebot wäre eine Erinnerung für eine gemeinsame Zukunft.

Zerstört – wieder aufgebaut

Zu Beginn der Dreißigerjahre des 20. Jahrhunderts gab es auf dem Gebiet des damaligen Deutschen Reiches etwa 2800 Synagogen und Betstuben. Mehr als die Hälfte davon wurde in der Nacht vom 9. November 1938 sowie in den darauffolgenden Tagen und Nächten von nationalsozialistischen Horden zerstört.

In München wurde die Alte Synagoge Ohel Jacob in der Novembernacht angezündet und anschließend zertrümmert. Die Alte Hauptsynagoge – sie stand an der Herzog-Max-Straße im Zentrum – hatte die Israelitische Kultusgemeinde schon im Juni des Jahres verloren. Ihr war kurzfristig mitgeteilt worden, dass sie das Gotteshaus mitsamt dem Grundstück für den festgesetzten Preis von 100 000 Reichsmark abzutreten habe.[18] Der Bau störe eine geplante Verkehrsführung – doch diese Begründung war ein Vorwand: Nach dem vorsätzlichen Abriss, der schon am 9. Juni begann – einen Tag nachdem die Gemeinde die Verfügung erhalten hatte –, wurde an der Stelle ein Parkplatz eingerichtet. Zuvor hatte die Gemeinde die Orgel übrigens noch an das Erzbischöfliche Ordinariat verkaufen können; wieder eingebaut wurde sie in St. Korbinian im Stadtteil Untersendling, wo sie 1944 bei einem Luftangriff zusammen mit einem Großteil der Kirche zerbombt wurde.

In Berlin wurden in jenem November zwölf Synagogen zerstört, eine weitere, die Alte Synagoge, wurde im Krieg vernichtet. In Brandenburg traf es zehn Synagogen, in Bremen zwei, in Hamburg alle vier – zwei im November 1938, zwei 1943 im Bombenhagel. In Hessen zählte man 200 Angriffe auf Synagogen, in Mecklenburg-Vorpommern zwölf, in Niedersachsen 35, in Nordrhein-Westfalen 134, in Rheinland-Pfalz 168, im Saarland dreizehn, in Sachsen fünf, in Sachsen-Anhalt neun. In Schleswig-Holstein vier, in Thüringen elf. Auch in Österreich, wo die Deutschen Anfang März unter großem Jubel der Bevölkerung einmarschiert waren, wurde am 9. November 1938 gewütet: in Graz und in anderen, kleineren Städten, vor allem aber in Wien, wo achtzehn Synagogen brannten. Dort, wo es den nationalsozialistischen Tätern nicht gelang, die Synagogen abzufackeln, konzentrierten sie sich darauf, die Inneneinrichtungen zu demolieren. Manches wurde gestohlen.

Diese Liste ist durchaus unvollständig – in Wahrheit traf es mehr jüdische Gotteshäuser. Die niedrigen Zahlen in manchen Städten und Gegenden beweisen zudem keineswegs, dass dort der Zerstörungswille kleiner war als anderswo, sondern rühren nur daher, dass Juden in diesen Regionen weniger vertreten waren.

Im Jahr 1930 lebten etwas mehr als 502 000 Juden im Deutschen Reich, das waren 0,77 Prozent der Bevölkerung, die damals 65 Millionen Menschen zählte. 2019 lebten in der Bundesrepublik 94 000 Juden – alle russischen Zuwanderer mitgezählt; sie sind Gemeindemitglieder. Das sind immer noch 408 000 weniger als 1930, obwohl die sogenannten Jüdischen Kontingentflüchtlinge aus der Sowjetunion die jüdischen Gemeinden sehr vergrößerten: 19 000 kamen in den Jahren 2003/04 nach Deutschland (im Vergleich: Nach

Israel wanderten in diesem Zeitraum nur 11 000 russische Juden aus).

Die meisten heutigen deutschen Juden sind Mitglieder der Israelitischen Kulturgemeinden – daneben gibt es Gemeinden des Reformjudentums, einige wenige ultraorthodoxe Vereinigungen sowie Juden, die keiner dieser religiösen Organisationen angehören. Wenn wir davon ausgehen, dass nicht 94 000 Juden zu den Gottesdiensten Synagogen aufsuchen, stellt sich die Frage, wie viele Synagogen dieses Land braucht – als Orte des Gebets. Und eben nicht als Orte einer wie auch immer gearteten Erinnerungskultur.

Im Jahr 2013 gab es in der Bundesrepublik Deutschland 99 Synagogen und 31 Gebetssäle, die genutzt wurden, einige der Synagogen oder Betsäle der liberalen jüdischen Gemeinden – derzeit sind es 25 – nicht mitgezählt. Viele dieser Synagogen sind nach dem Krieg errichtete Neubauten, manche wurden dort gebaut, wo zuvor die in der Novembernacht zerstörten Gotteshäuser standen. Einige wurden wiederhergestellt. Manche Gemeinden zogen in Kasernen oder Kirchen. In Bad Kreuznach kam die jüdische Gemeinde in einem Gebäude der ehemaligen US-Garnison unter. In Halle an der Saale und in Koblenz wurden ehemalige Trauerhallen zu Synagogen umgebaut. In Bielefeld bezog die dortige Gemeinde die einstige evangelische Paul-Gerhardt-Kirche. In Hannover wurde die entwidmete Maria-Magdalenen-Kirche zur sogenannten Blauen Synagoge, und aus der evangelischen Gustav-Adolf-Kirche wurde die Synagoge der Liberalen Jüdischen Gemeinde Hannover. In Berlin zog die Reformgemeinde ins ehemalige interreligiöse Zentrum der US-Truppen.

Doch es gab wie gesagt auch Synagogen-Neubauten. Manche von ihnen sind architektonische Meisterwerke.

Ohel Ja'akov in München

Die jüdischen Gemeinden, die Neubauten erhielten, haben oft nur wenige Hundert Mitglieder. Umso erstaunlicher, wie groß die neuen Gemeindezentren konzipiert wurden. Zum Beispiel in Bamberg, wo weniger als eintausend Juden leben, oder in Bielefeld, in Bochum, in Chemnitz mit Gemeinden von weniger als fünfhundert Mitgliedern.

Der spektakulärste Synagogenbau in Deutschland nach Kriegsende war gewiss der in München, nicht zuletzt, weil er in seinen Dimensionen die anderen übertrifft. Eines hat er gemein mit dem aufregendsten und schönsten Synagogenbau, dem in Mainz: Auch die Münchner Hauptsynagoge versteckt sich nicht. Sie will Aufsehen erregen – und sie erregt Aufsehen. Weil sie demonstriert: Wir sind da! Prominent. Wir sind nicht zu übersehen.

Die Synagoge trägt den gleichen Namen wie ihre Vorgängerin, die in der Pogromnacht 1938 zerstört wurde: Ohel Ja'akov, was übersetzt »Zelt Jakobs« heißt. Die Nationalsozialisten beauftragten die Münchner Firma Leonhard Moll mit dem Abriss, die prompte und gute Arbeit leistete und mit der Zerstörung bereits am 8. Juni 1938 begann. Was mit dem Schutt passierte, wusste bis zum Sommer 2023 niemand. Anfang Juli des Jahres wurden bei Sanierungsarbeiten am Großhesseloher Wehr – zur Überraschung aller – Fragmente der Hauptsynagoge gefunden und aus der Isar an Land gebracht. Es war, so das Urteil von Münchner Juden und Nichtjuden, ein Sensationsfund. Aus zweierlei Gründen. Der eine war ein freudiger: Es gab gerettete Reste der Hauptsynagoge! Der traurige: Die Synagogenreste wurden 1956 verbaut, was bedeutet, dass die Firma Moll, die während des Krieges auch Zwangsarbeiter beschäftigte und nach dem Krieg weiterbestand, sowie alle an den Arbeiten Beteiligten diese Zeugnisse des Unrechts bewusst (ein zweites Mal) zu vernichten trachteten. Sie mussten wissen, was sie taten, als sie die Steine im Gewässer versenkten.

Darunter war auch eine Gesetzestafel mit den Zehn Geboten in hebräischer Schrift. Nach 85 Jahren bezeugen diese 150 Tonnen schwere Steine also eine zweifache Schuld. Beschönigend sprachen alle von einem würdelosen Umgang mit den Fragmenten. In Wahrheit war es der Versuch, aus der Welt zu schaffen, was die Welt nicht von den Deutschen zu sehen bekommen sollte.

Was mit den Steinen nun geschehen wird, ist ungewiss. Die israelitische Kultusgemeinde möchte sie ebenso zurückhaben wie die liberale Münchner jüdische Gemeinde Beth Schalom. Sie begründet ihr Anrecht damit, dass vor 1938 in der Hauptsynagoge die Gottesdienste nach dem liberalen Ritus abgehalten wurden. In München gab es daneben auch noch eine Synagoge, in der die orthodoxen Münchner Jüdinnen und Juden beteten. Es wäre ein fatales Zeichen, bräche darüber ein Streit aus. Denkbar ist, dass beide Gemeinden sich einigen und die wichtigsten der Funde dem jüdischen Museum überlassen.

Die heutige Münchner Synagoge gehört zu einem größeren Komplex von drei Gebäuden, dem Jüdischen Zentrum München. Zu ihm zählen neben der Synagoge ein Gemeindehaus und das jüdische Museum, in dem zudem eine Buchhandlung untergebracht ist. Im Gemeindezentrum befindet sich ein großer Vortragssaal, der auch für Konzerte genutzt wird, der Hubert-Burda-Saal, der den Namen des bekannten Verlegers und Kunsthistorikers trägt. Hubert Burda ist einer der größten Förderer der Israelitischen Kultusgemeinde München und Oberbayern. Der Raum hat eine sehr gute Akustik, weswegen er nicht allein als Tagungsort beliebt ist, sondern auch von Orchestern und Dirigenten geschätzt wird. Hier gastiert unter anderem das Jewish Chamber Orchestra Munich, das bis zum Sommer 2018 den Namen

Orchester Jakobsplatz trug. In diesem Ensemble musizieren jüdische und nicht jüdische Musiker unter dem Dirigenten Daniel Grossmann, der das Orchester 2005 gegründet hat und der seitdem dessen künstlerischer Leiter ist. Gespielt werden vor allem Werke jüdischer Komponisten, bevorzugt Zeitgenössisches.

Neben diesem großen Raum im Erdgeschoss befindet sich in dem Haus noch ein koscheres Restaurant, das Einstein, das unter der ständigen Aufsicht eines Rabbiners steht.

Ebenfalls im Erdgeschoss des Gemeindezentrums gibt es einen kleineren Saal, der sogar teilbar ist: der Mediensaal, zu dem auch eine Präsenzbibliothek gehört. In den anderen Geschossen befinden sich Versammlungsräume, eine Grundschule namens Sinai, ein Gymnasium, ein Kindergarten und ein Jugendzentrum. Sowohl der Kindergarten als auch die Grundschule stehen nicht jüdischen Kindern gleichfalls offen. Damit nicht genug: Im Keller des Zentrums wurde eine Sporthalle eingerichtet, in der der TSV Maccabi München trainiert und Unterricht in israelischem Volkstanz angeboten wird.

Hier im Untergrund beginnt ein 32 Meter langer unterirdischer Gang, er heißt » Gang der Erinnerung « und verbindet das Gemeindezentrum mit der Synagoge. Die gläsernen Wände tragen rund 4500 Namen von Münchner Jüdinnen und Juden, die während der Shoah ermordet wurden. Im Jahr 2000 wurde ein Ideenwettbewerb ausgelobt. 273 Beiträge wurden eingereicht. Bei der endgültigen Entscheidung des Architektenwettbewerbs gewann überraschenderweise keiner der von einer Jury bestimmten zwölf Vorschläge. Siegreich – und einstimmig gewählt – wurde der Entwurf des Saarbrücker Architekturbüros Wandel Hoefer Lorch. Das Architektenteam ließ sich inspirieren von der Umgebung. Mitten in der Stadt, unweit des Marienplatzes und des Viktualienmarktes, sollte die Synagoge stehen, dazu ein Gemeindehaus mit Museum. Die Münchner Altstadt mit ihren Plätzen und Plätzchen, ihren Passagen und ihren schmalen Gehwegen wird hier weitergedacht und konstruiert. Die drei Bauwerke, architektonisch ein jedes eigenständig, wollen nicht mit den Nachbarhäusern, zu denen auch das Stadtmuseum gehört, konkurrieren, wollen sie nicht ausstechen, sondern eine Symbiose mit ihnen eingehen. Zusammen sind sie ein städtebauliches Wunderwerk, eben ein Ensemble, das jüdische Zentrum. Es kostete insgesamt 57 Millionen Euro, finanziert von der Landeshauptstadt München, vom Freistaat Bayern, von der Israelitischen Kultusgemeinde und durch Spender, zu denen auch Hubert Burda zählt.

Dass der Synagogenbau so ganz freisteht, nach Osten gewandt, verleiht ihm eine besondere Würde. Der helle Sandstein erinnert Besucher, die schon einmal in Jerusalem waren, an den heiligen Ort, an das Gräberfeld auf dem Ölberg, an die Klagemauer, und Juden noch dazu an den Tempel Salomons. Es ist wohl nicht übertrieben, von einer archaischen Eleganz zu schreiben, auch weil das sechs Meter hohe Portal so prächtig ist. Darauf stehen die ersten zehn Buchstaben des hebräischen Alphabets – eine Erinnerung an die Zehn Gebote. Und doch beeindruckt dieser steinerne Quader mit seinem geschlossenen lichten Oberbau von außen weit weniger als das Innere.[19]

Der Innen-, der Gebetsraum: ein Mirakel aus Zedernholz und Stein – beide Materialien kamen aus Israel. Im Zentrum: der Almemor oder die Bima, also die Kanzel oder die Bühne. Ein Pult, um dort die Thorarollen abzulegen und daraus vorzulesen. Dahinter, an der Ostwand, der Aron Hakodesch, der Thoraschrein, von einem dunkelblauen Parochet, einem prächtigen Vorhang, verdeckt. Vor ihm brennt das ewige Licht.

Die Grundsteinlegung für dieses außergewöhnliche Projekt – die Demonstration blühenden jüdischen Lebens in der Stadt München – erfolgte am 9. November 2003 in Anwesenheit des damaligen Bundespräsidenten Johannes Rau.

Für diesen Tag hatte die neonazistische Vereinigung » Kameradschaft Süd « einen Bombenanschlag auf das Gelände geplant, den die Polizei jedoch vereiteln konnte.[20] Und so wurde das Richtfest für die Synagoge planmäßig am 28. Oktober 2005 gefeiert. Schon ein Jahr später – wieder an einem 9. November, 68 Jahre nach der Reichspogromnacht – wurde die Synagoge eingeweiht. Diesmal war Raus Amtsnachfolger Horst Köhler zugegen, gemeinsam mit dem bayerischen Ministerpräsidenten Edmund Stoiber und dem Oberrabbiner aus Tel Aviv, Israel Meir Lau.

Die Erinnerung an diese Nacht der Verwüstung und des Mordens nahm Bundespräsident Köhler in seinem Grußwort auf: » Es gibt Worte, an denen scheiden sich die Geister, wenn sie auf das jüdische Leben in unserem Land bezogen werden – das Wort ›Normalität‹ zum Beispiel oder das andere: ›Selbstverständlichkeit‹. Und doch gibt es den Traum, dass jüdisches Leben in Deutschland eines Tages wieder eine Selbstverständlichkeit sein möge, ein Teil des Gesamten, eine Normalität, die nicht eigens betont werden muss. Jeder, der weiß, was heute vor genau 68 Jahren geschah und was auf die sogenannte ›Reichskristallnacht‹ vom 9. November 1938 folgte, wird solche Träume nicht leichthin formulieren. Unter der nationalsozialistischen Herrschaft wurden Millionen von Menschen jüdischer Herkunft entwürdigt, entrechtet, enteignet, sie wurden aus ihrer Heimat vertrieben, ermordet. Auch an einem Tag wie dem heutigen, an dem wir diese wunderbare neue Synagoge eröffnen, geht die Freude über dieses Ereignis einher mit Trauer und Entsetzen bei der Erinnerung an das, was damals in unserem Land geschah. Es ist alles andere als selbstverständlich, dass nach der Shoah wieder Juden in Deutschland heimisch wurden. Und auch heute stoßen sich unsere Träume von einer Normalität jüdischen Lebens in Deutschland an einer Wirklichkeit, in der es offenen und latenten Antisemitismus gibt und in der die Zahl rechtsextremistisch motivierter Gewalttaten steigt. Das schmerzt. [...] Die Verpflichtung jedes Einzelnen von uns ist es, sich einzumischen und zu handeln, um zu verhindern, dass Menschen wegen ihrer Religion, ihrer Herkunft oder ihres Aussehens beleidigt, verletzt oder gar ermordet werden. Ich weiß, viele nehmen diese Verpflichtung ernst. Sie brauchen aber mehr Unterstützung: von Nachbarn und Kollegen, von den Verwaltungen, von den politisch Verantwortlichen auf allen Ebenen. [...] An diesem 9. November habe ich einen ganz konkreten Wunsch. Den nämlich, dass diese Synagoge bald ganz selbstverständlich zu München gehört – so, wie jede Synagoge in Deutschland ein Teil unserer gemeinsamen Zukunft ist.«[21]

Das Jüdische Gemeindezentrum Duisburg-Mülheim-Oberhausen

Der Hingucker unter den neuen Synagogen in Deutschland ist gewiss die Synagoge in Mainz. Doch auch andere Synagogen und Gemeindezentren verstecken sich nicht in ihren Städten. Die Synagoge in Aachen, 1995 eingeweiht und von dem Architekten Alfred Jacoby entworfen, ist auf sehr eigene Weise imposant. Das gekrümmte Eingangsportal mit dem riesigen Fenster signalisiert wie das Ensemble in München Öffnung und Offenheit; niemand kann am Selbstbewusstsein dieser Gemeinde zweifeln, die 2020 nur 1300 Mitglieder zählte.

Gleiches gilt für das jüdische Gemeindezentrum Duisburg-Mülheim-Oberhausen von Zvi Hecker, der Architekturbüros in Berlin und Tel Aviv unterhält. Das Gebäude gleicht einem riesigen aufgeschlagenen Buch mit fünf Seiten, die in den angrenzenden Park ragen. Jede dieser Seiten trägt einen hebräischen Buchstaben. Die erste, Alif, steht für die erste jüdische Gemeinschaft an diesem Ort im 12. Jahrhundert. Bet ist der Minyan gewidmet, den zehn Erwachsenen, die es braucht, um einen Gottesdienst zu feiern. Gimmel – die dritte Seite – steht für das erste Haus, das die Gemeinde nach dem Krieg erworben hatte. Die vierte Seite, Dalet, erzählt vom Aufbau der neuen Synagoge 1875 und ihrem Schicksal in der Pogromnacht 1938. Die fünfte Seite schließlich, Hei, kündet vom Neubeginn jüdischen Lebens nach der Shoah. »Diese heilige Seite erlaubt den gerichteten Blick auf den Thoraschrein und öffnet sich mit einem Oberlicht zum Himmel«, schreibt Zvi Hecker. Dieser Weg erlaube ein Gefühl von Zeit und Geschichte als reale Empfindung.[22]

Synagoge und Gemeindezentrum Gelsenkirchen

Im Jahr 2007 wurde das unspektakuläre Gemeindezentrum Gelsenkirchen mit seiner Synagoge eröffnet. Der Bau im Herzen der Altstadt kostete 5,2 Millionen Euro. Entworfen haben ihn die Gelsenkirchener Architekten Benedikta Mihsler und Reinhard Christfreund. Das Gebäude besteht aus drei separaten Bauten: Ein Teil des Komplexes sind die Synagoge und der Gemeindesaal, ein zweiter ein Verbindungselement mit Foyer. Der dritte, nicht zweigeschossig wie die beiden anderen, hat ein Geschoss mehr. Hier sind die Verwaltungs-, Schulungs- und Jugendräume, die Küche sowie Maisonettewohnungen untergebracht. Schlichtheit zeichnet das Äußere wie das Innere aus.

Über die Einweihung berichtete am 6. Februar 2007 die *Jüdische Allgemeine:* »Fawuk Ostrowiecki konnte seine Rede kaum zu Ende führen. Verschämt trocknete der Vorsitzende der Jüdischen Gemeinde Gelsenkirchen seine Tränen mit dem Taschentuch. Glück und Freude über die Einweihung des neuen Gemeindezentrums hatten ihn überwältigt.

Erleichterung, Erschöpfung, sie ist an diesem Tag fast allen Beteiligten anzusehen: vor allem der Organisatorin des Baus, Judith Neuwald-Tasbach, sowie den Architekten Benedikta Mihsler und Reinhard Christfreund, als sie dem Gemeindevorsitzenden den symbolischen Schlüssel für die Synagoge überreichen.

›Ich stehe heute vor Ihnen und kann es noch gar nicht beschreiben, was unsere Gemeinde in den letzten Wochen und Monaten erlebt hat‹, sagt Judith Neuwald-Tasbach. Der emotionale Mix aus Freude, Glück, Dankbarkeit, Stolz ließen sich kaum in Worte fassen.

Diese Gefühlslage kennt auch der Oberbürgermeister der Stadt Gelsenkirchen, Frank Baranowski. ›Der Glaube versetzt Berge‹, sage der Volksmund. Die Gelsenkirchener Gemeinde habe mit dem Neubau diesen sprichwörtlichen Berg versetzt. Mühsam sei der Weg gewesen trotz aller Unterstützung von Land und Stadt. Baranowski vergleicht ihn mit dem Exodus der Israeliten. ›Heute haben wir den Zug mit der Thora wenige Schritte von hier empfangen, mitten zwischen den christlichen Kirchen und gemeinsam mit Vertreterinnen und Vertretern weiterer Religionen.‹ Dies dürfe die jüdische Gemeinde als Zeichen und als Versprechen nehmen. ›Sie werden hier in der Innenstadt gut aufgehoben sein‹, verspricht Baranowski.«[23]

Licht der Diaspora – das jüdische Gemeindezentrum in Mainz

Bereits im Mittelalter besaß Mainz eine der traditionsreichsten und angesehensten jüdischen Gemeinden Europas. Diesen Ruf verdankte sie einem genialischen Rabbiner: Gerschom ben Jehuda. Berühmt wurde er auch unter dem Namen Rabbeinu Gerschom, also »Unser Lehrer Gerschom – Leuchte des Exils«. Er muss ein außergewöhnlicher Talmudgelehrter gewesen sein, und der ihm zugeschriebene Erlass, mit dem er die Polygamie im aschkenasischen Judentum abschaffte, machte ihn unsterblich. In seiner Talmudschule in Mainz studierten Schüler aus ganz Europa. Durch diesen religiösen Intellektuellen wurde die Stadt zum Zentrum der Region; zu den anderen Zentren der deutsch-aschkenasischen Kultur zählten Speyer und Worms. An diese Tradition knüpft das neue Gemeindezentrum bewusst an.

Nach dem Holocaust gründete sich die Gemeinde neu. Bis Mitte der Achtzigerjahre bestand sie nur aus 75 deutsch-jüdischen Familien, wuchs erst durch die zugewanderten Juden aus der ehemaligen Sowjetunion. Im Jahr 2006 zählte man über 1000 Gemeindemitglieder. Vergrößerung war nötig.

Bereits 1999 war ein Wettbewerb für den Neubau einer Synagoge und eines Jüdischen Gemeindezentrums ausgeschrieben worden, den der Architekt Manuel Herz, der seine jüdische Herkunft und seinen jüdischen Glauben öffentlich betonte, gewann. Am Tag der Grundsteinlegung, am 23. November 2008, erklärte er in einem Gespräch, das er mit Reinhard Hübsch im Sender SWR 2 führte, den Namen dieses Bauwerks:

» Der Titel bezieht sich auf die Mainzer Stadtgeschichte, und ich kann ihn am besten erläutern, indem ich den Entwurf erkläre. Mainz ist einer der wichtigsten Orte in der Geschichte des Judentums und nimmt auf verschiedenen Ebenen eine große Signifikanz für die Formung des heutigen Judentums ein. Der Titel ›Licht der Diaspora‹ geht zum einen zurück auf Gershom Ben Jehuda, also auf jenen Rabbiner, der zur ersten Jahrtausendwende ab dem Ende des 10. Jahrhunderts bis zum Jahr 1040 in Mainz gelebt und gelehrt hat. Dessen Weisheit galt als so groß, dass man ihm den Namen ›Licht der Diaspora‹ gegeben hat, weil seine Weisheit die gesamte Diaspora zum Erleuchten brachte. [...]

Mainz war während der 1000-jährigen Geschichte der Juden in dieser Stadt ein aktives und lebendiges gesellschaftliches Zentrum. Gleichzeitig zeigt Mainz aber auch die tragische Seite des deutschen und europäischen Judentums. Denn mit einer fast unbarmherzigen und zynisch anmutenden Regelmäßigkeit wurde alle 50 bis 100 Jahre die gesamte jüdische Bevölkerung vertrieben, ausgerottet, vernichtet, verbrannt oder ins Exil geschickt, und trotzdem fassten die Juden immer wieder Mut, wenige Jahre später zurückzukommen und eine neue jüdische Gemeinschaft aufzubauen. [...] Was mich dabei sehr beeindruckt, sind die Zuversicht und die Hoffnungen, die die Juden in Mainz hatten. Sie fangen immer wieder von Neuem an, eine jüdische Gemeinde aufzubauen, wie auch nach dem Holocaust. Heute, zu Beginn des 21. Jahrhunderts, eine neue große Synagoge und ein neues Gemeindezentrum aufzubauen, ist ein Zeichen der Zuversicht in die Zukunft. «[24]

Herz verblüffte mit seiner Erklärung, dass der Gebäudekomplex den Talmud als Vorbild habe. Nach der Vertreibung der Juden aus Jerusalem hätten die Rabbiner » ein komplett neues Judentum « entwickelt. » Das taten sie mit dem Talmud, einem etwa 60-bändigen Werk aus vielen Tausend Seiten bestehend. Es ist der Ersatz für das nicht mehr zugängliche Jerusalem. Meine These ist, dass dieser Talmud nicht nur den Ersatz für eine Stadt darstellt, sondern auch selbst architektonische und fast städtische Qualitäten hat. Das sieht man zum einen ganz plakativ am Seitenaufbau, also daran, wie die Seiten des Talmuds gestaltet sind. Die Gestaltung ist sehr grafisch, sehr hierarchisch, in Textblöcken, die formal zueinander angelegt sind. Dieser Talmud stellt ein Gespräch zwischen Rabbinern dar, die miteinander diskutieren, obwohl sie sich im wahren Leben nie getroffen haben, weil sie an verschiedenen Orten und Zeiten gelebt haben und erst durch die Redakteure des Talmuds zusammengebracht werden. [...] Es sind verschiedene Aspekte der Schrift und der Sprache, die dem Baukörper seine Form geben. Auf einer Ebene formt der Bau ein hebräisches Wort, ›Kaduschah‹, was ›erhöhen‹, ›heiligen‹ oder ›segnen‹ heißt. Dieses Wort mit seinen fünf hebräischen Buchstaben gibt dem Gebäude in einer etwas abstrahierten Art die Gestalt.«[25]

Die fünf Buchstaben, die im verblüffend schönen grünen Baukörper durchaus zu erkennen sind, stehen für die fünf Bereiche des jüdischen Zentrums: Synagoge, Gemeindeveranstaltungen, Erwachsenenbildung, Hebräischschule für schulpflichtige Kinder, Wohnungen. Das nach Osten, nach Jerusalem, gerichtete trichterförmige Dach des Versammlungsraumes stellt einen Schofar dar, das Widderhorn, das an Yom Kippur geblasen wird, versinnbildlicht also die Kommunikation mit Gott.

Das futuristisch anmutende Gebäude, das oft mit den Bauten des US-amerikanischen Architekten Daniel Libeskind verglichen wird – Herz hat mit ihm gearbeitet –, steht nicht an dem Ort der zerstörten Alten Synagoge. Warum habe man nicht da weitergemacht, wo die Zerstörung jüdisches Leben vernichtet hat, wollte SWR-Journalist Hübsch von Manuel Herz wissen. Seine Antwort war entschieden: Das jüdische Leben sei in der Nazizeit zerstört worden. »Es kann nicht sein, dass der Holocaust, dass eine Tragödie, die uns Juden aufgezwungen wurde, zum Fundament des Neuen wird. Dann wären die Nazis immer noch Mitautoren der neuen Synagoge, und das will ich nicht.«[26]

Unter den zahlreichen Gästen bei der Einweihung am 3. September 2010 waren ehemalige Mainzer Juden, Gemeindemitglieder sowie Bundespräsident Christian Wulff, der auf alle Synagogen-Neubauten in Deutschland verwies. Sie seien »Symbole des Vertrauens der Juden in unser gemeinsames Land. Sie werden zusammen mit anderen Orten friedlich gelebten Glaubens wie Kirchen und Moscheen auch ein

Sinnbild dafür sein, dass wir alle die Vielfalt Deutschlands annehmen und dass Juden, Christen, Muslime, Anders- und Nichtgläubige gleichermaßen nachhaltig aufgefordert sind, als Partner unser modernes Gemeinwesen mit- und so zu gestalten, dass wir eine gute, friedliche, gemeinsame Zukunft haben. Schalom – der Friede sei mit uns allen.«[27]

Die Synagoge am Fraenkelufer in Berlin

Als eine der schönsten deutschen Synagogen gilt mir die Synagoge am Fraenkelufer im Berlin-Kreuzberg – jedenfalls das Nebengebäude, das durch die Zerstörungen in der Pogromnacht 1938 nicht beschädigt wurde. Früher wurde es für den sogenannten Jugendgottesdienst benutzt, nach der Befreiung als Synagoge der konservativen jüdischen Berliner.

Entworfen wurde die neoklassizistische Synagoge 1912 von Alexander Beer, einem Juden, der 1873 in Westpreußen geboren und am 8. Mai 1944 in Theresienstadt ermordet wurde. Er war von 1910 an Gemeindebaumeister und Bauleiter des Bauamts der Jüdischen Gemeinde in Berlin. Zur selben Zeit wie das Gotteshaus wurde Beers Jüdisches Waisenhaus in Pankow erbaut. 1911 hatte die jüdische Gemeinde das Gelände am Landwehrkanal, dem heutigen Fraenkelufer, erworben; ein Jahr später begannen die umfangreichen Bauarbeiten. Erst am 17. September 1916 wurde die Synagoge eingeweiht. In jener Zeit war sie eine der größten Synagogen in Berlin und bot 2000 Menschen Platz. Damals wohnten in den Bezirken Kreuzberg und Neukölln über 10 000 Juden – das erklärt die Größe. Der Neubau war so etwas wie ein Gemeindezentrum. Wie viele andere Synagogen wurde auch diese in der Pogromnacht vor allem innen zerstört. Nach dem Krieg feierten in der Ruine im September 1945 Überlebende der Shoah und einige wenige amerikanische Juden das jüdische Neujahrsfest. Regelmäßige Gottesdienste wurden von 1959 an wieder abgehalten. 2012 wurde von Jüdinnen und Juden der Verein Freunde der Synagoge Fraenkelufer e. V. gegründet. Obwohl es viele Initiativen gab, Gelder für einen Neubau zu akquirieren: Die Grundsteinlegung, die für das Jahr 2023 geplant war, ist noch nicht erfolgt. An dem Ziel, 2026 zur 110-Jahr-Feier der Synagoge einen Neubau einzuweihen, hält der Verein aber fest.

Das Synagogen-Projekt der liberalen Gemeinde Beth Shalom

Im Jahr 1995 wurde in München die Liberale Jüdische Gemeinde gegründet und erhielt den Namen Beth Shalom, »Haus des Friedens«. Als 1992 die US-Truppen Bayern verließen, wurden deren jüdische Gottesdienste eingestellt, an denen auch deutsche und englischsprachige liberale jüdische Münchner teilgenommen hatten, die überhaupt keinen Bezug zur U. S. Army hatten.

Zunächst gab es nur – dank einer privaten Initiative – Religionsunterricht für Kinder, organisiert und finanziert von den Eltern, der von 1994 an regelmäßig angeboten wurde. Erstmals lud man auch einen amerikanischen Rabbiner ein, mit den liberalen Münchner Jüdinnen und Juden die Hohen Feiertage zu begehen. Ein Jahr später schon wurde die liberale Gemeinde Beth Shalom e. V. formell gegründet und in die World Union for Progressive Judaism aufgenommen. Danach ging alles ziemlich rasch: 1996 erhielt die Gemeinde die erste Thorarolle, eine Dauerleihgabe der Gemeinde Rodef Shalom in Pittsburgh. Die Rabbiner, Gäste der Gemeinde, hielten die Feiertagsgottesdienste ab, 1999 fand die erste Hochzeit statt. 2003 mietete Beth Shalom erstmals eigene Räume an. Hier betreute der Rabbiner Walther Rothschild die Gemeinde – und das nicht allein an den hohen Feiertagen. 2005 übernahm Tom Kučera das Amt des Rabbiners, und zwar fest angestellt. Er erhielt diese Berufung bereits in seinem letzten Studienjahr am Abraham Geiger Kolleg in Potsdam. Bis heute ist er der Rabbiner der Gemeinde. 2011 kam es zu einem Umzug nach Mittersendling – größere Räume waren gefunden worden, in denen sich bis zu 200 Gläubige versammeln konnten.

Heute zählt die Gemeinde mehr als 600 Mitglieder, darunter nur sehr wenige Jüdinnen und Juden aus den ehemaligen GUS-Staaten. Die Gottesdienste werden in hebräischer, deutscher und englischer Sprache abgehalten. Eine wirkliche Synagoge, also einen eigenen Bau und nicht bloß angemietete Räume, haben die liberalen Juden in München noch nicht – nur den Entwurf zu einem Neubau, den Daniel Libeskind der Gemeinde 2011 schenkte. Ein gewichtiger, wenn nicht *der* Grund ist sicherlich, dass die Finanzierung dieses Neubaus, zu dem auch ein Kindergarten, weitere Gemeinderäume und Wohnungen gehören sollen, nicht geklärt oder gar gesichert ist. Nach der Gründung einer Stiftung begannen die ersten Suchen nach Spendern.

Am 2. Juli 2020 jubilierte die Journalistin Katrin Diehl in der *Jüdischen Allgemeinen,* dass sich »der Traum« der Münchner Liberalen Gemeinde einer eigenen, neuen Synagoge, »erbaut nach den Plänen des Stararchitekten Daniel Libeskind zu einem sehr konkreten Projekt« entwickelt habe. Denn der Vorbescheid der Stadt München ermöglichte es dem Bauherrn »zu prüfen, ob die Behörden sein Bauvorhaben als grundsätzlich ›genehmigungsfähig‹ einschätzen«.[28]

Jan Mühlstein, damals noch Vorsitzender der Liberalen Gemeinde Beth Shalom, weiß natürlich, dass »so etwas mit Kosten verbunden ist, aber wir denken, dass es richtig und wichtig ist, jetzt diesen Antrag zu stellen«.[29] Für das ehrgeizige Synagogenprojekt konnte Beth Shalom inzwischen den Münchner Architekten Wolfgang Gollwitzer gewinnen, der schon einige Male mit Daniel Libeskind zusammenarbeitete, so auch beim Bau des Berliner Jüdischen Museums. Bei der Finanzierung der neuen Synagoge wie auch des Grundstücks geht die Gemeinde von einer Drittelung aus. Mühlstein erklärte, dass solch eine gemeinschaftliche Finanzierung in den vergangenen zehn Jahren bei Synagogenbauten in Deutschland üblich gewesen sei: »Jeweils ein Drittel kommt vom Land und der Stadt, ein Drittel vom Bauherrn.« Und für dieses Drittel braucht es Spender.

Eines ist schon jetzt sicher: Wird diese Synagoge gebaut, dann wird sie – so hat Daniel Libeskind verkündet – das erste Gebäude sein, das seinen Namen tragen darf.

Jüdische Museen als Orte der Reeducation?

Die ersten Museen, die sich in Deutschland und Europa mit dem Judentum, mit jüdischer Kultur und Geschichte beschäftigten, entstanden Ende des 19. Jahrhunderts. Jüdische Sammler stellten die Exponate zur Verfügung, und die Jüdischen Gemeinden waren die Eigentümer dieser Sammlungen. Ein jüdisches Museum war also eines der Juden, die dort zur Schau stellten, was ihre Kultur und ihren religiösen Kult ausmachte.

Im Jahr 1895 wurde das Jüdische Museum in Wien gegründet, das erste weltweit. Eine Gruppe jüdischer Wiener Bürger bildete den Trägerverein. Ausgestellt waren Objekte zur Kultur und Geschichte der Juden in der österreichisch-ungarischen Doppelmonarchie. Die Schwerpunkte waren Wien und Galizien. Daneben gab es Exponate aus Palästina, um die damalige Diskussion um den Zionismus widerzuspiegeln. Das Museum wurde 1938, gleich nach dem »Anschluss« Österreichs an das Deutsche Reich durch die Nationalsozialisten, geschlossen. Einige der Ausstellungsstücke gelangten in andere Museen oder tauchten, viel später, auf dem Kunst- und Antiquitätenmarkt auf. (Das heutige, seit 1993 im Palais Eskeles untergebrachte jüdische Museum ist eher unbedeutend, bedenkt man die herausragende Rolle der jüdischen Gemeinde in Wien vor der Shoah.)

Nach der nationalsozialistischen Herrschaft bezog sich jüdisch nicht mehr auf Trägerschaften, sondern auf die Exponate. Gezeigt wurde anhand der Ausstellungsstücke jüdisches Leben vor der Shoah – und die Verfolgung auch.

Das heißt: Der Vergangenheitsbezug war ein völlig anderer. Die Musealisierung war die Spurensuche und die Spurensicherung nach 1933 – oftmals begann diese Suche auch schon früher, mit dem Ende des Ersten Weltkriegs. Zu dieser Spurensuche zählte nun alles, was sich anschauen, begehen, begreifen ließ: jüdische Stadtviertel, Wohnhäuser mit Mikwa und Laubhütte (oder auch ohne), Synagogen, Friedhöfe.

So wurden aus den Synagogen, die nicht mehr gebraucht wurden, weil es in den Orten, in denen sie standen, nach dem Krieg keine Juden mehr gab, Erinnerungsorte. Abriss wäre Frevel gewesen und nicht nur in den Augen der deutschen, sondern mehr noch in denen der Juden, die in Israel eine Heimat gefunden hatten, ein neuerliches Zeichen, dass die Juden in diesem Land nicht willkommen waren, dass man die Erinnerung an sie auslöschen wollte. Also erhielt man diese Gebäude, restaurierte sie aufwendig und widmete sie um. Es wäre durchaus eine Möglichkeit gewesen, sie als Ruinen zu erhalten – wie die Berliner Gedächtniskirche zum Beispiel. Oder als Orte für Konzerte, Ausstellungen, Lesungen, Diskussionen, Spiele.

Wer braucht so viele jüdische Museen? Die deutschen Juden wissen, wie ein Chanukka-Leuchter und eine Menora aussehen. Sie wissen, was ein Jad und was eine Mikwa ist und was ein Mohel macht. Sie kennen Thorarollen und Thorakronen. Das heißt: Diese Museen sind für Juden nur dann von Interesse, wenn sie mehr bieten als den Elementarunterricht zu jüdischem Leben. Just das aber – und eben nicht mehr – bieten die meisten Museen in der Provinz. Mangels Material spezialisieren sie sich einzig auf jüdische Heimatkunde; und sie bieten so etwas wie jüdische Touren – durch Franken zum Beispiel oder Thüringen – als Teil »jüdischer Erinnerungskultur«. Es gebe durchaus einen jüdischen Tourismus von Nichtjuden, sagen die Museumsdirektorinnen und -direktoren. Ich habe ihn bislang nicht erlebt.

Ein Beispiel aus der Provinz ist das Jüdische Museum in Fürth. Es besteht aus drei Museen. Das Haupthaus in Fürth ist in einem umgewidmeten alten Wohnhaus und einem Neubau untergebracht. Als ich es besuchte, war ich für fünf Stunden der einzige Besucher, nur in die Bibliothek verlief sich noch eine Gymnasiastin, die ein Buch zum Thema Beschneidung suchte. Die ehrenamtliche Bibliothekarin langweilte sich und war erfreut, dass sie mir Bücher zur jüdischen Geschichte der Stadt heraussuchen konnte. Das Besondere dieses Museums ist eine Mikwa, ein kleines Becken für das rituelle Bad – heute ohne Wasser – im Keller des Hauses, das Anfang des 18. Jahrhunderts einem Juden gehörte, Hirsch Fromm. Und ins Dachgeschoss wurde eigens eine Laubhütte hineingebaut. Ansonsten findet sich ein Sammelsurium an Kultgegenständen: ein Chanukkaleuchter aus Zinn aus dem 19. Jahrhundert, eine Thorakrone, genäht aus Stoffresten, Glückwunschkarten, Porträtfotos, einige wenige Gemälde.

Zu dem Museumsverbund »Jüdisches Museum Franken« gehören neben dem Gebäude in Fürth ein weiteres in Schnaittach – auch hier ein Ritualbad und »Sachzeugnisse jüdischer Landkultur in Süddeutschland« – und eines in Schwabach: noch eine Laubhütte. Keine anderen Exponate, sondern Audiostationen und animierte Filme.

Bleiben wir in Bayern: In Altenkunstadt hat man in der ehemaligen Synagoge, die während des Zweiten Weltkriegs als Unterkunft für Kriegsgefangene diente und später Lagerraum für das örtliche Wasserwerk war, auf der Frauenempore eine klitzekleine Dauerausstellung zur Geschichte der Juden im oberen Maintal eingerichtet.

In Ansbach wurde die ehemalige, Mitte des 18. Jahrhunderts erbaute Synagoge 1964 zu einem, wie es heißt, »musealen und symbolischen Gotteshaus« erklärt. 1985 begannen Renovierungsarbeiten, 2012 wurde ein sogenanntes Informationszentrum eröffnet. Zu sehen gibt es Gegenstände, die das jüdische Alltagsleben dokumentieren. Das synagogale Museum ist von Mai bis September an jedem zweiten und vierten Sonntag im Monat zwischen 15 und 17 Uhr geöffnet, also monatlich insgesamt vier Stunden. Diese Öffnungszeiten sind durchaus Zeichen eines gegenseitigen Desinteresses. Zusätzlich findet in jedem Jahr im November eine Gedenkstunde zur Reichspogromnacht statt – Erinnerungspflicht.

Die Stadt Augsburg ist stolz darauf, dass ihr 1985 eröffnetes »Jüdisches Kulturmuseum Augsburg-Schwaben« das erste selbstständige Museum in der Bundesrepublik Deutschland war. In den anderen Bundesländern gibt es insgesamt 65 weitere jüdische Museen. Und, nicht zu vergessen, die NS-Dokumentationszentren, die sich vor allem der Zeit des Nationalsozialismus und der Judenverfolgung widmen. Alle Museumsgründungen wurden nach 1985 gefeiert. Ebenso wie die Eröffnungen der NS-Dokumentationszentren – Köln 1988, Nürnberg 2011, München erst 2015. Sie sind Reaktionen auf den zunehmenden Antisemitismus in der Bundesrepublik.

Das bedeutet, dass der Boom »Jüdische Museen für alle« erst vierzig Jahre nach dem Ende der Naziherrschaft begann. Zeitgleich entwickelte sich langsam wieder eine starke rechte Szene. Die Allensbach- und TNS-Emnid-Umfragen von 1986, 1987 und 1989 bestätigten den Anteil von 15 Prozent eindeutiger und dreißig bis vierzig Prozent latenter oder potenzieller Antisemiten quer durch alle Bevölkerungsschichten.[30] Was die Alliierten nach 1945 begannen und was seitdem mit den Begriffen Reeducation oder Reorientation bezeichnet wird, wurde von den Deutschen von den Achtzigerjahren an in den Museen und durch einen Gedenkstättenkult fortgeführt.

Ein Museum ist qua definitionem »eine dauerhafte Einrichtung, die keinen Gewinn erzielen will, öffentlich zugänglich ist und im Dienst der Gesellschaft und deren Entwicklung steht. Sie erwirbt, bewahrt, beforscht, präsentiert und vermittelt das materielle und immaterielle Erbe der Menschheit und deren Umwelt zum Zweck von Studien, der Bildung und des Genusses«.[31]

Die jüdischen Museen in Deutschland bewahren und präsentieren – das vor allem. Die Vermittlung hingegen wird ebenso vernachlässigt wie die Forschung. Jüdische Museen sind Mahnmale der Schuld. Sie präsentieren den Verlust. Zu sehen ist, was von den ermordeten, den vertriebenen Juden übrig geblieben ist. Objekte, die ihnen genommen wurden. Oder anders formuliert: Nicht jüdische deutsche Besucher werden mit einer untergegangenen Kultur konfrontiert – und eben nicht mit der Gegenwart. Diese Museen sind nicht das Signal: Wir sind wieder da! Sondern sie sind der Beweis: Wir waren da – und wurden verfolgt, vertrieben, ermordet. Und bestohlen! Jeder Besuch eines solchen Museums weckt Schuldgefühle und selbst in den Jüngsten die Frage: Wie konnte das geschehen?

In dem Magazin *Cicero* schrieb Sergey Lagodinsky am 28. Januar 2020 einen Gastbeitrag mit der Überschrift »Von der Unmöglichkeit des Erinnerns«. Sergey Lagodinsky, 1975 im russischen Astrachan geboren, Rechtsanwalt, Publizist, Politiker und seit der Europawahl 2019 Mitglied des Europäischen Parlaments als Teil der Fraktion Die Grünen/ EFA, kritisiert sehr offen, also durchaus kämpferisch, die zur Schau gestellte Betroffenheit der Deutschen, wenn es um die Juden und die Verbrechen an ihnen geht: »Wenn Juden das

Volk des Buches sind, ist Deutschland [...] das Volk der Worte. Bekenntnisse über Bekenntnisse, Rituale über Rituale. Die Kollektivübung scheint darin zu bestehen, das Unfassbare zu vermessen, das Unmögliche auszudrücken – weniger das Verbrechen, mehr die eigene Betroffenheit. Manches hat mit Schuld und Scham zu tun. Manches mit einer Pflichtübung. Und manches auch mit dem kollektiven, fast erotischen Verlangen, eine Beziehung zu der historischen Monstrosität aufzubauen. [...]

Die Unmöglichkeit unserer Erinnerungsaufgabe steckt in der Übergröße des Verbrechens. Sollen wir deswegen aufhören, uns zu erinnern? Selbstverständlich nicht!«[32]

Was ist dann falsch am Erinnern – eben auch in Museen? Lagodinskys Antwort: »Unsere kollektiven Erinnerungsversuche, mögen sie auch noch so hilflos und repetitiv rüberkommen, bleiben nur dann legitim, wenn sie glaubwürdig, opfergerecht und gegenwartsrelevant sind. Es ist nicht glaubwürdig, wenn unsere Erinnerungsbemühungen rituell wirken, sich in Symbolik erschöpfen. Erinnerung an die Shoah bedeutet, sich auch außerhalb der Feiertage an Menschen zu wenden, die Opfer von damals waren: Was tut Politik für die Überlebenden des Holocausts und ihre Nachfahren, wenn es etwa um würdevolle Lebensbedingungen in Deutschland geht?«[33]

So wie die Reden, in denen das Leid beschworen wird, haben die jüdischen Museen, die NS-Dokumentationszentren und die Konzentrationslager, die besichtigt werden können, vor allem ein Ziel: Betroffenheit zu zeigen und Schuld zu bekennen. Immer im Imperfekt. Aber in keinem dieser Museen wird die Erinnerung ins Heute transportiert. Im besten Fall wird Vergangenheit kritisch reflektiert. Tatsächlich müsste es um etwas ganz anderes gehen: den heutigen Judenhass. Er existiert weiter. Er versteckt sich hinter einer unangemessenen Israelkritik, er kaschiert sich in den Aktionen der BDS-Bewegung – den Boykott-Aufrufen gegen den Staat Israel –, und nicht wenige Verschwörungstheorien sind antisemitisch.

Nicht das einstige jüdische Leben muss Lehrmaterial sein, sondern das gegenwärtige. » In Schulcurricula brauchen wir mehr Informationen über das heutige jüdische Leben «, fordert Lagodinsky. » Das ist die beste aktive Erinnerung an die Toten und ein offener und direkter Beziehungsaufbau zu ihren Nachfahren. [...] Es bringt nichts, der Toten zu gedenken, wenn einem die lebenden Juden gleichgültig sind. «[34]

Bewirken die vielen jüdischen Museen, die mit den Steuergeldern deutscher Nichtjuden eingerichtet wurden, also das Gegenteil von dem, wozu sie geschaffen wurden? Nicht einmal in den kleinen jüdischen Heimatmuseen werden der Holocaust oder schon der Beginn der Barbarei ausgespart. In Fürth ist eine Postkarte ausgestellt, die an einen Herrn Ludwig Seligsberger adressiert war und in Fürth am 20. März 1925 abgeschickt wurde. Irgendein Postbeamter hat ein Hakenkreuz draufgeschmiert, wohlgemerkt 1925. Auf die Beschwerde des Arztes Dr. Leo Teitz, dem Absender aus Fürth, Friedrichstraße, antwortete die Verwaltung: » Die Beamten, die mit der fraglichen Postkarte dienstlich Befassung haben konnten, können sich an die Karte nicht mehr erinnern. Sie bestreiten aber ganz entschieden, daß sie auf der Postkarte Hakenkreuze angebracht haben. Ich halte es für ausgeschlossen, daß Verschulden des Postpersonals vorliegt. «[35] Keine Frage, es ist wichtig, solche Zeugnisse zu erhalten. Doch das allein genügt nicht. Alle musealen Aktivitäten müssen einen Bezug zur deutschen Gegenwart herstellen. Das jüdische Museum in Berlin versucht genau dies.

Im März 2020 lud die *taz* Mirjam Wenzel, Literaturwissenschaftlerin und seit 2016 Direktorin des Jüdischen Museums in Frankfurt, und Cilly Kugelmann, deutsch-israelische Historikerin und Mitarbeiterin des Jüdischen Museums in

Berlin, zu einem Streitgespräch. Eine entscheidende Frage war, ob jüdische Museen den Holocaust ins Zentrum stellen müssten oder nicht. Mirjam Wenzels Antwort: »Jüdische Museen sind keine Holocaust-Museen. Aber alles, was wir vermitteln, ist vom Holocaust gezeichnet. Die einstige materielle jüdische Kultur in Europa wurde zerstört. Es existieren hier und heute keine großen Sammlungen jüdischer Kunst- und Kulturgüter mehr, die in jüdischen Museen bewahrt werden müssten. Insofern ist der Zivilisationsbruch Teil unserer Erzählungen, aber nicht deren Endpunkt.«

Tilly Kugelmann spitzte zu: »Ohne Holocaust gäbe es in Deutschland keine jüdischen Museen. Es gäbe vielleicht provinzielle Einrichtungen, aber keine staatlich finanzierten. Ich stimme Mirjam zu: Wir sind keine Holocaust-Museen. Das kann nicht unser ausschließliches Thema sein. Als das Jüdische Museum in Berlin 2001 eröffnet wurde, war genau das die Erwartung: ein Holocaust-Museum.«[36]

Das Jüdische Museum Berlin

Berlin besitzt die meisten Erinnerungsorte und das größte jüdische Museum nicht nur Deutschlands, sondern Europas. Ein spektakuläres, von Daniel Libeskind entworfenes Gebäude, der in Kreuzberg seinen Neubau in Zickzackform geschickt mit einem aus dem Barock stammenden Kollegienhaus verband. Die Idee, in Berlin wieder ein großes Museum für jüdische Geschichte und Kultur aufzubauen – das erste jüdische Museum wurde sechs Tage vor der »Machtergreifung« der Nationalsozialisten am 24. Januar 1933 eröffnet und am 10. November 1938 geschlossen –, entstand 1971, als der 300. Jahrestag der Jüdischen Gemeinde der Stadt gefeiert wurde.

Achtzehn Jahre später, 1989, gewann Libeskind den Architekturwettbewerb für den Museumsneubau, der 1999 eingeweiht wurde. Wiederum zwei Jahre später verabschiedete der 14. Deutsche Bundestag 2001 das Gesetz zur Errichtung einer » Stiftung Jüdisches Museum Berlin «, wodurch die Arbeit des Museums sichergestellt wurde.

Der Bau besitzt eine Titan-Zink-Fassade und verblüfft von außen durch ungewöhnlich geformte Fenster, die bei einem Rundgang allerdings nicht nur staunen machen: Die Schießscharten nicht unähnlichen Sehschlitze flößen auch Angst ein. Ähnliche Empfindungen von Furcht und Unsicherheit lösen auch die geneigten Böden aus. Es ist ein » unsicherer « Ort. Auch schiefe Achsen, die Namen tragen – Kontinuität, Exil, Holocaust –, verwirren die Besucher, die Ruhe und eine gewisse Geborgenheit erst in dem Garten des Exils finden. Zwar sind auch die Ölweiden und die 49 Betonstelen auf unebenem Grund gepflanzt beziehungsweise errichtet worden, aber zu einem Gefühl der Fremdheit gesellt sich nun die Freude, hier an einem » sicheren « Ort zu sein. Ähnlich ergeht es dem Wanderer durch das Museum im Celan-Hof, in dem der Lieblingsbaum des Dichters Paul Celan wächst, eine Paulownia.

Libeskind gelingt es, Ruhe und Schrecken in einer beständigen Abfolge erlebbar zu machen. Denn der fünfkantige Holocaust-Turm lehrt wieder das Fürchten. Nur wenig Licht schafft es durch die engen Schlitze in diesen Raum, und die hier wie aus der Ferne eindringenden Geräusche der Stadt sind mehr Schrecken als Verbindung zu einer vertrauten Außenwelt. Keine Gaskammer, aber vielleicht ein Gefängnis.

Im August 2020 wurde eine neue Dauerausstellung eröffnet. Auf mehr als 3500 Quadratmetern wird die Geschichte der Juden in Deutschland von den Anfängen bis zur Gegenwart nachgezeichnet – wohlgemerkt aus jüdischer Sicht. Auch die Zeit nach 1945 wird reflektiert und mit Exponaten lebendig gemacht – die Restitution, die Wiedergutmachung, die Einwanderung russischer Juden.

Aber mehrere Auseinandersetzungen zeigten, dass sowohl von jüdischer als auch von nicht jüdischer Seite eher der Blick zurück gefordert wird und nicht der kritische Blick auf das, was ist – und auf das, was sein könnte im Verhältnis von Juden und Nichtjuden, von Deutschen und Israelis. Vielleicht wäre es an der Zeit, auch den Antisemitismus in Deutschland nach 1945 und die israelischen Reaktionen darauf zu dokumentieren. Exponate gäbe es genug.

Das Jüdische Museum München

Schon 1928, fünf Jahre vor der Machtübernahme der Nationalsozialisten, gab es Überlegungen, ein Jüdisches Museum in München zu gründen. Aber unternommen wurde nichts. Was in der »Hauptstadt der Bewegung« wenig verwunderlich ist. Erst nach der Shoah setzte sich der Vorsitzende der Israelitischen Kultusgemeinde in München, Hans Lamm, für die Gründung eines solchen Museums ein. Doch realisiert wurde dieses Vorhaben nicht. Es blieb bei »Überlegungen«.

Im Jahr 1989 gab es dann wirklich so etwas wie einen Start. Doch der Impuls ging weder von der Stadt München noch vom Freistaat Bayern aus. Die Anfänge waren sehr privat. Und sehr klein. Der Kunsthändler Richard Grimm gründete das erste jüdische Museum der Stadt. Mit eigenen Mitteln, ohne jede städtische oder staatliche Unterstützung. In einer 29 Quadratmeter kleinen Wohnung richtete er eine Ausstellung ein.

»Für viele war ich immer der Jude«, sagte Richard Grimm, als das städtische jüdische Museum am 22. März 2007 als ein Gebäude des großen jüdischen Zentrums am St.-Jakobs-Platz eröffnet wurde.[37] Dabei war Grimm gar kein Jude, sondern ein aus der katholischen Kirche ausgetretener Freigeist. Am Anfang – in den Achtzigerjahren – stand das nicht nur von Grimm verspürte Unbehagen, dass es selbst Jahrzehnte nach der Naziherrschaft in München keinen festen Platz zur Dokumentation jüdischer Kultur gab. Das Manko war der Stadt sehr wohl bewusst – aber es zu beseitigen, das schaffte sie nicht. Oder sie wollte es nicht schaffen. Niemand dachte ernsthaft daran, ein jüdisches Museum in München zu gründen, was erstaunlich ist. Denn in der »Stadt der Bewegung« hätte es eigentlich nahegelegen, sich mit der lokalen jüdischen Geschichte auseinanderzusetzen. Wäre Grimm nicht so hartnäckig und entschlossen gewesen, es wäre nie etwas geworden. Aber er brachte die Stadt in Zugzwang, nachdem er in der Maximilianstraße sein kleines Privatmuseum eröffnet hatte. Es war kein wirkliches Museum, sondern eine Jüdische Galerie in einer ehemaligen Dienstbotenwohnung. Der Nichtjude Grimm schaffte es, in den kleinen Räumen Ausstellungen zu präsentieren, die nicht allein die Münchner interessierten, sondern auch Touristen aus aller Welt.

Die erste Institution, die handelte und Grimms Vision eines jüdischen Museums aufnahm, war die Israelitische Kultusgemeinde, die ihm Ausstellungsräume im Gemeindezentrum in der Reichenbachstraße zur Verfügung stellte. Bis 2001 war es Grimms Privatmuseum und wurde erst danach als städtische Einrichtung weitergeführt, hier arbeiteten nun das Stadtmuseum und das Stadtarchiv zusammen.

Das jetzige Museum, das zum jüdischen Gemeindezentrum am St.-Jacobs-Platz gehört, bietet, über drei Stockwerke verteilt, auf 900 Quadratmetern Ausstellungsfläche Raum für eine Dauerausstellung und Wechselausstellungen. Eine architektonische Besonderheit ist der Treppenaufgang, der, weil er keine einzige Krümmung aufweist, an das Treppenhaus der Alten Pinakothek erinnert. Erster Direktor war Bernhard Purin, der zuvor erfolgreich die fränkischen jüdischen Museen in Fürth und Schnaittach geleitet hatte.

Mit der Dauerausstellung »Stimmen_Orte_Zeiten« möchten die Kuratoren des Museums die Geschichte der

Juden in München dokumentieren – bis in die Gegenwart. Ausgestellt sind Ritualobjekte. Daneben wird in sieben Installationen aus Fotografien, Videos und Tonaufnahmen von Zeitzeuginnen und -zeugen über das jüdische Leben in der Stadt informiert. Kultur und Religion stehen dabei im Zentrum.

Eine Installation trägt den Titel »Comic«. Der Zeichner Jordan B. Gorfinkel versucht, die Aufmerksamkeit der Besucherinnen und Besucher auf den Neubeginn jüdischen Lebens nach 1945 zu lenken. Doch dieses Kapitel wird eher stiefmütterlich behandelt – ebenso wie die Shoah. Auf der Homepage der Stadt München zu diesem Museum ist zu lesen: »Das Museum ist Teil des Bauensembles am Jakobsplatz, zusammen mit der Synagoge und dem jüdischen Gemeindezentrum.«[38] Vermittelt wird die Vielfalt jüdischer Geschichte, Kunst und Kultur bis in die Gegenwart. Einer der Schwerpunkte liegt auf der jüdischen Religion mit ihren Festen (unter anderem Jom Kippur, Chanukka oder Pessach) und den Riten (Beschneidung, Bar Mitzwa, Hochzeit und Tod). Der Holocaust steht nicht im Zentrum der Ausstellung.

Wie in allen anderen jüdischen Museen in Deutschland – mit Ausnahme des Berliner Museums – wird nirgendwo der Versuch unternommen, Stellung zur Judenvernichtung zu beziehen und sie zu dokumentieren. Auch in München werden vor allem Informationen zu jüdischem Leben in ruhigen Zeiten gegeben.

Es scheint so, als wären diese musealen Einrichtungen wirklich vor allem initiiert und verwirklicht worden als Zeichen eines Interesses der deutschen Nichtjuden an den deutschen Juden. Also auch als Wiedergutmachung.

Gedenkstätten als Orte der Erinnerung

Über 320 Gedenkstätten gibt es für die Opfer des Nationalsozialismus in Deutschland. Dazu zählen ehemalige Konzentrationslager, Dokumentationszentren, Friedhöfe, Standorte von ehemaligen, zerstörten Synagogen. Es gibt Denkmale, Mahnmale, Gedenkfriedhöfe, Gedenklager, Gedenktafeln, Gedenksteine, Erinnerungszeichen, Gedenkwände, Gedenkplatten – und die Stolpersteine, die nicht mitgezählt wurden.

Für das Gedenken an die Opfer ließen sich Städte, Gemeinden, Dörfer auch sehr absonderliche Erfindungen der Erinnerungskulturen einfallen: In Südwestfalen wurde 1992 ein Verein mit dem Namen » Aktives Museum « gegründet, der sich das Ziel setzte, einen Lern- und Gedenkort am Platz der Synagoge Siegen einzurichten. Auf seiner Homepage verkündete der Verein 2021 stolz: » Unser bürgerliches Engagement führte 1996 zum Erfolg. Wir dokumentieren seitdem die regionale NS-Geschichte mit dem Schwerpunkt ›Jüdische Geschichte im Kreis Siegen-Wittgenstein‹. Daneben zeigen wir auch andere Opfergruppen aus unserer Region. « Dem Verein gehörten Anfang 2021 achtzig Mitglieder an.[39]

In Peenemünde auf Usedom mit seiner einst von der Wehrmacht betriebenen Heeresversuchsanstalt wurde ein militärhistorischer Erinnerungsort initiiert, der den Namen » Denkmal-Landschaft « trägt und aus 23 Stationen besteht. Seit 1991, so verkündete das Historisch-Technische Museum der Stadt auf seiner digitalen Seite, sei das kulturhistorische Angebot in der Region » enorm « angewachsen, » sodass die Rüstungs- und die Raketengeschichte nicht mehr die einzigen museal abgedeckten Themen « seien. » Auf dem Rundweg werden archäologische Stätten erklärt, die für die Peenemünder Geschichte zwischen 1936 und 1945 bedeutend sind, wie zum Beispiel Orte der Waffenentwicklung und Zwangsarbeit oder auch die Wohnsiedlung Karlshagen. Eine enge Beziehung zwischen Jetzt und Vergangenheit sowie Mensch, Natur und Technik kann hier direkt erfahren werden.«[40]

Auch eine besondere Form des Gedenkens: Der Lehrpfad KZ Walldorf in Hessen. Auf der Homepage wird aus einem »Begleitheft zum Historischen Lehrpfad am ehemaligen KZ-Außenlager Walldorf« zitiert: »Das Geheimnis der Erlösung heißt Erinnerung ...«[41] Wer soll da erlöst werden? Die Opfer? Die Täter? Diejenigen, die aus dem Heft weiter zitieren: »Wider den Schlußstrich unter die Vergangenheit« – »Der Lehrpfad um das ehemalige Konzentrations-Außenlager Walldorf«, so heißt es in der Ortsbeschreibung noch, »beginnt an dem im März 1980 der Öffentlichkeit übergebenen Gedenkstein [...]. Von hier aus verläuft der öffentlich zugängliche Lehrpfad rund um das ehemalige Gelände des Lagers«.[42]

Die meisten dieser Gedenkstätten – die riesigen, die Konzentrationslager, und die kleinen Orte mit den Schildchen – wurden nach 1980 geschaffen, wobei es in den Neunziger- und den Nullerjahren eine absolute Hausse gab, während das Gedenken in den Vierziger- und Fünfzigerjahren keineswegs gepflegt wurde. In den ersten Jahren nach Kriegsende wurde der ermordeten Juden nur wie nebenbei gedacht, sie waren eine Opfergruppe unter vielen.

Nach der Gründung der DDR am 7. Oktober 1949 wurden auf dem Gebiet des neuen Staates mehrere Mahnmale zur Erinnerung an politische Häftlinge errichtet. Unter anderem 1953 eine Gedenkstätte in Gardelegen in Sachsen-Anhalt: die Feldscheune Isenschnibbe, wo in den letzten Tagen des Zweiten Weltkriegs 100 KZ-Häftlinge ermordet worden waren – bei Todesmärschen und einem Massaker.

Die große Erinnerungswelle im wiedervereinten Deutschland begann Ende der Neunzigerjahre und flaute nicht ab. Allmählich bekamen auch andere Opfer der Naziherrschaft Erinnerungsorte, Mahnmale und Gedenkstätten: die Opfer der NS-Euthanasie, die Lesben und die Schwulen, vier homosexuelle Berliner Polizisten – sie erhielten eine Gedenktafel in der Moritzstraße in Spandau –, die Sinti und Roma, die ermordeten und vertriebenen Zahnärzte in Berlin, die Opfer der Novemberpogrome 1938, die Opfer der NS-Psychiatrie, die Deserteure. Und am 6. Mai 2019 wurde in Eisenach ein Mahnmal zum » Entjudungsinstitut « errichtet. Acht evangelische Landeskirchen hatten eine Installation in Auftrag gegeben, die an das von ihnen am 6. Mai 1939 gegründete Institut zur Erforschung und Beseitigung des jüdischen Einflusses auf das deutsche kirchliche Leben erinnern soll. Die jüdischen Wurzeln des Christentums sollten getilgt werden und alle positiven Erwähnungen des Volkes Israel und des Judentums aus der Bibel verschwinden.

Gedenkstätten als Provokation

Die Frage, die sich bei den Museen stellt – stellt sich bei diesen Gedenkstätten nicht. Sie wirken in die Gegenwart. Sie erregen Aufmerksamkeit mitten in den Städten, den Dörfern; und sie können ärgern. Besonders diejenigen, die den Holocaust insgeheim leugnen, aber auch – und das ist viel bedeutsamer – jene, die das ständige Erinnern als Belästigung empfinden und als ein Mittel, an das zu erinnern, was vergessen werden sollte. Gedenkstätten sind also eine Provokation – weit mehr als es die Museen im Abseits sind. Und im Abseits liegen selbst jene Häuser, die die Aufmerksamkeit von Touristen aus der ganzen Welt erlangen, zuallererst das Jüdische Museum in Berlin. Denn beschmiert wird das Stelenfeld, das Denkmal für die ermordeten Juden Europas nahe dem Brandenburger Tor – und eben nicht der Libeskind-Bau.

Das Gedenken im öffentlichen Raum, nicht in geschlossenen Räumen, die man aufsuchen kann, aber nicht aufsuchen muss, ist die Art von Aufklärung, die in die Gegenwart wirkt – und in die Zukunft.

Der 11. November 1998 ist ein Datum, das alle erschütterte, die sich fragten, was das richtige oder falsche Gedenken sein könnte; die sich sorgten, ob zu viel Gedenken womöglich eher Antisemitismus befördere als verhindere und schlimmstenfalls keineswegs als notwendige Aufklärung wahrgenommen werden könnte. Martin Walser bedankte sich an diesem Tag in der Frankfurter Paulskirche für den Friedenspreis des Deutschen Buchhandels und rügte in seiner Rede, dass den Deutschen immer wieder die nationalsozialistische Vergangenheit vorgehalten würde, sie also beständig ge- und ermahnt würden. Diese immerwährende Kritik, die darauf abziele, den Deutschen ein schlechtes Gewissen zu machen, helfe gewiss nicht, die Erinnerung wachzuhalten, sondern animiere die Deutschen zum Wegschauen. Walser sprach mit Blick auf Auschwitz von einer »Moralkeule« und nannte die großen Erinnerungsorte eine »Monumentalisierung der Schande«. Sein Tabubruch – Ignatz Bubis, damals Vorsitzender des Zentralrats, sprach von einem »geistigen Brandstifter«[43] – wurde von Juden und Nichtjuden heftig kritisiert. Entschuldigt hat sich der Schriftsteller, der im Juli 2023 starb, für seine Worte nie.

Thomas Müller vom Bündnis gegen Antisemitismus und Antizionismus hielt am 2. Juli 2002 in Berlin einen Vortrag über Walser und die Folgen.

»Nach 1945 wurde offene Artikulation von Antisemitismus gewöhnlich im politischen Feld und in der veröffentlichten Meinung geächtet. Sie fand in den Hinterzimmern statt. Zumeist wurde kryptisch-antisemitisch über die Juden geredet, das heißt in der Wendung gegen nicht näher benannte unpersönliche Mächte oder gegen Ersatzobjekte wie die Medien. Zur Frage nach dem Bezug des Antisemitismus: Zumeist war der Antisemitismus in Deutschland nach 1945 ein sekundärer, die Judenfeindschaft ist über Auschwitz vermittelt. Erinnerung an das singuläre Verbrechen stand in der demokratischen Bundesrepublik von Anfang an unter dem Zeichen von Schuldabwehr. Indem solchermaßen das Schuldgefühl diffus bleibt, ist es Nährboden für antisemitische Projektionen: Die Deutschen fühlen sich beschuldigt, verfolgt und bestraft von rachsüchtigen Juden. Sie halluzinieren, dass die Juden auch noch aus Auschwitz einen Vorteil ziehen wollen. Schuld und Verantwortung werden delegiert, vorzugsweise auf die Opfer, ihre Nachkommen oder den jüdischen Staat. [...] Seit dem rot-grünen Regierungsantritt befinden sich Erinnerung an Auschwitz und der Schlussstrich unter deutsche Vergangenheit auf einem politischen Kontinuum. Mit der ›selbstbewussten Nation‹ hat dieser Widerspruch seine geschichtsentsorgende Bewegungsform gefunden. [...] Aus Walsers ›Moralkeule‹ Auschwitz, die er sekundär-antisemitisch herbeihalluzinierte, ist die ›Antisemitismuskeule‹ geworden. Kritik am Antisemitismus wird abgeblockt im Medium des Antisemitismus: Auch noch mit dem Antisemitismusvorwurf wollen die Juden den unschuldigen Deutschen wehtun. [...] Zwilling der ›Antisemitismuskeule‹ ist die Rede vom ›Tabubruch‹: In Deutschland stand niemals – wie behauptet wird – Kritik an Israel unter einem ›Tabu‹. Geächtet war einzig und allein die offene Artikulation von Antisemitismus im politischen Feld und in der veröffentlichten Meinung. In der Rede vom ›Tabu‹ werden die Juden ein weiteres Mal als strafende Instanz imaginiert. Diese Figur hat eine ganz bestimmte Wirkung. Nämlich die Grenzen zu erweitern, in denen offene Artikulation von Antisemitismus möglich ist.«[44]

Doch es gibt sie: die Mahnmale der Schuld, errichtet von den Nachfahren der Schuldigen für die Nachfahren der Täter – und eben nicht als »Wiedergutmachung« für die Opfer.

Das Denkmal für die ermordeten Juden Europas

Die architektonisch und künstlerisch bedeutsamsten Mahnmale und Denkmäler finden sich in Berlin. Zuvorderst das Denkmal für die ermordeten Juden Europas in der Cora-Berliner-Straße 1, das heißt: im Westen des Bezirks Mitte, südlich des Brandenburger Tors. Es nimmt eine annähernd rechteckige Fläche von ungefähr 19 000 Quadratmetern ein. Das Gelände hat eine Vergangenheit, die es für dieses Mahnmal prädestinierte. Es war vor dem Zweiten Weltkrieg Teil der sogenannten Ministergärten, die nach der Machtergreifung der Nationalsozialisten der Neuen Reichskanzlei und dem »Führerbunker« weichen mussten, einer monumentalen architektonischen Planung von Hitlers Lieblingsarchitekten Albert Speer. Auf diesem Gelände stand auch die Stadtvilla von Joseph Goebbels. Zu DDR-Zeiten war hier – an der Berliner Mauer – der sogenannte Todesstreifen, Teil der Grenzsicherungsanlagen.

Alles begann mit einem Vorstoß der Publizistin Lea Rosh. Nach einem Besuch in der Gedenkstätte Yad Vashem begann sie zusammen mit dem Historiker Eberhard Jäckel, an dem Projekt für ein Denkmal für die ermordeten Juden Europas zu arbeiten. Lea Rosh, keine Jüdin, die bis heute Vizevorsitzende des Kuratoriums der gleichnamigen Stiftung sowie Vorsitzende des gleichnamigen Förderkreises ist, wurde für dieses Vorhaben nicht nur geehrt – das schon –, sondern auch angefeindet. Im Oktober 2003, die Bauarbeiten hatten gerade begonnen, wurden sie bereits unterbrochen. Lea Rosh hatte beabsichtigt, die Firma Degussa AG – Nachfolgerin von Degesch, die das Patent zur Herstellung von Zyklon B besaß und dieses Vernichtungsmittel auch vertrieben und an die Nationalsozialisten verkauft hatte – von der Mitwirkung auszuschließen. Am 13. November 2003 beschloss das Stiftungskuratorium dennoch den Weiterbau.[45]

Das war nur einer der Konflikte. Weitere folgten, so auch mit prominenten Juden wie Julius H. Schoeps und Rafael Seligman. Eike Geisel, Journalist und Autor, der sich vor allem mit der jüdischen Kultur auseinandersetzte, beschuldigte Lea Rosh, sie habe die Vormundschaft über die toten Juden in Anspruch genommen. Ihre Antwort auf diesen Angriff: » Natürlich ist es wichtig, dass die Juden zustimmen können, aber die Auslober sind der Bund, das Land und wir. Ich habe dem damaligen Vorsitzenden des Zentralrats, Heinz Galinski, gesagt: › Halten Sie sich da raus, die Nachkommen der Täter bauen das Mahnmal, nicht die Juden. Aber es wäre schön, wenn Sie nicken könnten. ‹ Galinski sagte, er werde nicken. «[46]

Ignatz Bubis, Galinskis Nachfolger, erkannte Roshs Engagement als » Nichtjüdin « für das Gedenken an den Holocaust an. Auch Michael Naumann, der als Kulturbeauftragter der Bundesregierung dem Denkmal anfangs gleichfalls skeptisch gegenüberstand, wies darauf hin, dass es ein Denkmal für Deutsche sein solle. In der Folgezeit, während der Fundraising-Aktionen und der Bauarbeiten, wurde das Projekt kritisiert und lächerlich gemacht als Bewältigungskitsch – wobei dieser Vorwurf auch andere Erinnerungsprojekte traf.[47]

Helmut Kohl spielte in all diesen Auseinandersetzungen keine kleine Rolle. Sein Lieblingsprojekt, die Ausgestaltung der Neuen Wache zu einer zentralen Gedenkstätte, wurde vom Zentralrat der Juden nur unter der Bedingung akzeptiert, dass das Holocaustdenkmal gebaut würde. Kohl bekam seinen » Erinnerungskitsch «, die stark vergrößerte Kopie der Plastik » Mutter mit totem Sohn « von Käthe Kollwitz als »Zentrale Gedenkstätte der Bundesrepublik Deutschland für die Opfer von Krieg und Gewaltherrschaft«. Genau so ein Denkmal für alle Opfer wollten aber weder Lea Rosh noch ihre Unterstützerinnen und Unterstützer, der Förderverein. Alle Befürworter des Denkmals, das schließlich von dem Architekten Peter Eisenmann und dem Künstler Richard Serra realisiert wurde, betonten von Anfang an, »dass dieses Denkmal ausschließlich an die ermordeten Juden erinnern sollte«. Ihr Argument: Die Juden seien mit sechs Millionen ermordeten Menschen die größte Opfergruppe.[48]

Das Stelenfeld lädt Besucher ein, zu deuten, zu assoziieren. Genau das wollte Peter Eisenman, der von einem »place of no meaning« sprach. Sind die Stelen Sarkophage? Grabsteine? Oder vielleicht Kenotaphe, also Grabsteine für Tote, die ihre letzte Ruhe woanders fanden – diese Deutung bevorzugte Lea Rosh.

Das Mahnmal erregte die Gemüter und tut es noch heute. Manche finden die Eisenmann-Lösung bedenklich, weil das Stelen-Feld manchmal zu einem Spielplatz wird oder zu einem Treffpunkt Verliebter.

Rudolf Augstein, der *Spiegel*-Gründer, stellte sich in 1998 an die Seite von Walser, als er das Denkmal ein »Schandmal« nannte, das »gegen die Hauptstadt und das sich in Berlin neu formierende Deutschland gerichtet« sei, und folgerte, dieses Mahnmal schaffe »Antisemiten, die vielleicht sonst keine wären«.[49]

Braucht es dieses Mahnmal, und wenn ja – für wen? Andreas Nachmann, Historiker und Ausstellungsmacher, ist sich sicher: Die jüdische Gemeinde in Berlin »braucht kein Mahnmal, sie hat es schon. Einmal hier auf dem Hof des Gemeindehauses, sie hat ein zweites [...] schon im September 1945 eingeweiht auf dem jüdischen Friedhof am Scholzplatz. Und wir haben im Übrigen als jüdische Menschen alle ein Mahnmal in unserem Herzen, für die sechs Millionen ermordeten Frauen, Männer und Kinder.«[50]

Cilly Kugelmann, deutsch-israelische Historikerin, die zahlreiche Ausstellungskonzeptionen für das Jüdische Museum in Frankfurt ausgearbeitet hat, brachte einen weiteren faszinierenden Gedanken in die Diskussionen um Shoah-Mahnmal und Erinnerungsorte: »Man könnte [...] das Gebiet des ehemaligen deutschen Reiches als einen Boden bezeichnen. Der voll ist mit Wunden, die dieses Erinnerungsgebot evozieren.« Die Juden, die in Deutschland geblieben seien, sich aber nicht mit der deutschen Gesellschaft identifizierten, seien »dauernd und permanent erinnert worden – ob sie es wollten oder nicht. Man braucht hier kein Mahnmal, kein Museum, weil diese ganze Republik eines ist«.[51]

Auch die deutschen Nichtjuden sollen und werden, wenn sie sich nicht sträuben oder verweigern, dauernd an die Judenmorde erinnert – ebenfalls ob sie es wollen oder nicht. Und die es nicht wollen, sprechen dann wie Martin Walser: »Jeder kennt unsere geschichtliche Last, die unvergängliche Schande, kein Tag, an dem sie uns nicht vorgehalten wird. Könnte es sein, daß die Intellektuellen, die sie uns vorhalten, dadurch, daß sie uns die Schande vorhalten, eine Sekunde lang der Illusion verfallen, sie hätten sich, weil sie wieder im grausamen Erinnerungsdienst gearbeitet haben, ein wenig entschuldigt, seien für einen Augenblick sogar näher bei den Opfern als bei den Tätern? Eine momentane Milderung der unerbittlichen Entgegengesetztheit von Tätern und Opfern. Ich habe es nie für möglich gehalten, die Seite der Beschuldigten zu verlassen. Manchmal, wenn ich nirgends mehr hinschauen kann, ohne von einer Beschuldigung attackiert zu werden, muß ich mir zu meiner Entlastung einreden, in den Medien sei auch eine Routine des Beschuldigens entstanden. Von den schlimmsten Filmsequenzen aus Konzentrationslagern habe ich bestimmt schon zwanzigmal weggeschaut. Kein ernst zu nehmender Mensch leugnet Auschwitz; kein noch zurechnungsfähiger Mensch deutelt an der Grauenhaftigkeit von Auschwitz herum; wenn mir aber jeden Tag in den Medien diese Vergangenheit vorgehalten wird, merke ich, daß sich in mir etwas gegen diese Dauerpräsentation unserer Schande wehrt. Anstatt dankbar zu sein für die unaufhörliche Präsentation unserer Schande, fange ich an wegzuschauen. Ich möchte verstehen, warum in diesem Jahrzehnt die Vergangenheit präsentiert wird wie noch nie zuvor. Wenn ich merke, daß sich in mir etwas dagegen wehrt, versuche ich, die Vorhaltung unserer Schande auf die Motive hin abzuhören, und bin fast froh, wenn ich glaube, entdecken zu können, daß öfter nicht mehr das Gedenken, das Nichtvergessendürfen das Motiv ist, sondern die Instrumentalisierung unserer Schande zu gegenwärtigen Zwecken. Immer guten Zwecken, ehrenwerten. Aber doch Instrumentalisierung. [...] Auschwitz eignet sich nicht dafür, Drohroutine zu werden, jederzeit einsetzbares Einschüchterungsmittel oder Moralkeule oder auch nur Pflichtübung. Was durch Ritualisierung zustande kommt, ist von der Qualität des Lippengebets [...].«

Martin Walsers Rede in der Paulskirche am 11. Oktober 1998 ist eine Reaktion auf die staatlich verordnete Erinnerungspflicht und zugleich die Beschreibung der mit dieser verbundenen Gefahr, dass Antisemiten sie als Argument missbrauchen.[52]

Das Denkmal für die im Nationalsozialismus ermordeten Sinti und Roma

Südlich des Reichstags, im Simonweg, Ecke Scheidemannstraße, steht das Denkmal für die ermordeten Sinti und Roma, 2012 errichtet. Eine halbe Million Sinti und Roma wurde von den Nationalsozialisten ermordet – Frauen, Männer, Kinder.

Der Besucher betritt diesen Ort, nachdem er ein schmales Tor passiert hat, das in einer Wand von Milchglasplatten eingelassen ist. Auf diesen Glasflächen findet sich eine »Chronologie des Völkermordes an den Sinti und Roma«, auf Deutsch und Englisch.

Dahinter fällt der Blick auf ein kreisrundes Wasserbecken mit einem Durchmesser von zwölf Metern. Der israelische Künstler Dani Karavan erklärte dazu, er habe für den Grund des sogenannten Brunnens schwarzen Stein benutzt, um eine endlose Tiefe zu suggerieren. Ein bodenloses Loch. Kreisrund sei es, um die Gleichheit der Opfer zum Ausdruck zu bringen. In der Mitte des Beckens steht eine Stele auf einem Dreieck, das erinnern soll an den Winkel, den die Gefangenen an ihrer Kleidung tragen mussten. Auf dieser Stele liegt eine Blume, die gleichzeitig Symbol des Lebens, der Trauer und Erinnerung sein soll.[53] Auf dem Rand des Brunnens ist auf Englisch, Deutsch und Romanes das Gedicht »Auschwitz« des Roma-Italieners Santino Spinelli angebracht: »Eingefallenes Gesicht/erloschene Augen/kalte Lippen/Stille/ein zerrissenes Herz/ohne Atem/ohne Worte/keine Tränen.«

Über Lautsprecher wird die von Romeo Franz für das Mahnmal komponierte Melodie Mare Manuschenge gespielt, immer dann, wenn ein Brunnenwärter eine frische Wiesenblume auf den Stein legt.[54]

Das Denkmal für die im Nationalsozialismus verfolgten Homosexuellen

Die Realisierung des Denkmals für die im Nationalsozialismus verfolgten Homosexuellen geht auf mehrere Bürgerinitiativen aus den Neunzigerjahren sowie auf einen Beschluss des Bundestages aus dem Jahr 2003 zurück. Erst 2008 wurde es eingeweiht. Zwei Jahre zuvor hatten Elmgreen & Dragset den Wettbewerb für sich entschieden. Die beiden – die wie viele andere Arbeiten auch dieses Denkmal als »Künstler-duo« schufen – hatten sich 1995 in dem damals einzigen Kopenhagener Schwulenclub kennengelernt, und sofort arbeiteten Michael Elmgreen und Ingar Dragset zusammen. Los ging es mit Performances, danach schufen sie raumgreifende Skulpturen, die oft wie architektonische Inszenierungen wirkten. Über zehn Jahre waren Elmgreen & Dragset in ihrer Wahlheimat nicht nur Duo, sondern auch ein Paar, bevor sie sich trennten, künstlerisch aber weiter gemeinsam präsent blieben.

Das Berliner Denkmal war wohl auch so etwas wie eine Herzensangelegenheit. Im Tiergarten steht nun ein 3,60 Meter hoher und 1,90 Meter breiter Betonquader, in dem man durch eine verglaste Öffnung einen kurzen Film anschauen kann – in einer Endlosschleife. Wir sehen den Kuss zweier Männer, der Film wechselt jetzt alle paar Jahre. Die Kritik, dass lesbischer Frauen und ihres Leids nicht gedacht würde, wurde schon nach der Einweihung laut.

Diesem Denkmal ergeht es nicht anders als dem für die ermordeten Juden: Es wurde mutwillig beschädigt. Erstmals im August 2018. Das Fenster, durch das man den Kuss sehen konnte, wurde zerschlagen. Andere Anschläge folgten.

Der Gedenk- und Informationsort für die Opfer der nationalsozialistischen »Euthanasie«-Morde

Erst einmal stand da nur ein Doppeldeckerbus an der Tiergartenstraße 4. Hier befand sich die Zentraldienststelle T4, wo die systematische Ermordung von Patienten aus Heil- und Pflegeanstalten des Deutschen Reiches geplant worden war. Der Historiker Götz Aly konzipierte sein »Mobiles Museum«, um auf diese Gräueltaten aufmerksam zu machen. Die Diskussionen über den Bus, in dem der Opfer der Euthanasie gedacht wurde, führten dazu, dass Richard Serras Stahlskulptur »Berlin Junction«, die zuvor vor dem Gropius-Bau aufgestellt war, umgewidmet wurde. Wie aber aus einem Kunstwerk ein Mahnmal für die Opfer der Euthanasie-Verbrechen machen? Der Berliner Senat ließ sich etwas einfallen. Neben der Skulptur ist nun auf einer Platte ein Gedenken formuliert. Dennoch hörte die Kritik an diesem Notlösungsmahnmal nicht auf, woraufhin ein Gestaltungswettbewerb für ein Informationszentrum zum Thema Euthanasie ausgelobt wurde. Ihn gewannen Ursula Wilms und ihr Mann Heinz W. Hallmann. Neben der Skulptur gibt es jetzt eine transparente hellblaue, dreißig Meter lange Glaswand.[55]

Konzentrationslager als Gedenkstätten

Nicht wenige Konzentrationslager auf deutschem Boden wurden nach der Befreiung 1945 zu Gedenk- oder Mahnorten. Zum Beispiel die Lager in Bad Friedrichshall, Bisingen, Hailfingen, Leonberg, Neckareiz, Schwäbisch Hall (KZ Hessental). Vaihingen an der Enz (KZ Wiesengrund), Flossenbürg, Hannover, Annaburg-Prettin und Langenstein.

Die größten Lager – und nun auch die wichtigsten Gedenkstätten – sind die in Dachau und Buchenwald bei Weimar.

Doch mit wem ich auch sprach: Es gab immer Einwände gegen diese Konzentrationslager-Museen.

Richard C. Schneider findet » etliche ehemalige KZ › zu schön ‹. Das Grauen ist da kaum noch nachzuvollziehen. Ich hätte sie › roher ‹ gelassen, › brutaler ‹. Eine kleine Ausstellung, die die Geschichte des jeweiligen KZ erzählt – okay. Aber ansonsten: Nackter wäre besser gewesen. Aber das ist ja inzwischen sowieso zu spät. Das kann man nicht mehr herstellen. Als es um das Denkmal für die ermordeten Juden in Europa neben dem Brandenburger Tor ging, gab es einen Entwurf, den ich für perfekt hielt. Eine Bushaltestelle. Von dort sollten regelmäßig Busse in die ehemaligen KZ und

Vernichtungslager fahren. An den echten Orten des Geschehens sollte das Gedenken stattfinden. Nicht an künstlichen Orten. Das fand ich damals überzeugend. Und heute immer noch«.[56]

Dem widerspricht Moris Lehner. Er hält diese zu Bildungseinrichtungen umgestalteten Konzentrationslager für eine gute Form der Erinnerungskultur. »Weil Erinnerung am besten (nur?) dort entstehen und wachsen wird, wo ein besonderer Bezug zum Gegenstand der Erinnerung hergestellt werden kann. Dazu gehörten, solange sie noch lebten, auch Besuche von KZ-Überlebenden in Schulen. Mein Vater hat das sehr intensiv in Dachauer Schulen getan. Seine Authentizität ist daraus erwachsen, dass er nach seiner Befreiung aus dem Konzentrationslager Dachau bis zu seinem Tode in einem Dachauer Krankenhaus, in Dachau, geblieben ist und dass er Initiator und über Jahrzehnte hinweg Unterstützer der Dachauer Jugendbegegnungsstätte war. Bis in sein hohes Alter hat er mit Dachauer Schülern Erinnerungsarbeit (!) geleistet.«[57]

Dieser Meinung ist auch Josef Schuster: »Ich halte es für richtig und wichtig, dass an den Orten der ehemaligen Konzentrationslager Gedenkstätten und Lernorte entstanden sind und weiterhin entstehen. An den authentischen Orten aufzuzeigen, was geschehen ist, wie es dazu kommen konnte und warum es nie wieder geschehen darf, ist eine dauerhafte Aufgabe. Darüber hinaus bin ich der Meinung, dass jeder, der dauerhaft in Deutschland lebt, einmal in seinem Leben eine Gedenkstätte besucht haben sollte. Daher setze ich mich für verpflichtende Gedenkstättenbesuche für Schülerinnen und Schüler weiterführender Schulen ein. Auch in den Integrationskursen für Geflüchtete und Zugewanderte muss die Shoah Thema sein. In nicht allzu ferner Zukunft wird es keine Zeitzeugen mehr geben, die unmittelbar von der Shoah und ihrer persönlichen Leidens- und Lebensgeschichte berichten können. Daher kommt insbesondere Museen, Gedenkstätten und Bildungseinrichtungen die wichtige Aufgabe zu, weiterhin über die Shoah aufzuklären.«[58]

Und schließlich ist der Historiker Norbert Frei fest davon überzeugt, dass aus den ehemaligen Konzentrationslagern unverzichtbare Institutionen geworden sind: »Ohne diese Museen und Bildungszentren an ›authentischen Orten‹ würde die Vermittlung historischer Bildung noch schwieriger, als sie es ohnehin schon wird angesichts eines schwindenden Geschichtsunterrichts.«[59]

Historiker und die meisten Nachfahren der Opfer sind entschieden dafür, die Stätten des Grauens zu erhalten – auch als Mahnmale, aber vor allem als Demonstrationen, als begehbare, lebbare Zeichen der Vernichtung, des Mordens. Gewiss sind die Konzentrationslager in Auschwitz und Majdanek die schlimmsten – und deshalb sogleich die lehrreichsten – Exempel, wie aus Orten des Grauens Orte der Aufklärung wurden. In Deutschland sind auch für mich Dachau und Buchenwald die beiden Orte, die jeder deutsche Staatsbürger und alle in unser Land Geflüchteten (!) gesehen haben sollten.

Das Konzentrationslager Dachau

Ja, auch ich halte es für überaus sinnvoll und für die Bekämpfung des Antisemitismus in Deutschland nötig, ehemalige Konzentrationslager nicht nur zu Gedenkstätten umzuwidmen – das ist lediglich ein erster Schritt –, sondern zu Aufklärungsorten. Das gilt selbstverständlich auch für die beiden großen Lager auf dem Gebiet der heutigen Bundesrepublik Deutschland: Dachau und Buchenwald.

Das Konzentrationslager Dachau, das bereits wenige Wochen nach Hitlers Machtübernahme errichtet wurde, am 22. März 1933, ist das erste KZ, das die Nationalsozialisten erbauten, und es ist, trauriger Rekord, zudem jenes, das von allen ihren Folter- und Todeslagern am längsten betrieben wurde. Zwölf Jahre lang, so lange, wie das »Tausendjährige Reich« dauerte, wurden hier Menschen erniedrigt, gepeinigt und ermordet – ohne Unterbrechungen. Erst am 29. April 1945 nahmen Soldaten der 7. US-Armee das Lager ein und befreiten die Gefangenen.

Der Anblick, der die Sieger trotz aller Kriegserfahrung schockierte, konnte schlimmer nicht sein: In den Waggons des Todeszuges aus Buchenwald fanden sie 2300 Tote. Daraufhin übten manche Amerikaner Selbstjustiz und richteten einige SS-Männer hin, die, so heißt es, vor ihren Exekutionen keinerlei Widerstand leisteten. Dreieinhalb Jahre später, im September 1948, übergab das US-Militär das Gelände und die Gebäude den bayerischen Behörden.

Es dauerte zwanzig Jahre, bis daraus endlich eine Gedenkstätte wurde. Alle Versuche zuvor, aus dem Ort des Grauens einen Ort der Aufklärung zu gestalten, waren gescheitert. Nicht zuletzt, weil Dachau dadurch eine besondere Aufmerksamkeit erlangen und man dort gefragt werden würde, wie es denn hatte sein können, dass die Bevölkerung dieses Vernichtungslager nicht bemerkt haben wollte. Vor allem Dachauer Politiker versuchten, eine Stigmatisierung ihrer Stadt zu verhindern.

Schalom Ben-Chorin zitiert in seinem Buch *Jugend an der Isar* die Schriftstellerin Rosel Kirchhoff, die 1972 in ihrem eigenen Werk *Am Lagertor* genau diesen Gedanken ausführte: »Die Stadt heißt Dachau. Der Name ist der Stadt oft lästig. Er stammt von den Vorfahren her, in alten Urkunden steht er geschrieben. Früher überlegte man sich die Namen. Sie sollten Wichtiges aussagen über den Ort, über seine Landschaft, oder seine Bestimmung, oder den Menschenschlag, der dort wohnt. Den Namen fand man über tausend Jahre lang schön und recht. Er passte zum Ort, man horchte auf bei seinem Klang. Dies hat sich geändert. ›Oh, ließe sich dein Name auslöschen!‹, klagen jetzt viele. ›Dein Name, Stadt, bedeutet Entwürdigung, Gefangenschaft, Experimente an Menschen, Misshandlung, Mord – Fluch über diesen Namen!‹ ›Sühne für diesen Namen!‹, fordern sie. ›Du bist schuld, Stadt, an deinem schrecklichen Namen!‹, behaupten sie. ›Ein solcher Name passt nicht in unsere Zeit!‹, erklären sie. Manche raten der Stadt zu einem anderen Namen. Ihr alter Name sei weltbekannt; wo man ihn nenne, verspüre man Grauen. Was soll die Stadt tun? Eine verständnisvolle Behörde für Städte mit unangenehmen Namen, wo gibt es die? Und wenn sich eine fände, was riete sie der Stadt?«[60]

1965 wurde die Gedenkstätte errichtet, in der heutigen Form. Aber – und das ist wiederum verstörend – man wollte offensichtlich so wenig Originallager wie möglich, die architektonischen Zeugnisse des Verbrechens zu bewahren, war keine Intention. Also wurden die Originalbaracken abgerissen – und statt ihrer ließ man ihre Umrisse in Beton gießen. 32 reinliche, künstliche Erinnerungen. Auch das Krematorium sollte abgerissen werden. Allein, das Comité International de Dachau wehrte sich erfolgreich. Statt des Abrisses wurde das Gebäude des Krematoriums umgestaltet. Es entstand ein Museum. Das Grauen wurde auch hier nicht unverfälscht gezeigt, sondern archiviert und säuberlich präsentiert. Historisch genau. Das Schreckliche, das Unvorstellbare, sie wurden kommensurabel gemacht.

Und damit noch nicht genug der Verharmlosung und der Versuche, Verständnis auch für die Täter und damit ihre Entlastung anzustreben: Die Christen nahmen sich des Geländes als ihres Erinnerungsorts an. Sie okkupierten es. Statt Scham – Selbstmitleid. Durchaus im Sinne des Vaterunsers: »Vergib uns unsere Schuld, wie auch wir vergeben unseren Schuldigern« Zuerst erbaute die katholische Erzdiözese

München und Freising die » Todesangst-Christi-Kapelle «;
1964 kam der Karmel » Heilig Blut der Unbeschuhten Kar-
melitinnen « dazu; und schließlich, ein Jahr später, wurde
die Evangelische Versöhnungskirche auf dem Gelände errichtet – die Protestanten waren zuvor auf dem Gelände
nicht vertreten gewesen. Wer sollte da eigentlich mit wem
versöhnt werden?

Die eigentliche Aufklärungsarbeit begann mit Ausstellungen. In den Jahren 1996 bis 2003 wurde eine Präsentation
unter dem Leitmotiv » Der Weg der Häftlinge « geschaffen,
2003 versuchte man eine Neugestaltung. Im ehemaligen
Wirtschaftsgebäude des Konzentrationslagers wird das Leben, das Überleben und das Sterben der Häftlinge nachgezeichnet, ihr Weg also. Einlieferung, Alltag im KZ, Leiden
im KZ, Sterben im KZ, Befreiung aus dem KZ. Die Objekte:
Bilder des Ortes, der Häftlinge, Berichte. Die Schau ist sehr
didaktisch, sprich gut gemacht und gut gemeint. Zugleich
vollkommen unemotional aufbereitet. In Yad Vashem wird
geweint, in Dachau wird gestaunt. Allein das eiserne Tor mit
der Inschrift » Arbeit macht frei « mahnt noch und be-
schwichtigt nicht.

Aus dem Konzentrationslager Dachau ist ein Freiluft-
museum zur Geschichte dieses Ortes geworden. Vereine etablierten sich hier, um auch ihren Beitrag zur Erinnerungskultur zu leisten, ideell und finanziell Forschungs- und
Publikationsvorhaben zu fördern.

Kritische Stimmen zu dieser Form des Gedenkens und
Aufklärens wurden viele laut. Unter anderem der Historiker
K. Erik Franzen, den die verschiedenen sakralen Gedenkorte
stören. Der » authentische Ort « habe sich » im Zuge des
Umgangs mit der Vergangenheit nahezu völlig aufgelöst « –
falls es authentische Orte überhaupt gebe.[61] Ruth Klüger, die
die Shoah überlebte, äußerte sich weit entschiedener. Geradezu entrüstet schrieb sie in ihrer Autobiografie *Weiter leben.*

Eine Jugend, dass die Konzentrationslager-Museen keineswegs geeignet seien, zu lernen und die Besucher zu stärken in einem Kampf gegen den Antisemitismus. Dachau sei so sauber und ordentlich, es wirke geradezu einladend, indem es eher an ein Ferienlager erinnere als an gefoltertes Leben. In einem Gespräch über die zunehmende Memoralisierung der Erinnerung äußerte sie, Pathos und Kitsch würden den Blick auf die Realität verstellen und auch den Opfern nicht gerecht werden.[62]

Das Konzentrationslager Buchenwald

Es war einmal ein Turm. 1930 wurde der Grundstein für dieses Bauwerk gelegt, das ein Jahr später eingeweiht wurde. In den folgenden Jahren war der Turm ein beliebtes Wanderziel im Wald. Bis ins Jahr 1937, als die ersten Rodungen begannen, um Platz zu schaffen für ein weiteres Konzentrationslager der Nationalsozialisten.

Nach Kriegsende dachte man in der DDR nicht anders als in der Bundesrepublik: Die Vergangenheit und die Erinnerung an das Naziregime sollte eher getilgt als bewahrt werden. Mahnmale waren zunächst wirklich nicht Thema.

Zumal auf dem Gelände gleich nach der Befreiung durch die 3. US-Armee und deren Abzug von dem sowjetischen Volkskommissariat ein Speziallager – es trug die Nummer 2 – eingerichtet worden war. Dort waren, neben anderen, Spione deutscher Geheimdienste inhaftiert, ebenso ehemalige Mitarbeiter von NSDAP und Gestapo (diese Zeit wird seit 1997 gleichfalls auf dem Gelänider der Gedenkstätte dokumentiert und in einem eigens dafür gewidmeten Ausstellungsgebäude gezeigt).

1952 begann man, das fast vollständig erhaltene ehemalige Häftlingslager beinahe vollständig abzureißen. Die Buchenwald-Überlebenden wurden nicht geehrt, die bereits 1945 forderten, den Ort als Mahnstätte – nicht als Gedächtnisort! – zu erhalten. 1958 wurde dann die »Nationale Mahn- und Gedenkstätte Buchenwald« – so der offizielle Name – eingeweiht, am 14. September. Der Ort sollte weniger an die Opfer erinnern, die DDR-Politiker wünschten sich Buchenwald als eine Identifikationsstätte für DDR-Bürger, als ein architektonisches Signal des politischen Bekenntnisses und, weit wichtiger noch, als ein starkes und weithin sichtbares Zeichen gegen die Bundesrepublik, deren Politikern immer noch – und bei vielen nicht zu Unrecht – Nähe zum nationalsozialistischen Regime unterstellt wurde. Die Gedenkstätte Buchenwald war keine intellektuelle Auseinandersetzung mit dem Nationalsozialismus, sondern die propagandistische Demonstration eines starken SED-Staates und der kommunistischen Idee. Volkhard Knigge schreibt in einem Aufsatz für den Band *Die Neukonzeption der Gedenkstätte Buchenwald*, dieses Denkmal sei ein »den kommunistischen Widerstandskampf idealisierendes Museum, eine Anlage »im Stil des sozialistischen Realismus« gewesen.[63] In einer der früheren SS-Kasernen wurden eine Jugendbegegnungsstätte und eine Jugendherberge eingerichtet. Knigge erklärt, dass diese DDR-Einrichtung »von Anfang an als Nationaldenkmal der DDR« geplant worden war. Sie sollte den Staat legitimieren. Knigge, der von September 1994 bis zum April 2020 die »Stiftung Gedenkstätten Buchenwald und Mittelbau-Dora« leitete, verweist darauf, dass die »Mittel dieser Legitimation eine Überbetonung des kommunistischen Widerstandskampfes« gewesen sei.[64]

Die deutsche Wiedervereinigung hatte Auswirkungen auch auf den Umgang der Politiker in West und Ost mit der nationalsozialistischen Vergangenheit – und der Präsentation des Unrechts. In Thüringen und in der Bundesrepublik musste nachgedacht werden, was Erinnern zu bedeuten habe und wie es gezeigt werden könne. Zu diesem Zweck wurde im September 1991 vom Thüringer Wissenschaftsministerium eine Historikerkommission eingesetzt. Ihr Auftrag: Leitlinien für eine Neukonzeption der Buchenwald-Gedenkstätte zu erarbeiten. Das Ziel war vorgegeben: Es sollte an diesem Ort aller Opfer gedacht werden. Die Kommission schlug zwei separate Gedenkstätten vor, räumlich getrennt, und regte an, dem gesamten Komplex den Namen »Gedenkstätte Buchenwald« zu geben.

Im April 1994 waren die Diskussionen und deren Ergebnisse so weit gediehen, dass die »Stiftung Gedenkstätten Buchenwald und Mittelbau-Dora« gegründet werden konnte. Die Intention ist präzise definiert: »Zweck der Stiftung ist es, die Gedenkstätten als Orte der Trauer und der Erinnerung an die dort begangenen Verbrechen zu bewahren, wissenschaftlich begründet zu gestalten und sie in geeigneter Weise der Öffentlichkeit zugänglich zu machen sowie die Erforschung und Vermittlung damit verbundener historischer Vorgänge zu fördern. Dabei ist in der Gedenkstätte Buchenwald die Geschichte des nationalsozialistischen Konzentrationslagers mit Vorrang zu behandeln. Die Geschichte des sowjetischen Internierungslagers ist in angemessener Form in die wissenschaftliche und museale Arbeit einzubeziehen. In der Gedenkstätte Mittelbau-Dora ist die besondere Problematik des Missbrauchs von Häftlingen für die Herstellung von Vernichtungswaffen zu berücksichtigen. Ferner ist die Geschichte der politischen Instrumentalisierung der Gedenkstätten zu Zeiten der Deutschen Demokratischen Republik darzustellen.«[65]

Zu den Aufgaben der Stiftung gehört seitdem insbesondere die Organisation von Ausstellungen auf dem Gelände und von Wanderausstellungen, die Herausgabe von spezifischen Publikationen und Tagungen.

Am 24. Oktober 1999 wurde in Anwesenheit des damaligen Bundestagspräsidenten Wolfgang Thierse die ständige Ausstellung »Geschichte der Gedenkstätte Buchenwald«

innerhalb eines Gebäudes in der Nähe des Mahnmals eröffnet. Gezeigt wird vor allem Material aus Archiven der ehemaligen DDR. Volkhard Knigge betonte in seiner Rede, dass
diese vierte seit 1995 eingerichtete Dauerausstellung »der
Geschichte der Erinnerungsbildung an das nationalsozialistische Konzentrationslager Buchenwald ab 1945 gewidmet«
sei.[66] Er brachte in den Diskurs einen neuen Begriff ein, den
von der »Erinnerungspolitik«: »Erinnerungspolitik, das
heißt die Indienstnahme der Erinnerung für politische, für
staatliche Zwecke, findet sich überall.«

Gefragt werden kann in diesem Zusammenhang durchaus,
ob all die Einrichtungen des Erinnerns – die jüdischen
Museen, die restaurierten, aber leer stehenden Synagogen,
die Konzentrationslager auf deutschem Boden – nicht eine
Politik verfolgen, dem Blick auf die Vergangenheit den Vorrang zu geben vor dem auf die Gegenwart. Also den deutschen Antisemitismus in den Dreißiger- und Vierzigerjah-
ren zu erhellen und den aktuellen zu vernebeln.
    Dem Begriff »Erinnerungspolitik« stellte Wolfgang
Thierse die Begriffe »Erinnerungsbildung« und »Erinnerungsarbeit« entgegen: »Das richtige Maß, die ange-
messene Form zu finden, verlangt nach einer Prüfung in
zweierlei Richtung: Was ist dem entsetzlichen Geschehenen
angemessen? Was ist für Gegenwart und Zukunft richtig?
Ein Zuviel kann ebenso problematisch sein wie erst recht ein
Zuwenig.«[67]
    Das »Zuwenig« erläuterte der Bundestagspräsident, das
Zuviel leider nicht. Stattdessen eröffnete er einen Diskurs
über ein anderes Gegensatzpaar, damals war das Holocaust-
Denkmal in Berlin bereits beschlossene Sache. Thierse wollte
Denkmäler und authentische Gedenkstätten: »So engagiert
ich für die Errichtung des Holocaust-Denkmals war und bin,
so nachdrücklich bin ich also für den Erhalt und die Pflege

der Gedenkstätten an den authentischen Orten und für jegliche nur mögliche Unterstützung ihrer wichtigen Arbeit. Beide Plätze – authentische und symbolische Orte – haben ihre Berechtigung und müssen auf ihre besondere Weise zu einem politischen Selbstverständnis beitragen. «[68] Deshalb plädierte Thierse an beiden Orten für zusätzliche Orte der Information und zitierte dafür Salomon Korn, den langjährigen Vorsitzenden der Jüdischen Gemeinde Frankfurt am Main, der erklärt hatte, dass auch am authentischen Ort die Steine nicht von selbst sprächen, sondern zum Sprechen gebracht werden müssten.[69]

Die Gedenkstätte Buchenwald bietet also alles, was sich Wolfgang Thierse wünschte: den authentischen und den symbolischen Ort. Dazu Informationen im Übermaß. Doch diese emotionale und intellektuelle Aufklärung hat nicht verhindert, dass sich in Buchenwald der neue Antisemitismus und ein beängstigender Rassismus längst Bahn gebrochen haben.

Im Januar 2020 meldete sich Volkhard Knigge als Direktor der Stiftung Gedenkstätten Buchenwald und Mittelbau-Dora zu Wort. Er beobachte ein immer offeneres Auftreten rechtsextremer Besucher in dem ehemaligen Konzentrationslager. » In den Besucherbüchern finden sich zunehmend Eintragungen, die Nationalsozialismus und auch die Konzentrationslager als sinnvoll und gut für die Deutschen bewerten «, sagte der Historiker laut einer Agenturmeldung der Zeitung Neue Westfälische.[70] Auf dem Gelände kam es immer wieder zu Zwischenfällen durch Rechtsextreme, die Führungen störten und mit ihren Kommentaren den Holocaust leugneten und die Zahl der Opfer kleinrechneten. Zudem nutzten sie diesen Ort, um sich gegen den Zuzug von Ausländern zu positionieren. Die Reaktion der Verantwortlichen war gezielte Weiterbildung der Mitarbeiter, die durch die Ausstellungen und die Gebäude führen.[71]

Das heißt: Gedenkstätten, die an die Shoah gemahnen, müssen inzwischen genauso geschützt und bewacht werden wie Synagogen, jüdische Altersheime und jüdische Kindergärten!

Auch bei den zu Gedenk- und Informationsorten umgestalteten ehemaligen Konzentrationslagern stellt sich die Frage, ob diese Einrichtungen, die zur sogenannten Erinnerungskultur zählen, an und in denen Erinnerungsarbeit geleistet werden soll – und nur die wenigsten Menschen assoziieren bei dem Begriff Arbeit den anderen: Zufriedenheit oder Erfüllung –, nicht manchen Besuchern lästig sind, ob sie diese Erinnerungsorte als Druckmittel empfinden. Die Frage bleibt bestehen: Könnte es ein Zuviel an Erinnerungskultur geben? Norbert Frei beantwortet diese Frage eher vorsichtig: »Es kann ein Zuviel an oberflächlichem Diskurs über die Erinnerung geben, auf den dann Menschen ›belästigt‹ reagieren. Das Gefährliche an ›gut gemeint, aber nicht gut gemacht‹ ist: Die Rechten verstehen es perfekt, den darauf gründenden diffusen Überdruss zu politisieren.«[72]

Stolpersteine

Dass es Gedenkformen geben könnte, die einige Juden in Deutschland für unangemessen halten, verwundert. Allein, es gibt sie. Nicht wenige stoßen sich an Diskussionen über die sogenannten Stolpersteine.

Die Stolpersteine – ein Projekt des Künstlers Gunter Demnig – erregten vor allem in Deutschland die jüdischen und nicht jüdischen Gemüter. Charlotte Knobloch war und ist eine entschiedene Gegnerin.[73] Nicht zuletzt wegen ihres Vetos hatte der Münchner Stadtrat 2004 verboten, die kleinen messingfarbenen Steine auf städtischem Grund zu verlegen. In einem Hearing des Stadtrats ließ Charlotte Knobloch mitteilen – denn sie nahm an der Sitzung, obwohl sie eingeladen war, nicht teil: »Lassen Sie uns gemeinsam alles tun, um die Opfer dem Vergessen zu entreißen. Aber versteifen wir uns nicht auf die ›Stolpersteine‹. Es gibt andere Formen – bessere. Die ermordeten Menschen verdienen ein gelingendes Gedenken, ein Gedenken auf Augenhöhe, mit Verstand, mit Herz.«[74]

Nicht alle Münchner Juden reagierten auf diese geplante Aktion wie sie. Der Rabbiner der Liberalen Jüdischen Gemeinde München, Tom Kučera, ist Mitglied in der »Initiative Stolpersteine für München«, die sich entschieden für die Gedenksteine einsetzt. Ihr Vorsitzender behauptete gar, eine deutliche Mehrheit aller jüdischen Münchner befürworte die Steine, er selbst fühle sich dadurch geradezu demokratisch legitimiert. Andere deutsche Juden pflichteten den Sprechern der Initiative bei, zum Beispiel der damalige Präsident des Zentralrats der Juden in Deutschland, Dieter Graumann, und die damaligen Vizepräsidenten Salomon Korn und Josef Schuster.

Dessen ungeachtet blieb die Präsidentin der Israelitischen Kultusgemeinde München und Oberbayern bei ihrer Meinung, die Stolpersteine seien »unerträglich«, weil die ermordeten Juden noch einmal getreten würden.[75] Und sie erfand ein Wort, das sich als Neologismus bisher noch nicht durchgesetzt hat. Sie nannte die Anhänger des Stolperstein-Projekts »Gedenktäter« und bezeichnete sie als Nachfolger der Täter der Judenvernichtung.

Weil sich Charlotte Knobloch in dem öffentlichen Diskurs durchzusetzen vermochte, gibt es in München keine Stolpersteine, aber seit 2018 Gedenkstelen und -tafeln im Design von Kilian Strauss. Es sind Edelstahlstelen mit einer Höhe von fast zwei Metern, die vor den ehemals von Juden bewohnten Häusern errichtet worden sind.

Die bayerische Metropole ist nicht die einzige Kommune, die sich gegen Stolpersteine ausgesprochen hat. Die Ablehnung in den anderen Städten fußt immer auf den Argumenten von Charlotte Knobloch. Wenn jedoch die jüdischen Gemeinden Stolpersteine in ihren Orten gutheißen, widersetzt sich die Politik diesem Begehren meist nicht. Das ist der Grund, warum es in München – wo zwei Stolpersteine auf dem Bürgersteig der Mauerkircherstraße entfernt wurden – diese Steine am Boden nur auf Privatgrund gibt.

Trotz der lautstarken und mitunter durchaus aggressiven Proteste hat sich die Stolpersteine-Idee durchgesetzt. Doch nicht alle europäischen Länder sind gleichermaßen begeistert. Die französischen Großstädte Paris, Marseille und Lyon kennen sie nicht. Und ungeachtet aller Kampagnen sind bis heute auch Polen, Russland und die Ukraine sehr zögerlich, was das Verlegen dieser Gedenksteine angeht.

Das Thema Stolpersteine zeigt also exemplarisch auf, dass » Erinnerungskultur « keineswegs für alle dasselbe bedeutet.

Richard C. Schneider äußert sich eindeutig: » › Erinnerungskultur ‹ – das ist eine staatlich organisierte Form des Gedenkens, die inzwischen zum Selbstverständnis der Bundesrepublik gehört, aber nicht unbedingt zu dem seiner Bürger. Erinnerungskultur – das sind die ewig selben Reden von Politikern, deren Redenschreiber sich aus dem immer selben Textbaustein-Kasten bedienen. Das sind Reden, in denen die Politiker versuchen, mit Pathos in der Stimme › Betroffenheit ‹ zu mimen. Erinnerungskultur ist politisch sicher nötig. Aber sie ist von keinerlei emotional-echter Berührung geprägt. Und so manches, was da gesagt wird, wird nicht hinterfragt: › Nie wieder ‹ etwa, oder › Wehret den Anfängen ‹, obwohl jeder weiß, dass es längst wieder geschieht und wir bereits mittendrin sind. «[76]

Norbert Frei widerspricht heftig: » Erinnerungskultur ist, und ich hoffe: nicht nur für meine Generation, unabschließbar. Aber bis wir zu dieser Erkenntnis gekommen sind, bedurfte es eines langen und immer wieder angefochtenen

Weges der ›Vergangenheitsbewältigung‹, der seine Problematik ja schon in dem heute zu Recht nicht mehr benutzten, anfangs aber doch aufklärerisch gemeinten Begriff erkennen lässt.«[77]

Vielleicht sind die kleinen Tafeln am Boden doch ein tauglicher Hinweis, die Existenz deportierter, entrechteter und ermordeter Juden in die Gegenwart unserer Städte und Dörfer zurückzuholen. Vielleicht stolpern Menschen wirklich mit dem Hirn und dem Herzen – und bedenken nicht die Vergangenheit, sondern die Gegenwart und Zukunft des Zusammenlebens von Juden und Nichtjuden auf deutschem Boden.

Jüdischer Protest im Rampenlicht

Bis zum Jahr 1985 hielten sich die Juden in Deutschland mit Kritik zurück. Und selbst in jenem Jahr demonstrierten sie noch im Mai erstaunlich kleinlaut gegen Helmut Kohls Auftritt mit dem US-Präsidenten Ronald Reagan, als die beiden gemeinsam den Soldatenfriedhof in Bitburg besuchten, auf dem auch Soldaten der Waffen-SS begraben liegen. Der Protest richtete sich gegen den Versuch, die Judenmorde zu verharmlosen. Helmut Kohls Diktum von der »Gnade der späten Geburt« war so etwas wie der Startschuss für diese Aufrufung einer Normalisierung im Verhältnis zwischen Juden und Deutschen. Kohl verwendete den Begriff bereits 1963, vor seinem Staatsbesuch in Israel.

Auch im Monat davor hatte es zwar eindrucks-, aber nicht sehr wirkungsvolle Maßnahmen gegeben, als sich jüdische Protestler bei einem Treffen ehemaliger SS-Angehöriger in Nesselwang im Allgäu in KZ-Kleidung danebengestellt hatten. Aber so, dachte Ignatz Bubis vom Zentralrat der Juden in Deutschland und dessen künftiger Vorsitzender später, »machen wir es nicht laut genug.«[1]

Der erste jüdische Protest, der in Deutschland und auch der Welt wirklich wahrgenommen wurde, war der gegen die Uraufführung von Rainer Werner Fassbinders Stück »Der Müll, die Stadt und der Tod« im Herbst 1985 in Frankfurt.

Die Aktionen der Frankfurter jüdischen Gemeinde waren aus vielerlei Gründen erstaunlich. Fassbinders Text, in dem er Motive aus Gerhard Zwerenz' Roman *Die Erde ist unbe-*

wohnbar wie der Mond verwendet, lag schon zehn Jahre zuvor vor. Eine Verfilmung folgte ein Jahr später. Daniel Schmids Film trug den Titel *Schatten der Engel* und schaffte es in den Wettbewerb um die Goldene Palme bei den Internationalen Filmfestspielen von Cannes 1976.

Der Plot ist schlicht – und eigentlich waren sich die meisten Literatur- und Theaterkritiker einig, dass dieses Stück Fassbinders schlechtestes ist. Die Straßenprostituierte Roma B. – im Film heißt sie Lily Brest – wird von ihrem schwulen Zuhälter Franz B. regelmäßig misshandelt, weil sie nicht so viel Geld nach Hause bringt, wie er sich das wünscht. Sie hat Glück im Unglück: Ein Immobilienspekulant engagiert sie – nicht für sexuelle Dienste, sie soll ihm nur zuhören. Dieser Mann bezeichnet sich als » reicher Jude « – er ist die einzige namenlose Person in diesem Drama. Er benutzt die junge Frau, weil er über sie an ihren Vater kommen will, einen Nazi, der, so glaubt » der reiche Jude «, am Tod seiner Eltern schuld sei. Am Ende bringt er Lily/Roma um, die ihn um diesen Tod bittet, weil sie mit der Schuld des Vaters nicht umgehen kann. Dass der ehemalige SS-Mann sein Geld nach dem Krieg als singender Transvestit verdient, ist eine Absonderlichkeit mehr.

Fassbinder plante, das Stück als seine letzte Arbeit am Frankfurter Theater am Turm zu zeigen, das er eine Zeit lang auch geleitet hatte. Doch er konnte das Vorhaben nicht umsetzen. Schon damals gab es Kritik an den antisemitischen Stereotypen in dem Text. 1979 wurde das Stück in einer von Fassbinder selbst autorisierten Amateuraufführung an der Studiobühne der Ruhr-Universität Bochum gezeigt. Die Lokalpresse kündigte die Aufführung an und rezensierte sie auch. Proteste gab es damals keine.

Erst fünf Jahre später. Der Intendant des Schauspiels Frankfurt, Günther Rühle, der sich zuvor als Theaterkritiker der *FAZ* einen Namen erschrieben hatte, plante die Uraufführung von »Der Müll, die Stadt und der Tod« für den 31. Oktober 1985; und er hatte dafür den Regisseur Dietrich Hilsdorf verpflichtet. Schon der Plan löste Proteste aus.

Der Text erregte die Gemüter aus mehreren Gründen. Deutsche Juden störten sich daran, dass die einzige Figur, die namenlos durch das Stück geistert, nur als »der reiche Jude« auftritt. Er ist der Protagonist des Schauspiels. Nicht verwunderlich, dass 40 Jahre nach der Shoah dieses Stereotyp nicht allein die deutschen Juden verstörte, auch deutschen Nichtjuden missfiel dieses Klischee, mit dem schon die nationalsozialistische Propaganda arbeitete. Hinzu kommt, dass Fassbinder diesem Mann einen Beruf zuschreibt, der damals in Frankfurt zu den meistkritisierten gehörte. Der namenlose reiche Jude ist Immobilienmakler, also – noch ein Klischee mehr – Immobilienhai. Der Autor verrätselte nicht sehr, sodass die bürgerliche Gesellschaft in Frankfurt in dieser Figur niemand anderen zu erkennen glaubte als Ignatz Bubis. Ihn stelle der Filme- und Theatermacher Fassbinder an den Pranger, so die Kritik eben nicht allein von jüdischer Seite. Dass Bubis zu dieser Zeit Vorsitzender der jüdischen Gemeinde in Frankfurt war, erregte die dortigen Juden mehr noch als jene der anderen jüdischen Gemeinden in Deutschland.

Bubis und einige ihm wohlgesonnene Frankfurter Juden – es waren weniger als dreißig Personen – besetzten am Abend vor der geplanten Premiere, die für den 31. Oktober 1985 angesetzt war, die Bühne des Frankfurter Schauspielhauses und protestierten gegen den, wie sie es nannten »Subventionierten Antisemitismus«.[2] Zuschauer im Saal forderten die Aufführung. Und vor dem Theater demonstrierten etwa eintausend Juden und Nichtjuden – für und gegen die Premiere und die weiteren geplanten Aufführungen.

Statt der Uraufführung gab es schließlich eine sogenannte Wiederholungsprobe am 4. November für ungefähr 150 Kritiker und einige Beschäftigte des Schauspiels. Diese Probe wurde später vom Verlag als Uraufführung gewertet.

Wer nicht auf der Gästeliste stand, wurde nicht durch die spalteng geöffnete Glastür ins Foyer des Schauspielhauses gelassen; wer auf der Kartenliste fehlte, durfte nicht weiter: über die Bühne des großen Hauses, durch Gänge und Treppenhäuser ins Kammerspiel. Nur mit Billett konnte man die letzte Kontrolle passieren, durfte Platz nehmen unter blauen Lampions.

Ich wusste, dass Günther Rühle mit seinem Entschluss, Fassbinders Stück aufzuführen, gegen alle Proteste seinen Intendantenwillen durchzusetzen, großen Schaden angerichtet hatte. So ungewöhnlich, gespenstisch-konspirativ diese Kritiker-Veranstaltung auch war, sie musste sein. Nicht, um Rühle zu stützen, sondern um einen Diskurs über den Text zu führen. Jetzt konnten doch zumindest einige für sich die Frage beantworten, ob die Aufführung – nicht der Text! – antisemitisch war. Mein Resümee am Ende meiner Kritik: » Fassbinders Stück ist eine krude, obszöne nachexpressionistische Szenenfolge, die alles ist und viel bedeuten will, eine Musical-Operetten-Parodie, ein schwules Emanzipationsstück, Trauergesang auf die armen Huren, Hasstirade über eine Gesellschaft, die ihre Minderheiten – eben auch die Juden! – ausgrenzt, nur Mitmacher überleben lässt. › Der Müll, die Stadt und der Tod ‹, ein schwaches, wirres, uneinheitliches Gebilde, ist es nicht wert, aufgeführt zu werden. Selbst die größten szenischen Bemühungen helfen ihm nicht auf; nicht die Gags, die Distanz schaffen; nicht die Masken; nicht das Spiel im Zuschauerraum; nicht die Lichteffekte, und schon gar nicht die simplen Anspielungen. [...] Das Stück ist da, die Inszenierung fertig. Nach meiner Meinung ist sie nicht antisemitisch. « So schrieb ich, und so stand es nach vielen heftigen Diskussionen mit dem Chefredakteur in der *Süddeutschen Zeitung*. [3]

Fassbinders Stück ist von deutschen Bühnen verschwunden, wenngleich es Aufführungen gab, auch im Ausland: 1998 in Mailand, ein Jahr später in Tel Aviv. Die Erregungen waren klein, nicht zuletzt, weil sich die meisten, die diesen Text kannten und kennen, darauf verständigten, dass es ein schlechtes Drama ist. Rühles spätere Rechtfertigung für sein Tun – 94 Prozent aller Stücke seien schlecht – bleibt geistesschlicht. Es sei ihm darum gegangen, in einer »schuldbeladenen Gesellschaft«, obendrein in einer »politisch prekären Zeit«, den Tatbestand der Zensur abzuwenden.[4] Dieses Argument lässt außer Acht, dass 1985 bereits vom Ende der Schonzeit für Juden geredet wurde.

Die wirkliche Uraufführung von Fassbinders Tabubruch-Stück fand schließlich am 1. Oktober im Theater an der Ruhr in Mülheim statt – trotz der wieder aufflammenden Proteste.

Viel wichtiger als die Verhinderung der Frankfurter Uraufführung ist, dass den Juden in Deutschland zum ersten Mal nach der Shoah, nach 1945 etwas anderes gelang: Sie zeigten Flagge. Öffentlich, aufgebracht, vehement. Zum ersten Mal gingen sie auf die Straße und auf die Bühne, um zu protestieren. Sie demonstrierten Selbstbewusstsein und Kampfgeist. Kurz, sie ließen sich nicht mehr alles bieten und verließen sich nicht wie zuvor bei ähnlichen Fällen auf stille, von der Öffentlichkeit kaum wahrgenommene diplomatische Proteste, sondern wagten sich ins Rampenlicht, um ihre Sorge zu zeigen – allen, die sie wahrnahmen, und auch denen, die wegschauten.

Dreißig Jahre nach der verhinderten Uraufführung wurde Rainer Werner Fassbinders »Der Müll, die Stadt und der Tod« in Frankfurt am Gallus-Theater als szenische Lesung auf die Bühne gebracht. Warum? Weil die Veranstalter, die Frankfurter KunstGesellschaft, einen Diskurs anzetteln wollten. Erst die Lesung, dann ein Symposion. Die Teilnehmer begaben sich im »Abstand einer Generation« auf die Suche nach »möglichen Antworten auf immer noch virulente Fragen: Ist das Stück Fassbinders antisemitisch bzw. bedient es antisemitische Ressentiments – oder ist es ein Stück über Antisemitismus, das zur Aufklärung benutzt werden könnte«.[5]

Sie fanden keine Antwort. Sahen nur Gefahren – weiterhin –, wenn der Nazi Hans von Gluck verkündet: »Und Schuld hat der Jud, weil er uns schuldig macht, denn er ist da. Wäre er geblieben, wo er herkam, oder hätten sie ihn vergast, ich könnte heute besser schlafen.«

Auch das Stelenfeld in Berlin bringt manche Menschen um den Schlaf und weckt Gedanken wie diesen. Der Grünen-Politiker Daniel Cohn-Bendit, der damals im Publikum saß und gegen die Behinderungsaktion protestierte, dachte wohl dies, als er sagte, ihm sei es völlig gleichgültig, ob das Stück je aufgeführt wird oder nicht. »Mich interessiert, dass die Juden sich hier artikulieren. Und noch eines: Es wird immer gesagt: Achtung, wenn ihr euch durchsetzt, das kann auch Antisemitismus produzieren. Die Juden haben die Macht. Das ist das Schlimmste, was man als untergründigen Vorwurf artikulieren kann.«[6]

2018 sorgte der Skandal um den Echo-Preis an Kollegah und Farid Bang für Empörung. Alex Feuerherdt, ein heute 53-jähriger Publizist, meldete sich in *Cicero* zu Wort. Diese Vergabe, die Musiker ehrte, die sich in ihren Texten homophob und antisemitisch geäußert hatten, löste eine riesige Protestwelle aus und führte dazu, dass der Echo-Preis umbenannt werden musste. Feuerherdt beklagte, dass die nicht jüdischen Deutschen den Juden im Land keine Empathie entgegenbrächten. »Wenn sie überhaupt welche kennen, begegnen sie ihnen oft wie fremdartigen, unheimlichen Wesen, zu denen man besser auf Distanz bleibt.«[7] Sie bekämen nicht einmal das Wort Jude über die Lippen, weil sie es nur als Schimpfwort kennengelernt hätten und sie bei dem Wort immer an Schwarz-Weiß-Fotos von ausgemergelten KZ-Häftlingen dächten, »die man ihnen pflichtschuldig in der Schule zeigt«. Dann bemühten sie »Verrenkungen wie den ›Menschen jüdischen Glaubens‹, selbst wenn er gar nichts glaubt«.[8] Der Autor setzte sich auch auseinander mit dem von deutschen Antisemiten öffentlich formulierten Vorwurf, »viele Juden versuchten, ›aus der Vergangenheit des Dritten Reiches heute ihren Vorteil zu ziehen‹«.[9]

Schon bei dem Echo-Preis wurde diskutiert, was Kunstfreiheit im Hinblick auf den Antisemitismus bedeutet. Welche Freiheiten sie Künstlerinnen und Künstlern erlaube oder zusichere. Diese Diskussion wiederholte sich bei der documenta 15. Doch diesmal zeigte sich, dass sich die Jüdinnen und Juden in Deutschland und viele deutsche Nichtjuden wehrten gegen einen Antisemitismus, der sich zu rechtfertigen sucht mit dem Hinweis auf die Kunstfreiheit. Der Skandal ereignete sich 2022, doch schon mit der Berufung des Künstlerkollektivs Ruangrupa im Jahr 2019 wurden die Weichen gestellt. Die documenta-Leitung hatte sich entschieden, einen neuen Weg zu gehen, weg von der bis dahin gepflogenen Kuratoren-Organisation. Erstmals seit 1955 sollten Künstlerinnen und Künstler aus dem sogenannten Globalen Süden bestimmen, was in Kassel gezeigt werden würde. Das hieß zum einen, dass wenige Arbeiten von etablierten Künstlern gezeigt werden würden. Zum anderen erhielte die Auswahl eine politischere Ausrichtung. Ruangrupas Kunst, das hätte die Leitung der documenta eigentlich wissen müssen, versteht sich explizit als politisch und aktivistisch.

Schon bevor die Schau überhaupt begann, wurden die ersten Antisemitismusvorwürfe laut. Zunächst gegen das palästinensische Künstlerkollektiv »The Question of Funding«, das eingeladen worden war, und gegen Mitglieder von Ruangrupa, die, so die Kritiker, der antiisraelischen Boykottkampagne » BDS «, also der Gruppe » Boycott, Divestment and Sanctions « nahestünden.

Die damalige Direktorin der documenta, Sabine Schormann, verwahrte sich gegen diese Bedenken. Man nehme in Kassel die deutsche Verantwortung sehr ernst. Auch Claudia Roth, die Bundesbeauftragte für Kultur und Medien, stellte sich damals noch hinter die Gruppe Ruangrupa und ihr Konzept. Allein Bundespräsident Frank-Walter Steinmeier fand in seiner Eröffnungsrede zur documenta am 18. Juni 2022 deutliche Worte. Er ermahnte und forderte, dass die documenta sich ernsthaft um das Thema Antisemitismus zu kümmern habe.[10]

Es gab viele Exponate, die in der Folge als antisemitisch interpretiert wurden. Stein das Anstoßes war zunächst das Wandbild » People's Justice « des indonesischen Künstlerkollektivs Taring Padi, ein riesiges Banner, auf dem so etwas wie ein Weltgericht dargestellt war. Ein Wimmel- und zugleich ein Rätselbild. Klar erkennbar mittendrin: ein Soldat mit einem Schweinsgesicht und einem Davidstern, daneben eine Figur mit Schläfenlocken, Raffzähnen und SS-Runen auf dem Hut.[11]

Die Proteste begannen. Die israelische Botschaft in Berlin ließ verlauten, man sei empört über die antisemitischen Elemente auf der documenta. Nur ideologisch Verblendete konnten behaupten, dass diese Darstellung nicht an nationalsozialistische Propaganda erinnere. Was tat Sabine Schormann wegen der anhaltenden und eskalierenden Proteste? Nein, sie ließ das Bild nicht entfernen, sondern nur verhüllen. Begründung: Eine Demontage wäre ein erheblicher Eingriff in die Kunstfreiheit. Auch Claudia Roth schaute und duckte sich weg. Ihr Verhalten war nicht nur unsensibel, sondern skandalös. Als schließlich nicht mehr zu leugnen war, dass die documenta-Chefin versagt hatte, zeigte sich die

Grünen-Politikerin empört. Machen wir eine lang währende Peinlichkeit kurz: Nachdem sich auch noch Claudia Roth und Sabine Schormann gegenseitig die Schuld an dieser missglückten Schau zugeschoben hatten und die Direktorin zurückgetreten war, wurde das Bild entfernt.[12]

Hugo Müller-Vogg machte am 15. Juli 2022 in der Onlineausgabe des *Focus* den Vorschlag: »Diese Documenta gehört eigentlich abgebrochen; zu schwer wiegen die zu Recht gegen ihre Macher erhobenen Anschuldigungen. [...] Der angerichtete Schaden – im Innern wie außenpolitisch – ist viel zu groß, um seine Aufklärung weiter zu verzögern. Die documenta braucht einen neuen Anfang. Gut möglich, dass wir auch eine neue Kultur-Staatsministerin brauchen.«[13]

Die documenta wurde nicht vorzeitig beendet; Claudia Roth behielt ihren Posten.

Und trat bei der Jewrovison im Frühling 2023 auf. Der Präsident des Zentralrats der Juden in Deutschland, Josef Schuster, hatte sie zu dieser wichtigen Veranstaltung der jüdischen Community, einem Gesangs- und Tanzwettbewerb, nach Frankfurt am Main eingeladen. »Für die Jugendlichen und für den Zentralrat der Juden in Deutschland wäre es eine große Ehre und Freude, wenn Sie, sehr geehrte Frau Staatsministerin, zu Beginn der Show ein Grußwort an die Teilnehmer und Gäste der Jewrovision richten könnten«, so Schuster in einer »Ehreneinladung«.[14]

Ihr Auftritt in der Frankfurter Festhalle geriet zum Eklat. Claudia Roth sah sich während ihrer Rede Buhrufen und Pfiffen ausgesetzt. Sie nannte das jüdische Leben in Deutschland »bunt, vielfältig, stark« und reagierte dann direkt auf die Proteste, ihre Worte wichen vom Manuskript ab: »Das ist Demokratie. Und ich nehme diese Kritik an.«[15] Natürlich war dieser Protest auch als eine sehr späte Reaktion auf Claudia Roths Versagen in der Causa documenta zu verstehen.

Sechs Tage später wunderte sich Erica Zingher in der *taz* erneut über Claudia Roth. Sie war im Jüdischen Museum in Berlin erwartet worden, wo an den jüdischen Rabbiner Leo Baeck erinnert werden sollte, doch hatte sie ihr angekündigtes Grußwort kurzfristig abgesagt – aus gesundheitlichen Gründen, wie es hieß. Zingher gab zu bedenken: »Roths Verteidiger fanden die Buhrufe der Jugendlichen in Frankfurt unangebracht, emotional. Grünenpolitiker Jürgen Trittin sah in der Kritik gar einen ›inszenierten Eklat‹ gegen Claudia Roth. Als wären junge Jüdinnen und Juden nicht selbstständig denkende Menschen, die sehr genau ihre Umwelt wahrnehmen und auf diese reagieren. Diese Buhrufe haben ihren Ursprung. Sie sind Ausdruck einer tief sitzenden Unzufriedenheit und Enttäuschung.« Der Streit um die documenta habe »Spuren hinterlassen, die noch lange nicht aufgearbeitet sind«.[16]

Noch einmal zur Erinnerung: Mit welcher Naivität sich bei der documenta (bis heute!) herausgeredet wurde, zeigt sich wunderbar an dem Argument, man nehme den Antisemitismus ja deshalb so ernst, weil Deutschland diese besondere Vergangenheit habe. Ich möchte da jedes Mal nur genervt mit den Augen rollen. Ja, Auschwitz war eine deutsche Erfindung, aber der Antisemitismus nicht. Egal wo er auftritt, ob in Deutschland oder Indonesien: Antisemitismus ist immer menschenverachtend.

Teil II

Jüdisches Leben in Deutschland heute

Israelitische Kultusgemeinde

Israelitische Kultusgemeinde – das klingt groß und bedeutet doch nichts weiter als jüdische Gemeinde, hebräisch Kehillah. Der Begriff wird in allen deutschsprachigen Ländern benutzt. Erfunden wurde er vom Habsburger-Kaiser Franz Joseph I., der in einer Ansprache am 3. April 1849 die Worte » Israelitische Gemeinde von Wien « verwendete.

In der Bundesrepublik gibt es eine sogenannte Israelitische Religionsgemeinschaft Baden, mit jüdischen Gemeinden in Emmendingen, Konstanz, Pforzheim, Rottweil-Villingen-Schwenningen, Baden-Baden, Freiburg und Lörrach. Weitere Gemeinden der Religionsgemeinschaft sind als *Jüdische Gemeinden* benannt, in Heidelberg, Karlsruhe, Mannheim und Konstanz.

Zum Landesverband der Israelitischen Kultusgemeinden in Bayern gehören 13 Gemeinden. Die Israelitische Kultusgemeinde München und Oberbayern ist nicht Mitglied im Landesverband Bayern, sondern eigenständig.

Daneben gibt es den Landesverband der Israelitischen Kultusgemeinden von Niedersachsen, die Israelitische Religionsgemeinschaft Württemberg, die Israelitische Religionsgemeinschaft zu Leipzig und die Jüdische Gemeinde in Hamburg.[1]

Union progressiver Juden
in Deutschland

Was ist eigentlich liberales Judentum, das auch progressives Judentum genannt wird oder Reformjudentum? Es ist eine jüdische Konfession, die die starren Regeln, die Ge- und Verbote im orthodoxen Judentum überwunden hat. Menschliche Vernunft, Ethik und Intellektualität dominieren, was bedeutet, dass die liberalen Juden sich fortschrittlichen Ideen nicht verschließen und auch nicht wissenschaftlichen Erkenntnissen. Das Credo lautet: Jeder Jude ist autonom. Entscheidend für diese Richtung ist die Aufteilung der jüdischen Gebote in ethische und rituelle Gesetze. Ethische Gesetze gelten der Bewegung als zeitlos und deshalb unveränderlich. Rituelle Gesetze können verändert, den jeweiligen Lebensverhältnissen angepasst werden. Das Reformjudentum – und das ist ein besonders wichtiger Unterschied zum orthodoxen Judentum – proklamiert eine fortschreitende Offenbarung Gottes in der Geschichte. Die Liturgie wird sowohl in hebräischer Sprache als auch in der Landessprache gefeiert, die Gottesdienste wurden zeitlich verkürzt; und Musikinstrumente wurden erlaubt, sogar Orgeln durften gespielt werden. Aufgehoben wurde die Geschlechtertrennung während des Gottesdienstes, eingeführt wurde die Gleichberechtigung von Männern und Frauen im Ritus.

In 35 Grundsätzen sind die wichtigsten Ziele und Thesen der Union progressiver Juden (UpJ) formuliert: »Jude oder Jüdin ist, wer von einer jüdischen Mutter abstammt oder nach halachischen Regeln zum Judentum übergetreten ist. Als Jude oder Jüdin zu leben heißt traditionell, die kulturelle Tradition sowie die besonderen historischen Erfahrungen des jüdischen Volkes als Teil der eigenen Identität zu verstehen. Als religiöser Jude oder religiöse Jüdin zu leben heißt, die religiösen und ethischen Forderungen der mündlichen und schriftlichen Thora lernend anzunehmen und die Mitzwa zu praktizieren. Dazu gehört auch die Aufgabe, diese Tradition zu bewahren und sie weiterzugeben. Als liberaler religiöser Jude oder liberale religiöse Jüdin zu leben heißt zusätzlich, in der Reflexion mit der im Schrifttum überlieferten Lehre ein jüdisches Leben zu führen, das den sozialen, kulturellen und ethischen Herausforderungen der Moderne entspricht. Unter Wahrung der Besonderheit des Judentums ist dabei das Bewusstsein von der Einheit aller Menschen als Gottes Geschöpfe zu vertiefen – entsprechend dem Ideal der Propheten: Gerechtigkeit und Liebe zu üben und im Dialog mit Gott weiterzugehen. «[1]

Auch theologisch unterscheiden sich die orthodoxen Juden von den liberalen in einem wichtigen Punkt: » Das traditionelle Judentum geht von dem Glauben an einen Messias aus, der eines Tages alle Juden aus dem Exil zusammenbringen und auf dem Thron einer wiederhergestellten davidischen Monarchie sitzen würde. « Das Reformjudentum bekräftigt hingegen die Hoffnung der Propheten auf ein universales, messianisches Zeitalter, das dadurch entsteht, dass die gesamte Menschheit Gottes Willen annimmt. «[2]

Der Beginn des liberalen Judentums in Deutschland nach der Shoah vollzog sich nicht etwa gleich nach Kriegsende, sondern fünfzig Jahre später, 1995, und zwar in der Evangelischen Akademie Arnoldshain im Taunus, die 1946 nach dem Vorbild der Evangelischen Akademie Bad Boll entstanden war. Das Projekt war der größte Wunsch des Kirchenpräsidenten Martin Niemöller, nachdem der 1954 errichtete Neubau auch benannt wurde. Wichtige Themen der Akademie waren von Beginn an die Ökumene und der christlich-jüdische Dialog. Bis ins Jahr 2002 war dieser Ort der überregionale Treffpunkt der Bewegung, die nach Alternativen zu den orthodox geprägten Gottesdiensten suchte. 1995 gründeten sich an einigen Orten die ersten deutschen liberalen Gemeinden.

Zwei Jahre danach wurde in München die Union progressiver Juden als Verein gegründet. Jan Mühlstein, der später jahrelang der liberalen Gemeinde »Beth Schalom« in der bayerischen Hauptstadt vorstand, war bis zu seinem Ausscheiden Gründungsvorsitzender der UpJ.

Ebenfalls 1997 erschien das erste Gebetbuch für liberale jüdische Gemeinden, ein Jahr darauf die erste Pessach-Haggada, speziell für liberale jüdische Gemeinden und publiziert unter anderem von so bedeutenden Rabbinern wie Walter Homolka, der zu den angesehensten liberalen Rabbinern zählte, bevor ihn ein Vorwurf wegen Machtmissbrauchs diskreditierte. Vor seiner Berufung zum ordentlichen Universitätsprofessor für jüdische Religionsphilosophie der Neuzeit in Potsdam war er Rektor des Abraham Geiger Kollegs.

Der Zentralrat der Juden in Deutschland sah diese Neugründung mit Argwohn, schließlich löste sich die Union aus der zuvor bestehenden Einheitsgemeinde. Was den Zentralrat – durchaus zum Verdruss der UpJ – in der Folgezeit nicht davon abhielt, weiterhin für alle Juden in Deutschland zu sprechen. Er gab seinen Alleinvertretungsanspruch also keineswegs auf. Ohne Übertreibung kann konstatiert werden, dass sich die beiden religiösen Gemeinschaften nicht schätzten. Der Konflikt lag aber nicht allein in den religiösen Unterschieden begründet, sondern wurde zum einen durch den Erfolg des liberalen Judentums, zum anderen durch Streitereien um Geld vertieft.

Der Erfolg der Union wurde durch zwei Gründungen

sichtbar: Im November 2000 begann das Abraham Geiger Kolleg seine Arbeit; und ein Jahr später fanden junge Jüdinnen und Juden in der folgerichtig »Jung und jüdisch« benannten Organisation zusammen. Die finanziellen Auseinandersetzungen eskalierten hingegen, weil auch die UpJ an den Unterstützungen des Bundes für den Zentralrat der Juden beteiligt werden wollte. Die streitenden Parteien zogen vor Gericht, und das Bundesverwaltungsgericht traf schließlich eine Grundsatzentscheidung: Die liberalen wurden den anderen jüdischen Gemeinden gleichgestellt. Doch brachte dieser Gerichtsbeschluss erst 2004 eine Verbesserung der Beziehungen zwischen Zentralrat und UpJ. Seitdem werden jüdische liberale Gemeinden an Programmen und Projekten des Zentralrats beteiligt.

Liberale jüdische Gemeinden existieren inzwischen unter anderem in Berlin, Hamburg, Hannover, Köln und München. Insgesamt sind es 26 Gemeinden.

Koscheres Leben – Gebote und Verbote im Judentum

Der jüdische Tag, der immer mit Sonnenuntergang beginnt und endet, ist durch religiöse Vorschriften streng reglementiert, also vom Schlafengehen bis zum Schlafengehen. Diese Gebote – diese Mitzwot – bestimmen ohne Ausnahme orthodoxes jüdisches Leben. Fromme Jüdinnen und Juden versuchen, sie einzuhalten. Nicht allein die Zehn Gebote – sie zu befolgen, gelingt wohl den meisten Menschen mehr oder weniger –, sondern alle 613 zusätzlichen Mitzwot, von denen 365 Verbote sind und 248 Gebote. Es wird also mehr verboten als verordnet. Sie alle sind Verpflichtungen, keine Empfehlungen! Alles ist geregelt: die gottgefällige Kleidung, das Verhalten in der Öffentlichkeit und das soziale Miteinander. Am stärksten sind die Reglementierungen die Nahrung betreffend.

Speisegesetze verbieten das Aufbewahren und Essen von Milch und Milchspeisen neben oder gleichzeitig mit Fleischspeisen ebenso wie das Trinken von Alkohol, der aus Getreide gewonnen wird, an Pessach. Tiere müssen geschächtet werden, das bedeutet, dass sie mit einem Schnitt durch die Halsunterseite getötet werden. Damit wird gewährleistet, dass der Tod schnell eintritt und die Tiere ausbluten. Denn der Verzehr von Blut ist im Judentum verboten, ebenso im Islam.

Die Reglementierungen heißen Kaschrut-Regeln. Es gibt – das ist das Grundverständnis – das Erlaubte, bei den Speisen also das Koschere, und das Verbotene, das Treife. Es ist ein durchaus auch im Judentum umstrittenes rigides Regelwerk.

Manche Nichtjuden und auch viele Juden, die sich entschlossen haben, Mitglieder der liberalen Gemeinden zu sein, haben für viele dieser Regeln kein Verständnis – und halten sie auch nicht ein. Das bedeutet, dass sie essen, was verboten ist: Meeresfrüchte; Fische, die keine Schuppen und keine Kiemen haben, zum Beispiel die Lotte; und auch Fleisch, das nicht geschächtet ist. Meist setzen sie sich auch darüber hinweg, dass Milchiges, zum Beispiel Sahne, und Fleisch nicht miteinander zubereitet, nicht mit- oder nebeneinander aufbewahrt und schon gar nicht zusammen gegessen werden dürfen. Während es für das Meeresfrüchteverbot keinen Hinweis in der Bibel gibt, leitet sich das Gebot, Fleisch und Milch nicht miteinander zu kochen und zu verzehren, von dort her, da geschrieben steht, das Zicklein nicht in der Milch seiner Mutter zu kochen. Und das Schächten wird mit dem Verbot begründet, Blut zu sich zu nehmen.

Wer diese Ge- und Verbote aber einhält, der besitzt für Milchiges und Fleisch zwei Kühlschränke, zwei Geschirrspüler, verschiedene Pfannen und Töpfe und verschiedenes Geschirr. Nur bei Tellern gibt es selbst in streng orthodoxen Haushalten einen kleinen Ausweg: Glasgeschirr. Denn auf gläsernen Tellern entstehen beim Schneiden mit dem Messer keine Ritzen, in denen sich Milch- oder Fleischreste verstecken könnten.

Diese strenge Trennung erklärt, warum Nichtjuden bei ihren jüdischen Gastgebern häufig, sehr häufig, gedünsteten Lachs serviert bekommen. Er ist koscher und kann mit allem kombiniert werden: Sahnesoße dazu, Gemüse in Butter als Beilage, Käse und Mousse au Chocolat zum Nachtisch.

Jenseits des Esstischs sind unter anderem Tätowierungen, Schönheitsoperationen, Feuerbestattungen und Obduktionen verboten, es sei denn, Letztere sind vom Staat gefordert.

Fromme Jüdinnen halten sich auch an das Gebot, sich nach der Hochzeit ihre Haare abschneiden zu lassen oder sie zumindest in der Öffentlichkeit nicht zu zeigen. So werden sie unter einem Kopftuch versteckt, manche Frauen tragen auch Perücken. Und die Kippot? Warum müssen Männer sie zumindest bei Gottesdiensten, immer in den Synagogen, immer auf den Friedhöfen und beim Essen tragen? Im Talmud heißt es: »Bedecke Dein Haupt, sodass der Segen G'ttes auf Dir ruht.« Viele Juden tragen ihre Kippa aber immer, auch im Fitnessstudio beim Training.

Schon diese wenigen Beispiele zeigen, wie schwierig es ist, ein orthodoxes jüdisches Leben zu führen. Denn es gibt ja noch dazu viele Auflagen, was die Gebetszeiten, die Gebetsrituale und die Kleidung, die man zum Gebet tragen soll, angeht. All diese Ge- und Verbote gelten nicht nur für Jüdinnen und Juden in der Diaspora, sondern auch für Juden in Israel. Und sie gelten auch auf Reisen, was orthodoxen Jüdinnen und Juden jede Zug- oder Autofahrt, jeden Flug äußerst beschwerlich macht.

Wie wenig deutsche Nichtjuden von den jüdischen Regeln wissen, zeigt sich nicht allein daran, dass sie als Gastgeber womöglich Schweinefleisch anbieten, Schinken oder Blutwurst – wovon selbst liberale Juden nichts essen würden –, sondern ebenso an der Missachtung von jüdischen Feiertagen. Während vor der Shoah Theater-, Konzert- und Opernhäuser darauf achteten, Premieren und andere besondere kulturelle Veranstaltungen weder am Schabbat noch an hohen jüdischen Feiertagen anzubieten, gibt es selbst in Städten mit größeren jüdischen Gemeinden Premieren der staatlichen und städtischen Bühnen an Yom Kippur. Und nicht wenige Jüdinnen und Juden sind zumindest verwundert, dass ihre nicht jüdischen Freunde darauf warten und damit rechnen, von ihnen Glückwünsche zum Weihnachtsfest und zu Neujahr zu erhalten, aber ihrerseits nie einen

Gedanken darauf verschwenden, ihren jüdischen Freunden an Rosh ha-Schana oder zum Chanukka-Fest zu schreiben.

Auch ich selbst bin nun zwar nicht gerade verstört, dass diese Wünsche nicht in meinem Briefkasten liegen oder als WhatsApp-Nachricht auf meinem Rechner eintreffen, aber würde ich sie erhalten – was für eine Freude wäre das. Vielleicht wären solche Aufmerksamkeiten auch das Zeichen, dass die Juden in diesem Land angekommen sind, wovon ja alle Politiker schwärmen.

Koschere Restaurants und Lebensmittelgeschäfte

Jene Juden, die sich entschieden haben, dass alles koscher sei, was schmecke, machen es nicht richtig, aber sie machen es sich einfach.

Von den Zehn Geboten lassen sich die meisten befolgen, auch wenn es manchmal schwerfällt, treu zu sein und nicht zu hadern mit den Eltern. Doch die Speisegebote und -verbote machen es gläubigen Juden und Menschen, die gläubige Juden zu sich zum Essen einladen, wirklich nicht leicht. Ich weiß, wovon ich schreibe.

Das Onlineportal *haGalill.com,* das über jüdisches Leben in Deutschland informiert, kann als zuverlässig gelten. Dort wurde im Dezember 2009 mit durchaus erfreutem Unterton berichtet, dass vier von zehn Juden sich an die jüdischen Speisegesetze hielten. Wobei die Zahlen für alle Juden auf der Welt gelten. Schätzungen zufolge beachten in Deutschland nur mehrere Hundert Juden die religiösen Speisegesetze. Es existieren zwar jüdische Restaurants – und auch jüdische Einrichtungen wie die Altenheime und Schulen bieten koschere Mahlzeiten an –, aber verglichen mit dem Angebot in den USA und in Frankreich haben es Juden in

Deutschland schwer, an koschere Lebensmittel zu kommen. In deutschen Lebensmittelläden, auch den großen Ketten, sind Produkte mit dem Aufdruck »koscher« nicht zu finden. Erstaunlich, wie wenige Läden in diesem Land koschere Waren anbieten.

Ich habe nur sechs gefunden. In Nürnberg, Hamburg (eine Edeka-Filiale in der Nähe der Synagoge), Ulm, Frankfurt (gleich zwei, und wieder ist eine Edeka-Filiale dabei) und in München.

Das Angebot koscherer Restaurants ist keineswegs größer. In Stuttgart, Hamburg, Offenbach, München, Berlin und Frankfurt (wieder zweimal) werden koschere Mahlzeiten angeboten. All diese Restaurants werden überwacht von Rabbinern, die Sorge tragen, dass die Speisegesetze eingehalten werden. So beispielsweise im schon erwähnten Restaurant Einstein in München. Der Mann, der tagtäglich aufpasst, dass alle Lebensmittel koscher, also nach den jüdischen Speisegesetzen erlaubt sind, ist indes kein Rabbiner. Es ist ein Aufpasser, der Maschgiach. Ihm wird nachgesagt, er habe die Augen und Ohren des Rabbiners. Der Maschgiach kommt als Erster, schließt den Betrieb auf und geht als Letzter. Ohne ihn geht in diesem Restaurant nichts – wie in allen anderen koscheren Küchen, auch den Großküchen, die zum Beispiel Fluggesellschaften beliefern. Der Maschgiach kontrolliert nicht nur die Zubereitung der Speisen, sondern auch die Lagerung der Rohstoffe. Er ist so streng, wie die Speisegesetze es sind. Wenn in einem Ei ein sogenannter Hahnentritt gesichtet wird, sich also Blutreste auf dem Dotter befinden, darf das Ei nicht verwendet werden. Mehl muss vor der Verwendung immer nochmals durch ein feinmaschiges Netz gesiebt werden, um sicher zu sein, dass es frei ist von Insekten.

In Paris gibt es mehr dieser Restaurants als in ganz Deutschland. Und auch eine Vielzahl von jüdischen Lebensmittelläden. Der Mangel an koscheren Restaurants und

Lebensmittelläden beweist zweierlei: Es gibt in Deutschland im Alltag kein jüdisches Leben. Die Einhaltung der Ge- und Verbote ist unmöglich.

Deutsche Juden outen sich in der Öffentlichkeit nicht gern als Juden – das beginnt mit dem Tragen der Kippa und zeigt sich auch daran, dass sie vermieden haben, eine jüdische Infrastruktur in der Lebensmittelherstellung und -verteilung aufzubauen. Sie kaufen im Internet ein. Bleiben also unentdeckt von ihren nicht jüdischen Nachbarn.

Wer jemals eines der deutschen koscheren Restaurants besucht hat, weiß, dass die Sicherheitsmaßnahmen dort schon immer äußerst streng waren. Ohne Personalausweiskontrolle kam niemand und kommt niemand hinein. Koschere Restaurants sind also in Deutschland eine Seltenheit. Restaurants mit sogenannter jüdischer Küche gibt es zuhauf. Wobei diese Etablissements auch arabische Speisen als jüdische anbieten.

Was sind koschere Lebensmittel – eine (Er-)Klärung tut not. Die am schwierigsten einzuhaltenden Gebote und Verbote im jüdischen Glauben betreffen das Essen (und nicht das Trinken!).

Die Kaschrut unterscheiden zwei rituell unbedenkliche Nahrungsmittel von den verbotenen. Die einen sind koscher, die anderen treife. Aber selbst wenn man nur koschere Zutaten verwendet, ihre Zubereitung kann dazu führen, dass das gekochte, gebackene Gericht am Ende treife ist. Während deutsche Nichtjuden davon ausgehen, dass ihre jüdischen Mitbürger nur kein Schweinefleisch essen – und bei Einladungen dann auch nicht servieren –, wissen nicht nur die orthodoxen deutschen Juden, sondern auch die liberalen, was alles »bedenklich« ist.

Ganz unbedenklich sind Nahrungsmittel, die weder zu Milch gehören noch zu Fleisch: Obst zum Beispiel, alle Gemüse, Hühnereier, Honig und die erlaubten Fische. Manche

Juden gestatten es sich und anderen, Fisch in Butter zu braten, sicher ist allerdings nur das Braten in Öl.

Und in Sachen Bar? Grundsätzlich dürfen Jüdinnen und Juden alle alkoholischen Getränke genießen, nur zu Pessach sind einige nicht erlaubt, dazu gehören alle, die aus Getreide hergestellt werden. Getränke sind also erst einmal prinzipiell koscher. Aber wäre es so einfach, wäre es nicht jüdisch. Natürlich gibt es Vorschriften bei der Herstellung von Wein.

Weine gelten nur dann als koscher, wenn die Trauben unter Aufsicht geerntet und verarbeitet werden, wobei alle Arbeitsgänge lediglich von männlichen Juden durchgeführt werden dürfen und der Schabbat von ihnen in jedem Fall eingehalten werden muss. Die entsprechenden Weine erkennt man an dem Koscher-Zeichen auf den Flaschen. Und noch etwas müssen Winzer bedenken: Zwischen den Weinstöcken darf nichts wachsen, auch kein Obst, kein Gemüse. Sonst ist es vorbei mit dem Siegel »koscher«. Auch beim Klären und Filtern muss aufgepasst werden, nur koschere Stoffe dürfen verwendet werden. Die Überprüfung dieser Ge- und Verbote obliegt ausgebildeten Rabbinern. Koschere Weine und Champagner sind also absolut bio, wenn man davon absieht, dass die Weinstöcke gegen Befall gespritzt werden dürfen!

Es gibt eine Vorschrift, die Nichtjuden missfallen muss und die den progressiven Jüdinnen und Juden als absolut diskriminierend gilt. Weine bleiben nur koscher, solange keine nicht jüdischen Hände die Flasche berührt haben. Entkorken Nichtjuden Weine und schenken sie aus, ist der Inhalt der Flaschen sofort treife. Streng orthodoxe Juden würden von diesen Weinen nicht trinken – ganz gewiss nicht am Schabbat, aber im Grunde nie. Und sie würden es auch ablehnen, Mineralwässer zu trinken, deren Namen sich von einem christlichen Heiligen herleiten. Also ist »San Pellegrino« tabu.

All diese Verbote gelten eigentlich immer, aber streng verpflichtend sind sie an den Festtagen und am Schabbat. Dieser ist allwöchentlich der wichtigste Feiertag überhaupt – allein Yom Kippur ist noch heiliger. Doch vor allem liberale Juden sind beim Einhalten der Gesetze weniger rigoros. Mir gefällt, was der Schriftsteller Schalom Ben-Chorin, auch er ein liberaler Jude, in seinem Buch *Jugend an der Isar* schrieb. Schon im Markus-Evangelium stehe, dass der Schabbat dem Menschen gegeben sei und nicht der Mensch dem Schabbat. Ben-Chorin fährt fort: » Erst viel später wurde mir klar, dass der Talmud dieselbe Ansicht im Namen des Rabbi Jonathan, eines Zeitgenossen Jesu, überliefert: › Der Sabbat ist in euren Händen, denn es heißt: Der Sabbat ist für euch. ‹ […] Später, sehr viel später erst, wurde mir klar, dass die Orthodoxie, oder besser gesagt, das gesetztestreue Judentum in der richtigen Erkenntnis, das ganze Leben zu heiligen und unter Gottes Wort zu stellen, zu weit geht und so das an sich Richtige bis ins Absurde vortreibt. « [1]

Das koschere Kurheim in Bad Kissingen

Natürlich kann man sich fragen, ob es für ultraorthodoxe Jüdinnen und Juden wirklich koschere Hotels geben sollte, geben muss. Muss – ich denke: nein. Schließlich stehen christliche Hospize auch Menschen offen, die keine Christen sind – sogar in Jerusalem. Ich habe schon in Grandhotels um koscheren Wein, einen Mohnzopf und zwei Kerzen gebeten, um Kabbala Schabbat zu feiern. Nicht etwa in einem Hinterzimmer versteckt, sondern in der Halle unter nicht jüdischen anderen Gästen. Andererseits, was ist so schlimm daran, dass Jüdinnen und Juden auch im Hotel ihre Religion ausüben wollen – unbeobachtet, ungestört; dass sie sicher sein wollen, dass auf ihrem Teller, auf dem ihnen Fisch serviert wird, nie zuvor ein Stück Fleisch in einer Sahnesoße lag. Wichtiger noch, sie möchten im Haus einen Gebetsraum mit einer Thorarolle vorfinden.

In der Schweiz hat man das sehr früh erkannt. Dort gibt es sie, die koscheren Hotels. Zum Beispiel in Arosa und Davos. In Deutschland existiert nur eines: das koschere Kurheim in Bad Kissingen, betrieben von der Zentralwohlfahrtsstelle der Juden in Deutschland und zurzeit geleitet von Aron Schuster. Das Hotel, das einmal den Namen »Eden Park« trug und heute »Kurheim Benin Bloch« heißt – benannt nach seinem prägenden Direktor, der 31 Jahre lang in der großen rosafarbenen Villa Jüdinnen und Juden aus aller Welt begrüßte –, ist einzigartig. Heute steht es vor allem Senioren offen, denen in zweiwöchigen Aufenthalten jüdische Bildung vermittelt wird. Vor allem Einwanderer aus Ländern der ehemaligen Sowjetunion profitieren von diesem Angebot. Jüdische Touristen findet man hier eher selten. Aber es gibt sie, Franzosen vor allem.

Um die Jüdinnen und Juden, die nach Deutschland gekommen sind, kümmert sich Joel Berger, der frühere Landesrabbiner von Württemberg. Er vermittelt ihnen jüdisches Wissen und jüdische Riten. »In der Sowjetunion«, sagt er, »sind ihnen aufgrund der stalinistischen Diktatur alle jüdischen Kenntnisse, jüdischen Bindungen oder das Judentum schlechthin abhandengekommen, weil die Diktatur das den Menschen systematisch austreiben wollte. Unsere Aufgabe ist es, diesen Menschen das Judentum wieder näherzubringen.«[2]

In diesem Hotel werden alle Gebote und Verbote eingehalten, und religiöse Feiern finden in der hauseigenen Synagoge statt. Damit der Betrieb reibungslos läuft, braucht es nicht jüdische Angestellte, die auch am Schabbat und an den Feiertagen arbeiten. Erika Brätz, die Hauswirtschaftsleiterin des Kurheims, ist schon seit Jahrzehnten hier tätig und hat längst lieb gewonnen, was ihr am Anfang Schwierigkeiten bereitet hatte, ihr waren ja so viele jüdische Gepflogenheiten unbekannt.

Wer im »Kurheim Benin Bloch« einkehrt, kann selbst an Pessach sicher sein, dass alles mit rechten Dingen zugeht – und sich nirgendwo auch nur ein Krümelchen Chamez versteckt.

Jüdische Kunst

Gibt es eine jüdische Kultur? Ja! Sie ist geprägt von der Religion und ihrer Ausübung. Gibt es jüdische Kunst? Nein!

Ich mag das *Philo-Lexikon – Handbuch des jüdischen Wissens,* 1982 im Jüdischen Verlag im Athenäum Verlag als »Unveränderter Nachdruck der vermehrten und verbesserten Auflage von 1936« erschienen; das Original wurde damals im Berliner Philo-Verlag publiziert. Dort findet man unter »Kunst, j.«: »Ihre Geschichte, entsprechend d. politischen, uneinheitlich u. nicht als Gesamtablauf darstellbar. Es führt keine Brücke von d. geringen Resten d. Altertums zum MA u. von dort zur Neuzeit. Allenfalls lassen sich auf Teilgebieten u. zeitl. Teilstrecken kontinuierliche Entwicklungen nachweisen; aber auch dort ist spezif. j. Charakter mehr vom Inhaltlichen her (Synagogenbau, Kultgerät) als stilistisch zu fassen. So kann man von j. K. in dem Sinne wie von dt. K. oder von griech. K. nicht sprechen.«[1]

Es gibt jüdische Autoren, jüdische Maler, jüdische Komponisten, jüdische Dramatiker, jüdische Theatermacher, jüdische Filmregisseure und viele jüdische Schauspielerinnen und Schauspieler, Sängerinnen und Sänger, Dirigentinnen und Dirigenten. Aber was an ihren Künsten jüdisch ist? Sie sind als Juden geboren oder zum Judentum übergetreten und schrieben, malten, komponierten, sie schreiben, malen, komponieren. Sie standen auf Bühnen oder in Orchestergräben oder an Regiepulten. Und stehen dort. Sie traten auf, sie treten auf. Sie waren berühmt und wurden vertrieben, verschleppt, ermordet. Sie sind berühmt und arbeiten in Deutschland. Aber – was ist an ihren Künsten jüdisch?

Die Juden, die bis ins 19. Jahrhundert in der Diaspora lebten, wurden geprägt durch ihren Glauben und ihre Religionsausübung – in den Synagogen und in ihren Häusern und Wohnungen. Zum anderen wurden sie geprägt von den sie umgebenden Kulturen. Das bedeutet, die Aschkenasim, die in Europa geduldet wurden, erlebten die Kulturen ihrer Heimatländer, sofern man sie nicht ghettoisierte. Das Nämliche gilt für die Sephardim, die in den Ländern Nordafrikas und in der Türkei lebten, oder den Mizrachi in der arabischen Welt. Es lebten (und leben) auch Juden in Äthiopien, im Kaukasus, in Japan und Indien, auch hier wurden ihre künstlerischen Hervorbringungen beeinflusst von den Künsten der Völker, bei denen sie Aufnahme gefunden hatten.

Vor allem die osteuropäischen Juden entwickelten bereits im Mittelalter über die Jahrhunderte unverwechselbare kulturelle Merkmale, allein durch ihre Sprache, das Jiddische. Ende des 19. Jahrhunderts kam es in Osteuropa zu zahlreichen Pogromen, die eine Auswanderungswelle verursachten. Allein in den USA wurden zwischen 1880 und 1920 zwei Millionen jüdische Einwanderer gezählt, die ihre kulturellen Eigenheiten, ihre Sprache und ihren Musikstil mitbrachten. Es gab in New York jiddische Zeitungen, jiddische Theater. Klezmer-Ensembles. Allein, ihre Künste und ihre Kultur waren vor allem durchdrungen von religiösen Traditionen. Zwischen Religion und Kultur bestand kein wirklicher Gegensatz, weil die Synagoge das Zentrum der jüdischen Kultur war. Jeder Gottesdienst ist auch ein theatrales Fest, ist Ritual, Aufführung, so wie das Seder-Mahl am Pessach-Abend, auch dann, wenn nur die Familie daran beteiligt ist. In den Pessach-Haggadot gab und gibt es die schönsten Bibelillustrationen zum Auszug aus Ägypten.

Was das Schauspiel, also das Theater, betrifft, so erlebte es wie die weltliche jiddische Literatur im 19. Jahrhundert einen bemerkenswerten Aufstieg, der erst im 20. Jahrhundert gestoppt wurde. Jüdische Autoren haben einerseits eine unverwechselbare jüdische Literatur geschaffen und andererseits zu den nationalen Literaturen vieler Länder beigetragen, in denen sie lebten, vor allem eben in den USA. Autoren, die in jiddischer Sprache schrieben, waren Scholem Alejchem, der ein höchst umfangreiches Werk hinterlassen hat, und Isaac Bashevis Singer, der 1978 den Nobelpreis für Literatur erhielt. Andere jüdische Autoren in den USA thematisieren in ihren Werken jüdische Themen, zum Beispiel Philip Roth, Saul Bellow, Eli Wiesel. Auch die Werke von Isaak Babel, Franz Kafka, Lion Feuchtwanger und Heinrich Heine sind geprägt von jüdischen Erfahrungswelten.[2]

Im Film spielen und spielten jüdische Künstlerinnen und Künstler entscheidende Rollen. Zum Beispiel Sidney M. Goldin, 1878 in Odessa geboren und 1937 in New York City gestorben, ihn machten die Filme *Und führe uns nicht in Versuchung* (1922), *Dort in den Bergen* (1920) und *East Side Sadie* (1929) berühmt.

Manche Kritiker halten die Filme der Marx Brothers oder die Werke von Mel Brooks und Woody Allen für jüdisch, loben (oder kritisieren) ihren » jüdischen Humor « und ihre » jüdische Intellektualität «. Ich halte solche Zuschreibungen für fragwürdig, wenn nicht gar gefährlich, sie bedienen sich der Vorurteile der Nichtjuden, sind also Stereotype.

Unbestritten ist, dass jüdische Filmunternehmer, also Produzenten, in der englischsprachigen US-Filmindustrie eine große Rolle spielten und noch heute spielen. Aber nur wenige von ihnen widmeten sich jüdischen Themen. Ausnahme ist Steven Spielberg.

Nur der Vollständigkeit halber: Zwei jüdische Amerikaner, David Sarnoff und William S. Paley, gründeten und leiteten die zwei größten Medienunternehmen der USA und prägten dadurch auch den Hörfunk und das Fernsehen in Deutschland. Sarnoff, 1891 in der Nähe von Minsk geboren, emigrierte mit seinen Eltern 1900 in die USA und leitete bis zu seinem Ausscheiden aus der Firma die Radio Corporation of America (RCA), eines der bedeutendsten Elektronik- und Medienunternehmen, ein wahrer Mischkonzern. Und der 1901 als Sohn ukrainischer Immigranten in den USA geborene Paley machte die zunächst eher unbedeutende Radiostation Columbia Broadcasting Company (CBS) zu einer der größten amerikanischen Radio- und Fernsehan- stalten. Mit seinen Streamingdiensten und Filmproduktio- nen hat CBS längst Deutschland erreicht.

In den hiesigen Rundfunk- und Fernsehanstalten spielten Jüdinnen und Juden nach 1945 in den Leitungsfunktionen keine bedeutende Rolle. Sie waren aber gleich nach der Befreiung als Journalisten, Regisseure, Schauspieler und Entertainer präsent. Zwei der Ersten waren die Unterhal- tungskünstler Fritz Benscher und Hans Rosenthal, beide Holocaust-Überlebende.

Unter den Komponisten finden sich viele jüdische Künst- ler, die sich aber nicht vornehmlich an den überlieferten Volksmusiken der Juden in Osteuropa orientierten. Zu nen- nen sind vor allen Giacomo Meyerbeer, Jacques François Fromental, Élie Halévy, der sich seiner Wurzeln erinnerte und »La Juive« komponierte, Jacques Offenbach, Felix Mendelssohn-Bartholdy, Gustav Mahler, Samuel Barber, Leonard Bernstein, George Gershwin, Erich Wolfgang Korngold, Alfred Schnittke.

Gemessen an ihrer Zahl unter den Komponisten und Literaten sind Juden unter den bildenden Künstlern eher sel- ten. Nicht zuletzt, weil die maßgeblichen Rabbiner Kunst für Götzendienst hielten und unausgesprochen ein Bilder- verbot galt. Allerdings sind im Tanach Hinweise auf sakrale Kunst zu finden, ebenso wissen wir, dass man im jüdischen

Altertum und im Mittelalter künstlerische Darstellungen schuf – in den Tempeln und in Büchern, also Illustrationen.

Die jüdische weltliche darstellende Kunst entwickelte sich nicht gleichzeitig mit der Emanzipation der Juden, sondern erst am Ende des 19. und zu Beginn des 20. Jahrhunderts. Hier seien nur El Lissitzky, Ossip Zadkine, Chaim Soutine, Max Liebermann, Camille Pissarro, Roy Lichtenstein und Richard Serra genannt. Natürlich darf in dieser lückenhaften Aufzählung Marc Chagall nicht fehlen, der in seinem Werk das Judentum, jüdische Traditionen und Lebensweisen darstellte.

Deutsch-jüdisches Theater

Es gibt in der Bundesrepublik englisch-, französisch- und türkischsprachige Theater. Es existieren nicht viele Theater, die Aufführungen in Ivrit präsentieren. Das ist wenig verwunderlich. Aber warum existieren nur drei Theater, die explizit Texte jüdischer Autorinnen und Autoren spielen und sich um die Traditionen des jiddischen Theaters kümmern? Und warum tun sie dies weitgehend unbemerkt von deutschen Juden und deutschen Nichtjuden? Noch dazu nicht subventioniert? Warum erreichen die »Radikalen Jüdischen Kulturtage« des hochsubventionierten Berliner Gorki Theaters die Öffentlichkeit und die Feuilletons, während alle Bemühungen, Aufmerksamkeit für die jüdische Kultur in der Stadt zu gewinnen, dem deutsch-jüdischen Theater nicht fruchteten? Warum lädt die in München gegründete Gesellschaft zur Förderung jüdischer Kultur und Tradition e. V. nicht die deutschen jüdischen Theater für Gastspiele ein, sondern Theater aus Polen und Israel? Die Antwort: Die drei deutsch-jüdischen Theater im Land haben keine Lobby – nicht einmal in jüdischen Kreisen; und sie haben kein Geld!

Zudem, dieses Eingeständnis machen alle drei Verantwortlichen der Theater, erreichen sie nur ein sehr kleines Publikum von örtlichen Fans. Kurz, sie sind bedeutungslos: das Theater Michoels in Köln, das Theater Mechaje in Rostock und das Jüdische Theater Bimah in Berlin.

Das Theater in der Rheinmetropole, benannt nach seinem Gründer Solomon Michailowitsch Michoels, der bis zu seiner Ermordung durch Stalins Geheimpolizei im Jahre 1948 dem Staatlichen Jüdischen Theater in Moskau vorstand, wird seit Dezennien von Alex Schneider geleitet, der von sich selbst sagt, er sei »Musiker, Komponist, Schauspieler, Dramaturg, aber am liebsten bin ich Ehemann und Vater meiner vier Kinder«.[3]

Das Mechaje, 1997 gegründet und seitdem geleitet von dem Regisseur Michael Beitman-Korchagin, spielt vor allem in Rostock, wagt aber auch Gastauftritte in der näheren Umgebung. Allerdings wird es von den Medien eher vernachlässigt, und wenn die Hälfte der Plätze in einer Schulaula besetzt sind, gilt das den Theatermachern schon als ein Erfolg.

Das Jüdische Theater Berlin wurde 2001 von dem israelischen Regisseur und Schauspieler Dan Lahav gegründet, der 2016 starb. Seitdem ist Alexandra Julius Frölich die Intendantin des Hauses, das in Berlin-Wilmersdorf beheimatet ist.

Jüdische Orchester

Ausgerechnet im Jahr der »Machtergreifung« der Nationalsozialisten wurde in Berlin 1933 der erste Kulturbund deutscher Juden gegründet. Zwei Jahre später existierten trotz der zunehmenden Verfolgung bereits fast vierzig solcher Zusammenschlüsse mit insgesamt rund 70 000 Mitgliedern. Es wurden Konzerte, Lesungen und Theateraufführungen gegeben, bis diese kulturellen jüdischen Vereinigungen 1941 verboten wurden.

An ihre Vorläufer, die jüdischen Orchester in den Kulturbünden, knüpften nach Kriegsende mehrere jüdische Kammerorchester an. Zwar wurden sie nicht allein in Hamburg und München gegründet, doch nur in diesen beiden Städten trugen und tragen die jüdischen Orchester mit ihrer Präsenz dazu bei, das kulturelle Leben zu prägen.

Das Jewish Chamber Orchestra Munich

Das berühmteste deutsche jüdische Orchester ist das Jewish Chamber Orchestra Munich (JCOM). Bis zum Sommer 2018 trug es den Namen Orchester Jakobsplatz München – für Münchner war das eine Verheißung: jüdische Musik im Synagogen-Areal. Aber es stimmt: In Deutschland und schon gar im Ausland assoziierte niemand » jüdisch «. Deshalb die Umbenennung.

Das Orchester wurde 2005 vom Dirigenten Daniel Grossmann gegründet, der seitdem auch Künstlerischer Leiter ist, unterstützt von seiner Mutter Julia Grossmann, die mit einer ungeheuren Kraft seit nunmehr fast zwanzig Jahren ihrem Sohn zur Seite steht. Nein, sie steht ihm nicht zur Seite; sie stellt sich schützend vor ihn. Und sie hat in all den Jahren nichts unversucht gelassen, Politiker – in der Stadt und in Bayern – für die Arbeit des Orchesters zu gewinnen und Sponsoren zu finden.

Wer die Familie Grossmann bei Konzerten erlebt hat, weiß, dass Vater, Mutter und Schwester viele Aufgaben übernehmen – Programmhefte verkaufen, Karten aushändigen, Gäste begrüßen. Überspitzt formuliert: The Jewish Chamber Orchestra ist ein Familienunternehmen. Und es ist Julia Grossmann, die bei den Feiern nach den Konzerten spricht.

Während Daniel Grossmann für die Programme zuständig ist, liegen alle finanziellen Entscheidungen bei seiner Mutter.

Daniel Grossmann, ein sehr schlanker, großer Mann, wurde 1978 in München geboren und begann seine Dirigentenausbildung bei Hans-Rudolf Zöbeley, studierte an der Metropolitan Opera in New York bei Scott Bergeson sowie an der Franz-Liszt-Musikakademie in Budapest bei Ervin Lukács. Von 2000 bis 2006 war er ständiger Gastdirigent des Jüdischen Sommerfestivals in Budapest.[4]

Künstlerisch strebt Daniel Grossmann ein jüdisches Programm an, in dem Musik jüdischer Komponisten dominiert. Wobei ihm der Gegenwartsbezug besonders wichtig ist. Nicht nur der Blick zurück in die Zeit vor 1933. Das JCOM sei durchaus ein Teil der viel beschworenen Erinnerungskultur in diesem Land. »Aber grundsätzlich sehe ich das Orchester als eine jüdische Institution (in der natürlich nicht nur jüdische Musikerinnen und Musiker spielen), die jüdische Kultur und Religion in den öffentlichen Raum tragen möchte. Dabei geht es mir vorwiegend um den Bezug zur Gegenwart! Daneben habe ich aber Projekte entwickelt, die explizit in den Bereich der Erinnerungskultur fallen. Auch in diesen Projekten ist mir aber der Bezug zur Gegenwart besonders wichtig. Zum Beispiel der Film *Nacht und Nebel*, den wir als Stummfilm zeigen, das Orchester spielt die Musik von Hanns Eisler live. Davor führe ich ein Gespräch mit Eva Umlauf, und darin sprechen wir vorwiegend darüber, was der Holocaust heute in unserem Leben bedeutet und wie wir davon im Alltag geprägt sind. Ich möchte mit dem Blick zurück etwas über die Gegenwart und Zukunft erzählen. Natürlich spielen wir oft Musik, die vor vielen Jahrzehnten oder Jahrhunderten komponiert wurde, aber in einem bestimmten Kontext kann diese Musik sehr viel über die Gegenwart erzählen.«[5]

Diese Programmatik – immer den Bezug zur Gegenwart zu präsentieren – zeigt sich auch in den Kompositionsaufträgen, die das JCOM vergibt. Zum Beispiel an Richard Ruzicka, Moritz Gagern, Sarah Nemtsov, Nikolaus Brass, Gilead Mishory, Jan Duszynski. In der Saison 2019/20 begann die Zusammenarbeit mit der Hochschule für Musik und Theater, zwei junge Filmkomponisten, Dominic Giesriegl und Josef Piras, erhielten Aufträge.[6]

Immer wieder verblüfft Daniel Grossmann mit seinem Repertoire, das vom Barock bis in die Gegenwart reicht. Er entdeckte selten gespielte Werke vergessener jüdischer Komponistinnen und Komponisten. Er erklärt sie seinem Publikum in den Konzerten auf amüsante, charmante und niemals besserwisserische Weise. Und was die neuen Formate angeht: Julia und Daniel Grossmann kooperieren inzwischen mit dem NS-Dokumentationszentrum München, den Münchner Kammerspielen, der Bayerischen Staatsoper und dem Museum Villa Stuck. Das JCOM arbeitet zudem mit vielen international renommierten Sängerinnen und Sängern, Instrumentalsolistinnen und -solisten, Schauspielerinnen und Schauspielern zusammen: Benjamin Appl, Ludwig Mittelhammer, David Orlowsky, Ingeborg Danz, Anne-Sophie Mutter, David Frühwirt, Reto Bieri, Daniel Hope, Sergei Leiferkus, Christoph Prégardien, Wu Wei, Bibiana Beglau, Brigitte Hobmeier, Lambert Hamel, Götz Otto und Sibylle Canonica.[7]

Das alljährliche jüdische Neujahrskonzert im Münchner Prinzregententheater ist inzwischen legendär. Wobei eines besonders schön ist – dieses Theater war Adolf Hitlers Lieblingstheater; er selbst wohnte zuweilen keine hundert Meter entfernt am Prinzregentenplatz. Bei diesen Konzerten stehen keine Polizisten am Eingang, die Orchestermitglieder und das zum größten Teil jüdische Publikum beschützen. In der Pause gibt es Apfelschnitze mit Honig, nachdem Daniel

Grossmann allen Zuhörerinnen und Zuhörern ein süßes neues Jahr gewünscht hat.

Den Grossmanns ist es wichtig, auch die nächsten Generationen für (jüdische) Musik zu interessieren, deshalb bietet das Orchester regelmäßig Konzerte für Kinder an und initiierte eine Opernschule, die Teil der »Exzellenten Orchesterlandschaft Deutschland« ist. Zu diesen Initiativen zählte unter anderem die Neuinszenierung von Benjamin Brittens Kinderoper »Noahs Flut«, die im November 2019 Premiere feierte.

Obwohl er bewusst jüdische Kultur sicht- und hörbar machen will; obwohl er das Wirken jüdischer Künstler in den Vordergrund stellen möchte – das Leben vor ihrer Ermordung –, hält Daniel Grossmann nichts von einem schwermütigen Erinnerungskult, der viele Jahrzehnte das Gedenken geprägt hat. Obwohl seine Familie während der nationalsozialistischen Herrschaft durchaus gelitten hatte. Er möchte sich in der Arbeit mit dem Orchester mehr auf das aktive jüdische Leben konzentrieren – auf die Gegenwart und die Zukunft. In den Programmen des Jewish Chamber Orchestra Munich fehlt dennoch nicht die Auseinandersetzung mit Werken von durch Nationalsozialisten ermordeten Künstlerinnen und Künstlern. Aber Daniel Grossmann will das Wirken der Menschen in den Vordergrund stellen, und die Komponisten sind ihm nicht wichtig, weil sie von den Nationalsozialisten ermordet wurden. Er sei niemandem Rechenschaft schuldig für seine Programmatik. Diese Freiheit sei ihm wichtig, denn er stehe für ein jüdisches Leben auch außerhalb von organisierten Gemeinden. »Die jüdischen Menschen gibt es ja. Die haben eine Lebensrealität. Mir geht es viel zu wenig um das Bemühen, wieder eine sichtbare jüdische Kultur in Deutschland lebendig werden zu lassen.«[8] Dieses Defizit macht das Orchester sichtbar und will es zugleich vermindern. Und es gelingt. Bei den inzwischen schon traditionellen Neujahrskonzerten nach den hohen Feiertagen finden deutsche Juden und deutsche Nichtjuden zusammen, singen gemeinsam, feiern gemeinsam und freuen sich an den Kompositionen jüdischer Komponisten, die Deutschland verlassen mussten oder ermordet wurden.

Das Jewish Chamber Orchestra Hamburg

Im Jahr 2018 gründete der in St. Petersburg geborene Cellist Pjotr Meshvinski zusammen mit seinem Sohn Emanuel das Jewish Chamber Orchestra Hamburg. Wobei er es vorzog, von » wiederbelebt «, zu sprechen, denn er bezog sich auf das Jüdische Kammerorchester im Hamburg der Nazizeit, das Edvard Moritz – Geiger, Komponist und bereits Dirigent des Berliner Jüdischen Kammerorchesters – Ende 1934 angesichts der unter dem NS-Regime bestehenden Verhältnisse aus der Not heraus ins Leben gerufen hatte. Denn Auftrittsmöglichkeiten wurden jüdischen Musikerinnen und Musikern immer weiter unmöglich gemacht, und sie sahen sich gezwungen, ihre angestammten Ensembles zu verlassen. Doch die hoffnungsvolle Perspektive für Moritz hielt nur einige Monate, gerade mal vier Konzerte lang, an, denn bereits im Sommer 1935 wurde ein Berufsverbot verhängt, und Moritz sah sich zur Auflösung der Gruppe gezwungen.[9]

In seinen Programmen folgt das moderne Jewish Chamber Orchestra Hamburg dem Vorbild seines historischen Vorläufers aus den dunklen Zeiten der Hansestadt: Es werden sowohl Kompositionen von jüdischen wie auch nicht jüdischen Komponisten berücksichtigt. Eine klare Abgrenzung zur Vorgabe der Nazis, die verfügt hatten, dass jüdische Orchester auch nur noch die Werke jüdischer Komponisten zur Aufführung bringen durften. Letztere hatten ihrerseits auch gar keine andere Möglichkeit mehr, gespielt zu werden.

Die alten Programmhefte zeigen allerdings, dass sich Moritz und seine Hamburger Musikerkollegen nicht an diese Vorgabe hielten und auch die Musik nicht jüdischer Komponisten im Repertoire hatten.

Ein Porträt im *Tagesspiegel* gab im Sommer 2021, wenige Monate vor dem viel zu frühen Tod Pjotr Meshvinskis, Auskunft über die Intention des heutigen Jewish Chamber Orchestra Hamburg, das an » die verfemten Künstler […] erinnern « wolle. Meshvinski hob hervor, es sei » › seelisch sehr schwer, diese Musik zu spielen […] Das kann man nicht ruhig machen, auch nicht jeden Tag. Ich heule fast jedes Mal, wenn ich das spiele. Aber die Musik muss unbedingt erklingen. ‹ «.[10]

Im Gegensatz zu Daniel Grossmann und seinem Münchner Orchester haben sich die Hamburger explizit der Erinnerungskultur verschrieben. Deshalb bevorzugen sie Kompositionen jüdischer verfolgter und ermordeter Komponisten, und deshalb hießen einige ihrer Konzerte » Musikalische Stolpersteine «. Von Mai bis November 2023 boten sie fünf Programme an, zwei davon sind solche Stolperstein-Konzerte, eines davon findet als Erinnerungs- und Mahnkonzert am 9. November 2023 statt. Wie im Münchner Orchester musizieren auch in Hamburg unter der Leitung von Emanuel Meshvinski, dem Sohn des Gründers, Musiker aus verschiedenen Ländern und Nationen, und nicht alle sind Juden.

Die Neue Jüdische Kammerphilharmonie in Dresden

Wenngleich die Neue Jüdische Kammerphilharmonie in Dresden nicht annähernd so bekannt und erfolgreich ist wie die jüdischen Orchestervereinigungen in Hamburg und München: Es gibt sie. Am 1. November 2007 ins Leben gerufen, konnte mithilfe der Jüdischen Gemeinde Dresden ein

Klangkörper etabliert werden, in dem über zwanzig Musikerinnen und Musiker jüdischen wie nicht jüdischen Glaubens vor allem Musikstücke jüdischer Komponisten spielen, die in Dresden beziehungsweise Sachsen lernten und wirkten. Im kleinen, aber feinen Repertoire von etwa dreißig Werken (so der Stand von 2021) finden sich auch Ur- und Erstaufführungen.

Claus Dieter Heinze, der 2023 mit dem Verdienstorden der Bundesrepublik Deutschland ausgezeichnete Mitbegründer und langjährige Vorstand des Orchesters, verfolgte sein Ziel, »mit jüdischen und nicht jüdischen Musikern [...] den Gästen aus aller Welt die Werke verfemter Komponisten jüdischer Herkunft ans Herz [...] zu legen«,[11] trotz aller Widerstände und Schwierigkeiten mit viel Energie: »Mit Kraft und Geschick trug er so zum Erfolg des Projektes bei.«[12] Das Engagement des heute 89-Jährigen war kein leichtes Unterfangen in einer Stadt, in der eine renommierte Oper internationale Künstler und ein internationales Publikum anzieht und ein gefeiertes Orchester, die Dresdener Philharmonie, in seinen Konzerten jüdischen Komponisten ebenfalls Raum gibt.

Heinze weiß von vielen Problemen im Rahmen seines zwölfjährigen Engagements zu berichten; sie reichten von der Mühsal, Auftritte zu finanzieren und Noten zu organisieren, bis zu mehr oder weniger offenen Formen von Antisemitismus: »Die harmlose Version: ›Sie sind doch eigentlich Christ, warum machen Sie das für die Juden?‹ «[13] Trotz aller Differenzen und Diskussionen ließ er sich seine optimistische Haltung zu keiner Zeit nehmen: »Wir wollten einfach, dass es weitergeht!«[14] Denn Heinzes Motivation blieb ungebrochen: »Diese Musik, Schätze europäischer Musikkultur, wiederzuentdecken, zu bewahren und für die Menschen unvergesslich zu machen, ist meine Hoffnung.«[15]

Die Jüdische Galerie Berlin

Im Szeneviertel Prenzlauer Berg residiert seit mehr als zwei Jahrzehnten die Jüdische Galerie Berlin. Juden haben sie 1993 gegründet, unterstützt von der Zentralwohlfahrtsstelle der Juden. Wie bei der Gesellschaft zur Förderung jüdischer Kultur und Tradition e. V. in München ist es das Ziel, vor allem jüdischen Künstlern eine Plattform zu bieten. Die Zentralwohlfahrtsstelle betrachtet die Jüdische Galerie als eine Möglichkeit zur Kunstförderung, weil hier die Künstler, meist aus Osteuropa, ihr Schaffen einem internationalen Publikum präsentieren können. Die Besucher lernen neben zeitgenössischen jüdischen Künstlern auch einige Klassiker kennen, die von den Museen nie berücksichtigt worden sind.

Galerien in ganz Deutschland haben in ihren Angeboten viele Werke jüdischer Künstler, aber sie haben sich nicht auf diese Gruppe spezialisiert. Warum auch?

Freie Berufe

Warum findet man unter Juden so viele Ärzte, Juristen, Händler, Journalisten und Verleger? Weil ihnen sehr früh schon der Zugang zu anderen Berufen verwehrt wurde. Spätestens im 9. Jahrhundert wurden sie in Europa in eine Außenseiterrolle gedrängt, die ihre soziale Integration verhinderte. Sie durften nicht Teil der Ständegesellschaft sein, sie durften kein Land erwerben, mussten also in den Städten wohnen. Da sie nicht Mitglieder von Zünften werden durften, konnten sie auch kein Handwerk ausüben. Ihre Berufswahl war im Mittelalter extrem eingeschränkt. Sie arbeiteten in von Christen geächteten Berufen, wurden Händler und Pfandleiher und waren in beiden Berufen extrem erfolgreich, vor allem als Bankiers.

Die Reformation veränderten die Lage der Juden, zumindest in einigen Regionen Europas. Nichtjuden bekannten Interesse an hebräischer Literatur, schon in der Renaissance wurden einige Bibelhandschriften wiederentdeckt und studiert. Auch der Tanach und der Talmud interessierten nicht jüdische Theologen und Philosophen, was dem Judentum, zumindest in intellektuellen Kreisen, zu einigem Ansehen verhalf.

Im 18. Jahrhundert entwickelte sich die Idee der Menschenrechte. Die Emanzipation der Juden nahm ihren Anfang. Die Aufklärer bewirkten entscheidende Veränderungen im Verhältnis von Juden und Nichtjuden in Deutschland. Einerseits wurde das Individuum unabhängig von seiner

Religion und Abstammung respektiert, andererseits forderte man die Juden auf, ihre Identität aufzugeben. Es war ein seltsamer Tauschhandel. Wer als Jude zu der Gesellschaft gehören und zugleich sein Judentum nicht verleugnen wollte, galt als Heuchler. Lessing respektierte die Identität des Menschen, sein Toleranzbegriff war kein exkludierender; Herder respektierte sie nicht: Er forderte die Juden auf, sich anzupassen.

Dessen ungeachtet erhielten die Juden nach der Französischen Revolution, also nach 1789, in ganz Europa Schritt für Schritt die Bürgerrechte und wurden zunehmend rechtlich gleichgestellt. Juden konnten im 19. Jahrhundert Universitäten besuchen, sie genossen also Bildung wie ihre nicht jüdischen Mitbürger. Zwar stellten sie weniger als zwei Prozent der deutschen Gesamtbevölkerung, aber – und auch dies führte zu antisemitischen Reaktionen – die Zahl der Ärzte, Rechtsgelehrten, Dichter, Musiker, Regisseure, Journalisten und Verleger war überproportional hoch. Juden suchten Berufe in den Städten und nicht auf dem Land. Das bedeutete, dass es zwar jüdische Viehhändler gab, aber nur wenige jüdische Bauern. Die wenigen, die es gab, waren eine Minderheit in der Minderheit.

Juden profilierten sich vor allem als Wissenschaftler, Mediziner, Juristen und Publizisten, also in den sogenannten freien Berufen. Sie blieben dennoch Außenseiter, was nicht wenige bewog zu konvertieren. Warum bevorzugten sie die freien Berufe? Weil sie diese überall ausüben konnten, sofern sie zumindest zweisprachig waren. Sie konnten mit ihren Fähigkeiten fliehen. Sie hatten ihr Hab und Gut in den Koffern, wenn sie Glück hatten, und die Aussichten, andernorts mit ihren intellektuellen, wissenschaftlichen, medizinischen oder künstlerischen Qualitäten ein neues Leben zu beginnen. Für die Literaten war es am schwierigsten.

Die wichtigsten deutschsprachigen Kritiker vor der Shoah

waren Juden – der berühmteste war Alfred Kerr. Und wer im *Philo-Lexikon. Handbuch des jüdischen Wissens,* die Artikel »Journalismus« oder »Buchhandel« liest, wird erstaunt sein über die vielen Journalisten und Verleger, zu denen neben etlichen anderen Bruno und Paul Cassirer, S. Fischer, Paul Zsolnay und die Gebrüder Ullstein zählen.[1]

Jüdische Allgemeine

Ja, die Juden in Deutschland haben – neben diversen Gemeindeblättern – eine eigene überregionale Zeitung. Sie berichtet nicht nur seriös über jüdisches Leben in Deutschland und der Welt, die Redaktion mischt sich auch ein in politische und gesellschaftliche Debatten: Die *Jüdische Allgemeine* ist nach eigenem Selbstverständnis laut Untertitel eine »Wochenzeitung für Politik, Kultur, Religion und jüdisches Leben«. Mit einer Auflage von knapp 7000 Exemplaren ist sie das auflagenstärkste Periodikum des deutschen Judentums. Man kann sie abonnieren oder direkt kaufen, allerdings haben die meisten Zeitungskioske sie nicht im Angebot. Sicher bekommt man sie nur in den Buchhandlungen der Großstadtbahnhöfe.

1946 gegründet, erhielt sie ihren heutigen Namen 2002. Zuvor hieß sie *Jüdisches Gemeindeblatt für die britische Zone,* danach *Allgemeine Jüdische Wochenzeitung.* Sitz der Redaktion war anfangs Düsseldorf, von Mitte der 1980er-Jahre an dann Bonn, 1999 zog man schließlich nach Berlin, also von der provisorischen Hauptstadt in die neue alte, und zwar in direkte Nähe des Leo-Baeck-Hauses, in dem im selben Jahr der Zentralrat der Juden seine Arbeit aufnahm. Er ist der Herausgeber und finanziert das Blatt zu einem Drittel.

Dessen erster Chefredakteur war der 1897 in Saarlouis geborene Karl Marx gewesen, der über viele europäische

Zwischenstationen in die USA emigrierte. Nach seiner Rückkehr war er es, der sich maßgeblich um den Wiederaufbau einer jüdischen Presselandschaft bemühte. Einer seiner Nachfolger bei der *Jüdischen Allgemeinen* war von 2000 bis 2003 Michel Friedman, und seit 2011 ist Detlef David Kauschke im Anschluss an Christian Böhme Chefredakteur der Zeitung. In der inhaltlichen Ausrichtung, dem intellektuellen Anspruch hat sich seit ihrer Gründung nichts geändert. Die Redaktion sah und sieht sich in der Tradition der liberalen Blätter des 19. und 20. Jahrhunderts. Das bedeutet auch, dass der kulturellen Berichterstattung eine besondere Wichtigkeit zukommt.

Bedeutende Mitarbeiterinnen und Mitarbeiter der Publikation waren Ralph Giordano, der Zentralratsvorsitzende Paul Spiegel und die Schriftstellerin Gila Lustiger. Sie betonte, dass in dieser jüdischen Zeitung auch nicht jüdische Autorinnen und Autoren zu Wort kommen (müssen). Man wolle den Juden mit und in dieser Zeitung ein Forum schaffen. Und das bedeute, »im Schatten der Shoah das Wagnis eingehen, Realität in Deutschland mitzugestalten«.[2]

Literaturhandlung

Eine Buchhandlung, die für das intellektuelle jüdische Leben in Deutschland steht; eine Münchner Buchhandlung mit einer großen Filiale in Berlin und sechs kleineren Außenposten, Dependancen genannt, in Jüdischen Museen; eine Buchhandlung mit einem Ruf, wie ihn vielleicht nur noch die Hamburger Buchhandlung Felix Jud genießt.

Wer »Literaturhandlung« sagt, meint Rachel Salamander. Es ist nicht die einzige Buchhandlung, die sich auf jüdische Literatur spezialisiert hat – in Hamburg gibt es zum Beispiel seit 2008 Samtleben & Guggenheim im *Café Leo-*

nar. Aber die Literaturhandlung ist ein Ausnahmeort – hier werden nicht nur Bücher verkauft; hier werden Lesungen veranstaltet und Diskussionen geführt. Deutsche (und ausländische) Juden treffen auf Nichtjuden.

Rachel Salamander ist nämlich viel mehr als Buchhändlerin: Literaturwissenschaftlerin, Autorin, Journalistin. Sie ist die jüdische deutsche Intellektuelle. Sie schafft Kommunikations- und Diskussionsräume. Sie war 33 Jahre alt, als sie in München ein Buchgeschäft eröffnete und es »Literaturhandlung« nannte.

Rachel Salamander ist das zweite Kind von Samuel und Riva Salamander, geboren am 30. Januar 1949 im Displaced-Persons-Lager in Deggendorf. Nach dem Abitur studierte sie an der Münchner Ludwig-Maximilians-Universität zunächst Medizin, brach das Studium ab und begann ein neues: Philosophie, Germanistik und Romanistik. Nach ihrer Promotion gründete sie im Alter von 33 Jahren die Literaturhandlung, die inzwischen in mehreren Museen vertreten ist und in Berlin in der Joachimsthaler Straße.

Rachel Salamander ist eine begnadete Menschensammlerin. Eine der wenigen deutschen jüdischen weiblichen Intellektuellen. Nie zufrieden mit den einmal erreichten Erfolgen, suchte sie immer wieder nach neuen Herausforderungen. Von 2001 bis 2013 war sie Herausgeberin der »Literarischen Welt«, der Literaturbeilage der *Welt*; 2013/14 leitete sie das *FAZ*-Literaturforum. 2013 war sie Mitbegründerin des Vereins »Synagoge Reichenbachstraße e. V.«, der sich zum Ziel setzte, die in Vergessenheit geratene alte Münchner Synagoge wieder in den Zustand von 1931 zu versetzen, sie also nicht bloß zu restaurieren – und danach auch wieder zu nutzen.

Zu den vielen Auszeichnungen, die Rachel Salamander erhielt, zählt auch der renommierte Heinrich-Heine-Preis der Stadt Düsseldorf. In seiner Laudatio sagte Bundespräsident Frank-Walter Steinmeier: »Liebe Rachel Salamander, Sie haben uns alle, die wir am kulturellen und am geistigen Leben interessiert sind, auf eine Weise beschenkt, wie wohl nur Sie es vermochten. Ihre Leidenschaft, Ihr Charme, Ihre Energie genauso wie Ihre Begabung zur Freundschaft, Ihre intellektuelle Neugier und Ihr Organisationstalent haben uns Zugänge zur literarischen Welt, Zugänge zu Autoren und Büchern, Zugänge zu Denk- und Empfindungswelten geschenkt, Zugänge, die wir ohne Sie nicht gefunden hätten. Die literarische Welt ist Ihre Welt. Und dass auch für möglichst viele andere diese ›literarische Welt‹ begehbar und bewohnbar wird, dafür haben Sie sich nicht nur als langjährige Redakteurin der gleichnamigen Literaturbeilage eingesetzt. [...]

Unermüdlich, unbeirrbar, aber vor allem auch unvergleichlich hält sie so ein ganz besonderes Erbe jüdischer Kultur lebendig. [...]

Ausgerechnet sie also, Rachel Salamander, heimatlose Ausländerin, die nur Jiddisch und kein Wort Deutsch sprach, als sie in die Volksschule kam, ausgerechnet sie hat uns in Deutschland Türen geöffnet in die Welt der deutschen jüdischen Kultur – die wir als einen Teil unserer verlorenen Heimat, unserer gemeinsamen geistigen und kulturellen Herkunft erkennen und wiederentdecken konnten. [...]

Liebe Rachel Salamander, wir ehren Sie heute mit dem Heine-Preis. Wir wissen aber auch: Wir ehren Sie noch viel mehr, wenn wir die deutsch-jüdische Kultur nicht nur als Teil unserer Vergangenheit, sondern als Teil unserer Gegenwart und unserer Zukunft begreifen – so wie Sie es uns vorleben.«[3]

Daseinsfürsorge

Das Gebot der Nächstenliebe gilt im Judentum als das Wort Gottes und geht zurück auf das Gebot der Thora: »Du sollst den Nächsten lieben wie dich selbst.« Die Nächstenliebe ist Grundsatz und Leitforderung für das ganze Leben von Jüdinnen und Juden, vollkommen unabhängig, welche Form des Judentums sie gewählt haben. Sie ist so wichtig wie Gottesliebe. Es verwundert deshalb wenig, dass jüdische Gemeinden schon sehr früh über Kranken- und Altenpflege nachdachten und Institutionen schufen, um sich jener Menschen anzunehmen, die auf die Hilfe anderer angewiesen sind.

Zunächst waren es fromme Bruderschaften, die sich um die Pflege von Alten und Kranken kümmerten, bevor aus dieser Verpflichtung Berufe wurden. Das erste nachweisbare jüdische Spital in Deutschland wurde 1462 in Frankfurt am Main eingerichtet, als Folge der Ghettoisierung der dortigen Juden. Die ersten jüdischen Altersheime auf deutschem Boden nahmen ihre Arbeit dann in der zweiten Hälfte des 19. Jahrhunderts auf.

Wie wichtig Juden die Verpflichtung für Kranken- und Altenpflege ist, zeigte sich in Deutschland gleich nach dem Krieg. Schon 1946 wurden in jüdischen Alters- und Siechenheimen die ersten Frauen und Männer versorgt. Heute werden bei Neubauten – wie zum Beispiel in München – neben jüdischen Kindergärten und Schulen selbstverständlich auch Altersheime eingerichtet, die nicht jüdischen Bewohnern ebenfalls offen stehen. Die Besonderheit von jüdischen Seniorenheimen und Krankenhäusern: Jede dieser Einrichtungen verfügt über eine eigene Haussynagoge.

Jüdische Krankenhäuser

Das Israelitische Krankenhaus in Hamburg

Das Israelitische Krankenhaus in Hamburg ist eine Institution seit dem 19. Jahrhundert. Die Juden der Stadt wünschten sich sehr früh ein eigenes modernes Krankenhaus – die Gemeinde besaß zuvor schon eines in St. Pauli, das damals noch nicht zu Hamburg gehörte. Auf der Gründungsversammlung für den Neubau, die am 10. November 1839 stattfand, stiftete Salomon Heine, der auch seinen Neffen Heinrich großzügig förderte und in der Hansestadt als der »Rothschild von Hamburg« bekannt war, die für die Finanzierung des Baus notwendige Summe von 80 000 Mark. Er knüpfte an das Geschenk keine Bedingungen, erbat sich aber, dass eine Inschrift an dem Spital an ihn und seine Frau Betty Heine, geborene Goldschmidt, die 1837 gestorben war, erinnern möge. Der Grundstein wurde am 16. Juni 1841 gelegt. Den Grund – es war der 1606 angelegte ehemalige Pesthof der Stadt – hatte die Stadt der jüdischen Gemeinde zur Verfügung gestellt. Schon am 7. September 1843 nahm das Krankenhaus seinen Betrieb auf.[1] Heinrich Heine, der Hamburg nicht sonderlich schätzte, die Stadt des Nachts als ein großes Bordell beschrieben hatte, setzte dem Stifter im selben Jahr ein literarisches Denkmal. Das Gedicht »Das neue Israelitische Hospital zu Hamburg« kennen nicht einmal Hamburger Juden.

Ein Hospital für arme, kranke Juden,
Für Menschenkinder, welche dreyfach elend,
Behaftet mit den bösen drey Gebresten,
Mit Armuth, Körperschmerz und Judenthume!

Das schlimmste von den dreyen ist das letzte,
Das tausendjährige Familienübel,
Die aus dem Nil-Thal mitgeschleppte Plage,
Der altegyptisch ungesunde Glauben.

Unheilbar tiefes Leid! Dagegen helfen
Nicht Dampfbad, Dusche, nicht die Aparate
Der Chirurgie, noch all' die Arzenyen,
Die dieses Haus den siechen Gästen bietet.

Wird einst die Zeit, die ew'ge Göttin, tilgen
Das dunkle Weh, das sich vererbt vom Vater
Herunter auf den Sohn, – wird einst der Enkel
Genesen und vernünftig seyn und glücklich?
Ich weiß es nicht! Doch mittlerweile wollen
Wir preisen jenes Herz, das klug und liebreich
Zu lindern suchte, was der Lindrung fähig,
Zeitlichen Balsam träufelnd in die Wunden.
Der theure Mann! Er baute hier ein Obdach
Für Leiden, welche heilbar durch die Künste
Des Arztes, (oder auch des Todes!) sorgte
Für Polster, Labetrank, Wartung und Pflege –

Ein Mann der That, that er was eben thunlich;
Für gute Werke gab er hin den Taglohn
Am Abend seines Lebens, menschenfreundlich,
Durch Wohlthun sich erholend von der Arbeit.

Er gab mit reicher Hand – doch reich're Spende
Entrollte manchmal seinem Aug', die Thräne,
Die kostbar schöne Thräne, die er weinte
Ob der unheilbar großen Brüderkrankheit.[2]

Schon dieses Krankenhaus sah es wie das heutige als seine
Aufgabe an, sich auch um Kranke anderer Konfessionen
oder konfessionslose Patienten zu kümmern. Zwar wurden
vor allem kranke Jüdinnen und Juden aufgenommen, behandelt und, wenn möglich, geheilt, aber nie ging es darum,
Hilfe zu verweigern.

Finanziert wurde das Krankenhaus zunächst aus den Mitteln der Hamburger jüdischen Gemeinde und durch Spen-
den der wohlhabenderen jüdischen Bewohner Hamburgs,
zu denen nicht allein die Familie Heine zählte. Diese sichere
Situation endete 1864 – Juden mussten, nach der Emanzipation, nicht mehr Zwangsmitglieder der Gemeinde sein, sondern entschieden, wie viel ihnen die Mitgliedschaft wert war.
Sie bestimmten also den Beitrag ihrer Zugehörigkeit selbst –
und die meisten waren nicht so freigiebig, wie erwartet worden war. Außerdem nahm jedes andere städtische Krankenhaus Juden auf. Das verschlechterte nicht allein die finanzielle Lage des israelitischen Krankenhauses, sondern auch die
der kulturellen jüdischen Einrichtungen.

In der Not sprang wieder ein Heine ein. Nämlich Carl
Heine, der Sohn von Salomon Heine. Er bot der jüdischen
Gemeinde 341200 Mark Banco in »guten Staatsanleihen«
an. Die Zinsen deckten die laufenden Kosten des Kranken-
haues. Dieser Carl Heine unterstützte nicht allein jüdische
Einrichtungen, sondern war auch ein Mäzen der Hamburger
Kunsthalle. Für seinen Vetter Heinrich sorgte er weit weniger großzügig, eigentlich gar nicht, aber immerhin söhnten
die beiden sich aus, als Heinrich schwerkrank in seiner sogenannten Matratzengruft in Paris im Sterben lag.[3]

Am 22. November 1865 – nach Carl Heines Tod – wurden die Statuten des Krankenhauses neu gefasst. Das Krankenhaus wurde in eine Stiftung überführt, verwaltet und geleitet von einem Collegium, das später den Namen Kuratorium erhielt. Mitte des 19. Jahrhunderts konnten in dem Institut etwas mehr als hundert Patienten und Patientinnen betreut werden. Zu Beginn des 20. Jahrhunderts – und bis ins Jahr 1933 – waren sechzig Prozent der Patienten und Patientinnen nichtjüdische Kinder, Frauen und Männer. 1937 lag ihr Anteil bei nur noch etwas mehr als zwanzig Prozent. 1939 gingen Vermögen, Gebäude und Liegenschaften an den NS-Staat über.

Erst am 27. Mai 1959 – 14 Jahre nach der Befreiung – wurde der Grundstein für einen Neubau des Hamburger Israelitischen Krankenhauses gelegt. Am 15. Dezember 1960 sagte der damalige Erste Bürgermeister Max Brauer in seiner Rede zur Eröffnung: »In meiner Jugendzeit war ein geflügeltes Wort in meinem evangelischen Elternhaus: Wenn's ganz schlimm ist, dann geh ins Jüdische Krankenhaus!«[4]

Das Jüdische Krankenhaus Berlin

Das Hamburger Jüdische Krankenhaus dürfte das einzige Hospital sein, dem sich ein Dichter annahm und ihm Verse widmete. Diese Ehre wurde keinem anderen zuteil, nicht einmal dem Jüdischen Krankenhaus in Berlin, obwohl es fast einhundert Jahre vor der Hamburger Institution gegründet wurde, 1756. Damit ist es das zweitälteste Krankenhaus der Stadt überhaupt, was sehr viel über das Selbstbewusstsein der Berliner Juden und die Akzeptanz der jüdischen Bevölkerung durch die nicht jüdische erzählt.

Mehrfach wurde umgezogen: Das erste Haus stand in der Oranienburgerstraße, das zweite in der Auguststraße, und schließlich wurden die Kranken in einem Haus im Bezirk

Wedding gepflegt, wo vom Ausbruch des Ersten Weltkriegs bis heute Jüdinnen und Juden, aber auch Nichtjuden behandelt werden. Die Nationalsozialisten beendeten die erfolgreiche Arbeit dieser Einrichtung, nicht abrupt, sondern mit kleinen aufeinanderfolgenden Maßnahmen. Erst einmal wurde angeordnet, dass nur noch jüdische Ärzte, die ihre Approbation verloren hatten, hier arbeiten durften; später wurde ihnen allein die Behandlung kranker Juden gestattet; schließlich wurde das Krankenhaus eine Sammelstelle für jene Juden, die in die Konzentrationslager weitertransportiert werden sollten. Es wurde aber nie geschlossen. Das war ein Glück für alle, die versuchten unterzutauchen. Das Krankenhaus wurde ein Ghetto, in dem sich Juden versteckten – und zwar bis zur Befreiung im Mai 1945.

Heute ist die Stiftung Jüdisches Krankenhaus Berlin Trägerin eines modernen, zukunftsorientierten Notfallkrankenhauses. Leitgedanke aller Mediziner und des Pflegepersonals sei, so steht es auf dessen Website, ein Satz des Arztes und Philosophen Moses Maimonides: »Alles, was ihr tut, sollt ihr nur aus Liebe tun.« Auf seiner Website verspricht »Ihr Krankenhaus mit Herz«: »Unsere ärztlichen, krankenpflegerischen und sozialen Leistungen bieten wir allen Menschen an, die unsere Hilfe benötigen. Unabhängig von Hautfarbe, Geschlecht, Sprache, Religion, nationaler oder sozialer Herkunft, politischer oder sonstiger Anschauungen, sexueller Orientierung oder Identität.«[5] Das Krankenhaus hat Betten für 384 Patientinnen und Patienten.

Jüdische Altersheime

Im jüdischen Recht wird der Begriff »Alter« mal auf das biologische Alter bezogen – in den Sprüchen der Väter heißt es, ein Sechzigjähriger sei reif an Jahren, ein Siebzigjähriger befinde sich schon im Greisenalter. Mal bezieht »Alter« sich auf den körperlichen Zustand eines Menschen, also letztlich auf den Verfall.

Auffallend und uns Heutige irritierend ist, dass im Unterschied zu Armen, Waisen oder Witwen alte Menschen nicht als schwächere Mitglieder der Gesellschaft eingestuft werden. Neben zahlreichen wohltätigen Stiftungen und Organisationen zur Armenhilfe, Krankenpflege oder Bestattung der Toten gab es lange keine der Altenpflege. Die ersten jüdischen Altenheime wurden Mitte des 18. Jahrhunderts in Krakau und Amsterdam gegründet.[6]

In Deutschland haben alle größeren jüdischen Gemeinden Alters- oder Pflegeheime: München, Berlin, Hannover, Düsseldorf, Köln, Nürnberg. Wobei einige davon – zum Beispiel in München – in denselben Gebäuden untergebracht sind wie die Kindergärten und die Schulen. Das bedeutet für die Senioren, dass sie Kontakt finden können zu jungen Menschen – und nicht isoliert sind. Die Heime stehen allen älteren Menschen zur Verfügung, unabhängig von ihrer Religion oder ihrer nationalen Herkunft. Diese Offenheit, die manche Mitglieder der jüdischen Gemeinden irritieren mag, hat ihren Grund in der Finanzierung, die von den Kommunen gewährleistet wird; das gilt für die jüdischen Kindergärten, Grundschulen und Gymnasien.

Dass es jüdische Altersheime gibt, wussten bis zum Februar 1970 eigentlich nur Juden. Die nicht jüdische Öffentlichkeit erfuhr davon erst durch ein Massaker während der Schabbat-Feiern im Gemeindezentrum der Israelitischen

Kultusgemeinde in München, die damals noch im Vorderhaus der Synagoge in der Reichenbachstraße untergebracht war. Der an diesem Tag gerade 13-jährige Richard C. Schneider, der zusammen mit seiner Familie seine Bar-Mizwa im Restaurant des Zentrums feiern wollte, erinnert sich, dass wegen des Brandes das Fest abgebrochen wurde und alle flohen.

Bei dem Brandanschlag wurden Menschen getötet, die die Shoah überlebt hatten, fünf Männer, zwei Frauen. Sechs fielen dem Feuer zum Opfer, indem sie erstickten oder in den Flammen umkamen, einer der Männer sprang aus dem Fenster. Dieser Tag veränderte das Leben zumindest der Münchner Juden. Ernsthaft wurde infrage gestellt, ob Deutschland wirklich je ein sicheres Terrain für Juden werden könne oder es nicht vielmehr ratsam wäre, dieses Land der Täter, in dem junge Täter weiter töteten, zu verlassen. Da war es wieder: das Bild vom jüdischen Leben auf Koffern.

Seit damals, also schon seit dem Frühling 1970 und bis heute – 53 Jahre lang, und ein Ende ist nicht wahrscheinlich – müssen jüdische und israelische Einrichtungen in Deutschland (und in anderen europäischen Staaten) von der Polizei geschützt werden. Die Juden werden bewacht, das zum einen; aber sie werden dadurch auch isoliert, das zum anderen: gefährdete Heimat.

Am 6. Februar 2020 berichtete die *Jüdische Allgemeine* von der geplanten Gedenkfeier – der Anschlag jährte sich zum 50. Mal – und zitierte aus einem Gespräch mit Charlotte Knobloch. » Schutz und Sicherheit « habe den Opfern » das demokratische Nachkriegsdeutschland versprochen. [...] In der Reichenbachstraße wurde dieses Versprechen gebrochen. «[7] Mehrere Juden, so wusste die Präsidentin der Israelitischen Kultusgemeinde, hätten nach diesem Attentat Deutschland aus Angst verlassen. Sie sieht den Polizeischutz, der danach angeordnet wurde, zwar als notwendig an, und dennoch bedauert sie, dass er notwendig wurde: » Gerade dagegen hatten wir uns gewehrt. Wir wollten in Deutschland ein ganz normales Leben führen. Nicht mehr, nicht weniger. «[8]

Judentum bedeutet lernen

Ja, jüdische Kinder lernen wie alle anderen nicht jüdischen Mädchen und Jungen in der Schule, später in den Hochschulen und Universitäten oder erlernen einen Beruf. Sie qualifizieren sich wie alle anderen für das Leben in der Gesellschaft, in der sie Verantwortung tragen sollen und wollen. Es geht darum, mit der Bildung, die man sich angeeignet hat, ein Leben zu gestalten.

Für Juden, so erklären Rabbinerinnen und Rabbiner seit Anbeginn, geht es jedoch nicht allein (und auch nicht primär) darum, sich mit dem Erlernten in der Gesellschaft zurechtzufinden und seinen Platz zu bekommen: Im Judentum geht es um das lebenslange Lernen. Das Lernen hat sein Ziel also nicht in einem wie auch immer gearteten Außen – ich muss etwas wissen, um Karriere zu machen –, sondern man lernt für sich! Man lernt nicht aus. Und man lernt mit und aus der Thora. Der Jude und die Jüdin sind angehalten, Erfahrungen zu machen, offen für Neues zu sein, das Neue zu bedenken, sich darauf einzulassen und das Dazugelernte in ihrem Denken und Handeln zu berücksichtigen – immer im Hinblick auf die Lehren der Thora.

Das Judentum kennt drei zentrale Gebote – neben den vielen anderen, die Details des Lebens regeln: das Lernen und Deuten der Thora, den Glauben und das Handeln. Die Thora gilt Juden als eine Art Gebrauchsanweisung, wie ein gottgefälliges Leben zu erreichen sein könnte. Sie gibt Ratschläge, sie stellt Forderungen auf, und sie ermöglicht zugleich und gleichermaßen Freiheit im Denken und Handeln.

Da das Wissen einen so hohen Wert darstellt, wird weisen Männern vertraut und gefolgt. Sie werden verehrt und als einzigartig dargestellt. Sie sind Persönlichkeiten, die das Leben aller Jüdinnen und Juden prägen (können). Sie sind unersetzbar. Aber niemand kann sich zur Persönlichkeit machen, selbst wenn ein Mensch von sich behaupten sollte, dank seines vielen Lernens eine zu sein. Schalom Ben Chorin folgert daraus: »Wenn ein Mensch sich vornimmt, Persönlichkeit zu werden, kann er alles Mögliche werden – nur keine Persönlichkeit. Indem er sich aber einem Ziel, einer Aufgabe, einer Pflicht, einem Dienst verschreibt, wird er von selbst Persönlichkeit.«[1]

Lernen – Limmud – ist im Judentum Aufgabe, Pflicht und Ziel. Folgt man diesem Gedanken, dann bedeutet Lernen nicht das abstrakte Aneignen von Wissensstoff. Wenngleich auch dies wichtig ist, weshalb Juden schon vor 2000 Jahren verboten wurde, in Städten ohne Schule zu leben, wobei Thoraunterricht für die Kinder armer Familien kostenlos war. Ziel war und ist, dass Kinder schon im Alter von fünf Jahren die Thora zu lesen beginnen. Im Alter von zehn sollten sie die Mischna, die Sammlung religionsgeschichtlicher Texte, mit 15 Jahren den Talmud lesen können. Das heißt, alle in jüdischen Traditionen erzogenen Kinder beherrschen zwei Sprachen!

Jüdische Schulen und Gymnasien sind nicht nur Orte der Wissensvermittlung, sondern der Erziehung zum Menschen.

Jüdische Schulen

In sieben deutschen Städten existieren heute neun jüdische Grundschulen und sieben weiterführende jüdische Schulen. Sie haben den Status von Privatschulen, sind also staatlich anerkannte Ersatzschulen mit jüdischem Profil. Das bedeutet, dass hier die Geschichte des Judentums ebenso Bestandteil des Unterrichts ist wie die hebräische Sprache – es sind Pflichtfächer. Jüdische Feste werden berücksichtigt – und gefeiert auch für und von nicht jüdischen Schülerinnen und Schülern. Es verwundert angesichts der wenigen jüdischen Deutschen nicht, dass es jüdische Schulen nur in den Großstädten gibt. In Berlin werden in fünf Schulen immerhin knapp 1000 Schülerinnen und Schüler unterrichtet. In Düsseldorf gibt es zwei Schulen mit knapp 300 Schülerinnen und Schülern; in Frankfurt sind an der einzigen Schule 450 Jugendliche angemeldet; in Hamburg knapp 150, in Köln keine 90, in Stuttgart keine 50. In München im Gemeindezentrum am St.-Jakobs-Platz: die Ganztagsgrundschule Sinai mit 180 Jugendlichen und das Gymnasium mit nur 10. Eine Umfrage der Deutschen Presseagentur 2019 ergab, dass zu diesem Zeitpunkt etwa 2350 Mädchen und Jungen die dreizehn dem Zentralrat bekannten jüdischen Schulen in Deutschland besuchten. Acht der Lehranstalten wurden nach 2000 gegründet.

Im Verhältnis gab es vor 90 Jahren, Anfang der 1930er-Jahre, zum Beispiel in Bayern ebenfalls nur wenige jüdische Schulen: 26 Volksschulen – öffentliche und private – sowie eine Realschule. Liberale Juden bevorzugten für ihre Kinder öffentliche Schulen. Jüdische Schulen galten ihnen als rückständig; und nur orthodoxe ostjüdische Einwanderer schickten ihre Kinder dorthin. Da aber der Religionsunterricht Teil der Schulpflicht war, waren auch die staatlichen und städtischen Schulen verpflichtet, an gemischt-konventionellen Schulen israelitischen Religionsunterricht sicherzustellen. Die Israelitischen Kultusgemeinden beteiligten sich an den Kosten für die staatlich angestellten Religionslehrer. 1933 arbeiteten in Deutschland zwischen 1200 und 1500 jüdische Lehrerinnen und Lehrer.[2]

Nach der Befreiung dauerte es lang, bis wieder eine jüdische Schule gegründet werden konnte. Es fehlte an Geld, an Gebäuden, an intakten Gemeinden, an Lehrern und, viel wichtiger, an Schülern. Zwar dachte die jüdische Gemeinde in Düsseldorf bereits – erst? – 1989 dran, eine eigene jüdische Volksschule einzurichten, aber es fehlten noch immer Schülerinnen und Schüler. Erst die Einwanderungswelle aus der ehemaligen Sowjetunion, die allen jüdischen Gemeinden in der Bundesrepublik einen großen Mitgliederzuwachs bescherte, ermöglichte endlich eine Schulgründung in der damals viertgrößten jüdischen Gemeinde der Bundesrepublik. Mit dem Schuljahr 1993 begann der Unterricht in der jüdischen Grundschule Düsseldorf – mit 17 Kindern. Paradiesische Zustände, auch für die Lehrerinnen und Lehrer. Inzwischen werden an der Yitzhak-Rabin-Schule – Stand 2022 – knapp 180 Schülerinnen und Schüler unterrichtet. Der Anteil der nicht jüdischen Schüler beträgt etwa zehn bis fünfzehn Prozent. Die Zahlen aus anderen Städten – wie München zum Beispiel – sind ähnlich.

Brauchen Juden eigene Schulen für ihre Kinder? Eine Frage, die an Katholiken und Protestanten eher selten gestellt wird. Aber nicht jüdische Deutsche befürchten offensichtlich eine Ghettoisierung mit der Einrichtung jüdischer Schulen. Übrigens gibt es in Deutschland bislang keine islamischen Schulen.

Michael Szentei-Heise, bis zum 1. April 2020 Verwaltungsdirektor und Geschäftsführer der Jüdischen Gemeinde in

Düsseldorf, hatte eine Antwort. Der *Jüdischen Allgemeinen* erklärte er: »Wir leben in Europa und selbstverständlich auch in Deutschland in einer Region, die stark christlich geprägt ist. So gut wie alle Feiertage sind christlich-religiösen Ursprungs, so gut wie alle zivilisatorischen Werte des Alltags dieser Gesellschaft sind christliche Werte oder bestenfalls jüdisch-christliche Werte, bei denen aber das Bewusstsein, dass sie aus dem Judentum stammen, weitgehend verschüttet ist – manchmal auch bei uns Juden selbst. In dieser Wertegemeinschaft ist es ohne eigene Bildungsinstitutionen so gut wie unmöglich, der nächsten Generation eigene Werte zu vermitteln. Schon allein deshalb brauchen wir jüdische Schulen. Ein weiterer neuer Grund für die Notwendigkeit jüdischer Schulen ist in den vergangenen zwei bis drei Jahren aufgetaucht, und er manifestiert sich derzeit massiv. In diesem kurzen Zeitraum haben wir eine Zunahme von Antisemitismus in der Gesellschaft erlebt, wie wir sie noch vor wenigen Jahren nicht für möglich gehalten hätten. Besonders betroffen sind dabei jüdische Schüler, die öffentliche Schulen, Grund- oder weiterführende Schulen, besuchen. Und um das Problem offen zu benennen: Zurzeit sind es fast immer muslimische Schüler, die jüdische Schüler mobben und mit den unterschiedlichsten Dingen traktieren – von verbalen Beleidigungen bis hin zu körperlichen Angriffen.«[3]

Die Schülerinnen und Schüler in jüdischen Schulen nennen ihre Schulen »Schutzräume« – und zwar ungeachtet ihrer religiösen Zugehörigkeit, ob orthodox oder liberal.[4] Nur hier, in diesen streng von der örtlichen Polizei bewachten Unterrichtsräumen, fühlen sie sich sicher. An öffentlichen Schulen wagen die meisten es nicht, sich als Jüdinnen und Juden zu outen. Nur hier, an jüdischen Schulen, können sie sicher sein, nicht gemobbt oder beschimpft zu werden, nur hier ist gewährleistet, dass sie ohne Furcht vor Anfeindungen sich als Jüdinnen und Juden zu erkennen geben können. Was für Jugendliche, die streng gläubig erzogen werden, weit wichtiger ist als für Mitschüler, die dem progressiven Judentum sich zugehörig wissen. Denn orthodoxe Schülerinnen tragen Röcke und keine Hosen; orthodoxe Jungen tragen immer Kippot; orthodoxe Lehrer tragen weiße Hemden und schwarze Anzüge. Ihre Kleidung verrät sie als Juden. Und wenn es stimmt, was Jens Rosbach am 18. Mai 2015 im Deutschlandfunk berichtete, haben Juden an städtischen und staatlichen Schulen mit hohem Migrantenanteil durchaus wüste Beschimpfungen zu befürchten. Es sind Gemeinheiten wie diese: »Also ich, ich kann überhaupt keine Juden leiden, egal. Ob sie nett sind oder nicht nett, die sind einfach dreckig irgendwie«; ein anderer Schüler warnt: »Wenn ein Jude unsere Schule betritt, er wird dann, glaub ich, kaputtgeschlagen oder so: Ich würde ihn auch kaputtschlagen«, und lachend fügte er hinzu: »Juden sind Schwänze! Ganz ehrlich: ich fick alle Juden!«[5] Inzwischen haben jüdische Kinder in Deutschland die Möglichkeit, in jüdischen Kindertagesstätten oder Kindergartengruppen betreut zu werden. Ist es nötig, für sie eigens solche Einrichtungen zu haben? Ja! Denn sie werden dort nicht nur versorgt, sie werden – im Gegensatz zu städtischen Kindergärten, in denen Religionen keine Rolle spielen (sollten) – spielerisch mit jüdischen Traditionen und jüdischen Feiertagen vertraut gemacht. Leider erfahren sie dabei auch, dass jüdisches Leben in Deutschland immer bedroht ist, denn sie müssen Sicherheitskontrollen über sich ergehen lassen; und sie sehen, dass man sie bewacht oder besser: auf sie aufpasst. Denn ebenso wie vor den Synagogen stehen vor jüdischen Kindergärten und Schulen Polizisten. Inzwischen gibt es über zwanzig solcher Einrichtungen. Jüdische Schulen sind seltener.

Judaistik

Das Judentum blickt auf eine über tausendjährige Geschichte zurück und eine damit einhergehende Entwicklung von Recht, Kultur und Glaubenslehre. All dies ist Gegenstand der Judaistik – die nicht mit einem Studium der jüdischen Religion verwechselt werden darf. Nichtjuden forschen und lehren für Juden, sondern die Disziplin begreift das Judentum – und nicht allein das in Deutschland und Europa – als eine Kultur, die zwar sehr stark durch die Thora geprägt wurde und wird, aber über die reine Glaubenslehre hinausgehende intellektuelle Formen entwickelt hat. Demnach betrachtet die Judaistik das Judentum auch nicht aus jüdisch orthodoxer oder liberaler Sicht. Als interdisziplinäres wissenschaftliches Fach ist sie nicht konfessionell gebunden, und das gilt für die Lehrenden ebenso wie die Studierenden.

In der Judaistik gibt es keine inhaltlich zwingenden Vorgaben; folgerichtig ist das Lehrstoffangebot an den verschiedenen Universitäten, an denen Judaistik gelehrt wird, unterschiedlich. Aber für alle gilt, dass die hebräische Sprache eine zentrale Position einnimmt. Auch das moderne Hebräisch, das Iwrit, wird gelehrt. Angeboten werden unter anderem die Geschichte des Judentums von der Spätantike bis heute, das Judentum in der islamischen Welt, selbst das Judentum in Israel ist Gegenstand des Studiums. Vermittelt werden sollen alle Aspekte des Judentums, also auch rechtliche, soziale und politische. Da dies in keinem Masterstudiengang zu leisten ist und – noch viel schwerer – erst recht nicht in einem Studium, das mit einem Bachelor abgeschlossen wird, haben die einzelnen Institute verschiedene Schwerpunkte in ihren Curricula.

Obwohl die Judaistik durchaus in der Tradition der älteren Disziplin der »Wissenschaft des Judentums« steht, unterscheidet sie sich von ihr durch ihre Offenheit in der Lehre. Sie ist keinesfalls geeignet, um Rabbiner oder Rabbinerin zu werden, sondern das jüdische Pendant zur Orientalistik oder Romanistik – der Grund, warum das Fach explizit nicht konfessionell gebunden ist.

Epilog

Die erste Synagoge, die ich besuchte, heißt » Hohe Weide «
und steht in Hamburg. Ich war ein Pennäler. Das erste Buch,
das ich von Matthias Claudius – und etwa zur selben Zeit –
las, war der *Wandsbecker Bothe*. Claudius war von 1770 bis
1775 der einzige Redakteur dieser Zeitung. Seine Gedichte
und Aphorismen, seine gedichteten Ratschläge an seinen
Sohn Andres offenbaren das Pfarrerskind; die Vorfahren seines Vaters waren über hundert Jahre Pastoren in Süderlü-
gum, in Nordfriesland. Während der Arbeit an diesem Buch
erinnerte ich mich an meine Lektüre und fand, wonach ich
suchte.

Matthias Claudius' Siebenter Brief an Andres enthält
einen Satz, der vortrefflich auf den Umgang mit dem Antisemitismus in Deutschland passt: » Beurteile einen Menschen
lieber nach seinen Handlungen als nach seinen Worten,
denn viele handeln schlecht und sprechen vortrefflich. «[1]

An Lippenbekenntnissen zu den jüdischen Mitbürgern
mangelt es nicht. Im Gegenteil, die Politikerinnen und Politiker der demokratischen Parteien scheinen sich mit philose-
mitischen Urteilen, mit Beistandsbekundungen überbieten
zu wollen. Sie sind zugegen, wenn an die Novemberpogrome
erinnert wird; sie eröffnen jüdische Museen und jüdische
Kulturwochen. Sie bekunden Mitleid; sie rufen zur Wach-
samkeit auf und zur Solidarität mit den jüdischen Mitbürgerinnen und Mitbürgern, sie fordern mehr Polizeischutz
für jüdische Einrichtungen; sie rufen: » Nie wieder! «; und

Bayerns Ministerpräsident Markus Söder erklärte nach dem Anschlag in Halle: »Irgendwann werden aus bösen Gedanken böse Worte. Und wenn die lange genug gesprochen werden, ist die Schwelle zu bösen Taten nicht weit entfernt.«[2] Irgendwann? Und was sind böse Gedanken und böse Worte?

In diesem Buch sollte auch eine Jüdin zu Wort kommen, die sich in sozialen Projekten einer jüdischen Gemeinde engagiert. Sie überlegte lange, bevor sie mir absagte. Sie wolle nicht, dass ihre Kinder und Enkel läsen, wie wenig sie dem ohnehin schon mehrfach gebrochenen Frieden in Deutschland traue.

Es stimmt, es gibt genug Synagogen – eher zu viele als zu wenige; es entstanden (und entstehen) jüdische Schulen und Altersheime. Kein Mangel auch an Erinnerungsorten, an jüdischen Museen. Aber es gibt kein sichtbares und vor allem lebendiges und unbedrohtes Miteinander von deutschen Juden und deutschen Nichtjuden. Es herrscht Ruhe, die regelmäßig gestört wird durch »antisemitische Vorfälle«, wie die Angriffe auf Jüdinnen, Juden und jüdische Institution verharmlosend genannt werden.

Die Bundesrepublik ist, trotz aller Beteuerungen, man lasse nie wieder Judenhass zu und werde alles unternehmen, die jüdischen Mitbürgerinnen und -bürger zu schützen, für Juden eine »unsichere Heimat«. Sie war es, sie ist es – und man muss kein Hellseher oder Kassandrarufer sein, um zu fürchten: Sie wird es sein!

Mir fällt so wenig wie Charlotte Knobloch oder Rabbiner Tom Kučera oder dem Historiker Norbert Frei kein anderes Mittel ein, dem entgegenzuwirken, als Bildung! Aber bisher gibt es kein Pflichtfach Shoah oder Geschichte der Juden in Deutschland. In Rumänien hingegen wurde Anfang 2022 im Parlament beschlossen, von 2024 an »Die Geschichte des Holocaust und des jüdischen Volkes« an weiterführenden Schulen zu lehren: »Lehrplan, Unterrichtsmaterial und

Methodik soll das Bildungsministerium in Kooperation mit dem Nationalen Institut zur Erforschung des rumänischen Holocaust ›Elie Wiesel‹ und den Mitgliedern des Ehrenrates des Holocaust-Museums entwickeln. Auch ausländische Organisationen, wie das United States Holocaust Memorial Museum und Yad Vashem, sollen eingebunden werden.«[3] Wieso gibt es so ein Pflichtfach nicht an den Schulen in Deutschland, im Land der Täter, aber in einem Land der Opfer? Denn Opfer gab es im Rumänien unter Diktator Ion Antonescu zwischen 1941 und 1944 entsetzlich viele zu beklagen – sein Regime war mitverantwortlich für die Ermordung von ungefähr 400 000 Juden und Roma.

Die in Deutschland lebenden Juden werden finanziell unterstützt, ihnen wird von offizieller Seite immer wieder versichert, dass man sich des jüdischen Lebens in besonderem Maße widme und es schütze, doch der Rückhalt in der nicht jüdischen Bevölkerung ist eher gering, worauf alle meine Gesprächspartnerinnen und -partner hinwiesen. Niemand kann Solidarität und entschiedenes Eintreten gegen jede Form des Antisemitismus fordern, ohne zugleich für Aufklärung in den Schulen, Hochschulen und Universitäten zu sorgen. Es wäre gut, Lessing zu folgen, der wusste: »Wieviel leichter ist, andächtig zu schwärmen, als gut zu handeln!«

Nichts wünschen sich deutsche Jüdinnen und Juden mehr als eine »sichere Heimat«! Solange sie aber Israel für sicherer halten als Deutschland, so lange ist Deutschland für sie zwar bombensicher, aber (weiter und wieder) ideologisch vermint.

Teil III
Gespräche

Antje Yael Deusel

Antje Yael Deusel wurde 1960 in Nürnberg geboren. Nach dem Abitur studierte sie zunächst am Dolmetscher-Institut der Universität Heidelberg, später wechselte sie zum Studium der Humanmedizin an die Universität Erlangen-Nürnberg. Ihre anschließende Facharztspezialisierung im Fach Urologie ergänzte sie durch eine Qualifizierung in der Kinderurologie im Rahmen eines Stipendiums am Hadassah University Hospital in Jerusalem. Nach langjähriger Tätigkeit im Vorstand der Israelitischen Kultusgemeinde in Bamberg sowie in gemeindepolitischen Gremien auf Landesverbands- und Zentralratsebene absolvierte sie eine Rabbinerausbildung am Abraham Geiger Kolleg in Potsdam, zusammen mit einem Masterstudiengang im Fach Jüdische Studien an der Universität Potsdam.

Antje Yael Deusel arbeitet in einer urologischen Praxis in Bamberg und hat einen Lehrauftrag im Fach Judaistik an der Universität Bamberg. Seit 2015 ist sie Rabbinerin der Liberalen Jüdischen Gemeinde Mischkan ha-Tfila Bamberg e. V., die als zweite jüdische Gemeinde Bambergs neu entstand.

Wie leben deutsche Juden in einer kleineren Stadt wie dieser?
Sie müssen sich nicht fürchten. Aber erst kürzlich erschien – als eine mehr als unangenehme Überraschung – am Gabelmann, der Neptunbrunnenfigur in der Altstadt, ein

Schild, das Antisemitismus mit der Coronapandemie in Verbindung brachte.

Und darauf stand, dass Frau Merkel, die Ausländer und die Juden die Seuche in die Stadt gebracht hätten. Aber das ist nicht alles! Im letzten Jahr stand unter einer der Bamberger Brücken über längere Zeit ein Schild mit der Aufschrift: »Kauft nicht beim Juden!« Und natürlich gibt es auch andere antisemitische Schmierereien auf Strom- und Briefkästen, Hauswänden.

Also alle Stereotype sind wieder da?

Ja, so ist es – in allen fränkischen Städten, in denen es intakte jüdische Gemeinden gibt.

Ist der Antisemitismus ein Phänomen bei den eher alten Menschen?

Keineswegs! Auf einer der Treppenstufen am Eingang zu dem Unigebäude, in dem auch regelmäßig Lehrveranstaltungen der Judaistik, also auch die meinigen, stattfinden, erschien im letzten Wintersemester ein gelber Davidstern, der Magen David, mit einer Sonne darüber. Die Uni hat das Kreidebild nach Meldung natürlich entfernen lassen. Aber was mich sehr verwundert und auch erschreckt hat, ist die Tatsache, dass das Bild den Studierenden gar nicht aufgefallen ist. Sagten sie zumindest. Das hat mich schon erschüttert – nicht das Bild an sich. Da halte ich es, vielleicht unvorsichtigerweise, ein wenig mit Shrek, dem grünen Oger.

Wem?

Shrek ist der tollkühne Held in dem computeranimierten Kinofilm – im ersten Shrek-Film schaut er aus dem Fenster und bemerkt, wie die Dorfbewohner mit Heugabeln und Knüppeln gegen ihn anrücken. Das ängstigt ihn aber gar nicht; es beunruhigt ihn auch nicht. Er empfindet diesen Vorfall als ein lästiges Übel. Er verscheucht die angreifenden Dörfler und setzt sich dann zum Abendessen. Was mich erschüttert hat, sind die Gleichgültigkeit und die mangelnde

Wahrnehmung der jungen Studentinnen und Studenten. Aber ich will nicht schwarzsehen.

Sitzen die Bamberger Juden schon auf gepackten Koffern?

Nein, aber es gibt Juden in der Stadt, die schon Wohnungen in Tel Aviv besitzen.

Unterscheidet sich das Gemeindeleben hier in Bamberg von dem in München?

Nicht sonderlich. Wie in München auch gibt es in Bamberg zwei jüdische Gemeinden, die große – wenn natürlich auch nicht ähnlich groß wie die am Münchner Jakobsplatz –, also die Einheitsgemeinde mit dem neuen Gemeindezentrum in der Willy-Lessing-Straße, mit zahlreichen Zuwanderern aus den GUS-Staaten, und die Liberale Jüdische Gemeinde. Die Einheitsgemeinde hat zwar einerseits eine gemischte Sitzordnung für Frauen und Männer, betet aber andererseits nach dem polnisch-litauischen Ritus. Sie treffen dort viele ältere und sehr alte Menschen. Sie beteiligen sich kaum am Gottesdienst und singen auch nicht mit.

Ganz anders in der 2016 neu gegründeten Liberalen Jüdischen Gemeinde Mischkan ha-Tfila. Es ist eine liberale Gemeinde der Union progressiver Juden, ähnelt also Beth Shalom in München. Unsere Synagoge steht am Schillerplatz, nicht weit von der Willy-Lessing-Straße entfernt. Diese Gemeinde orientiert sich im Gebet am deutschen Vorkriegsritus. Sie hätten es gestern am Morgen erleben können: Wir haben nur relativ wenige russischsprachige Zuwandererfamilien. Es ist eine sehr junge Gemeinde mit vielen jungen Menschen. Hier wird laut gebetet und gesungen. Man hört beim Kiddusch fröhlich Deutsch, Englisch, Französisch und Hebräisch. Aber um auf Ihre Ausgangsfrage zurückzukommen: Die Stimmung ist angestrengt.

Deborah Feldman

Deborah Feldman wurde 1986 in New York in eine Familie geboren, die der jüdischen Glaubensgemeinschaft der Satmarer Chassiden angehörte. Allerdings lebten die Eltern getrennt – die Mutter hatte die Glaubensgemeinschaft mittlerweile verlassen, und aufgrund einer geistigen Behinderung konnte der Vater nicht für seine Tochter sorgen. So wuchs Deborah Feldman bei ihren Großeltern auf, die aus Ungarn stammten und den Holocaust überlebt hatten. Aus Sicht der Satmarer Chassiden war die Vernichtung der Juden durch die Nationalsozialisten eine Strafe Gottes, weil es an Frömmigkeit gemangelt hatte und sich die Juden im westlichen Europa zu sehr den nicht jüdischen Gesellschaften angepasst hatten, in denen sie lebten. Daher führen die Satmarer eine zurückgezogene Existenz und richten ihren Alltag nach vielen Verboten und Vorschriften aus, damit es nicht zu einem zweiten Holocaust kommen kann. Weil Englisch ihrer Familie als zu weltlich galt, wuchs Deborah Feldman mit Jiddisch als Muttersprache auf und besuchte eine streng religiöse Mädchenschule, in der die Schülerinnen vor allem auf ihre Rolle als Ehefrau und Mutter vorbereitet wurden. Und so ging sie bereits mit siebzehn eine arrangierte Ehe mit einem sechs Jahre älteren Satmarer ein, den sie kaum kannte. Zwei Jahre später kam ihr Sohn zur Welt, doch die Eheleute entfernten sich immer weiter voneinander. Ohne Wissen ihres Mannes begann Deborah Feldman, Englische Literatur zu studieren, und kleidete sich heimlich weltlich. In dieser Zeit beschloss sie auch, wie ihre Mutter, die Satmarer zu verlassen, sobald ihr Sohn drei Jahre alt sein würde, denn dann müsste er der Tradition nach am Cheder teilnehmen, der religiös ausgerichteten Grundschule. Ein Autounfall war das Schlüsselerlebnis, das Deborah Feldman dazu brachte, offen mit ihrer Familie und den Satmarern zu brechen. 2012 veröffentlichte sie ihren sehr erfolgreichen autobiografischen Roman *Unorthodox,* weitere Bücher folgten. Seit 2014 lebt sie mit ihrem Sohn als Schriftstellerin in Berlin.

Wie ist das, als ehemals orthodoxe Jüdin aus den USA nun in Deutschland zu leben und zu schreiben? All ihre Freunde und auch jene, mit denen sie arbeiten, wissen wahrscheinlich von ihrer orthodoxen Vergangenheit.

Ja, es gab und gibt keinen Grund, sie zu verheimlichen. Aber zu Ihrer Frage: Es lebt sich – auf den ersten Blick – ganz schön hier, weil ich mit vielen ähnlichen Seelen unterwegs bin. Berlin ist voll mit Juden, vor allem mit Israelis.

Wie viele Juden leben hier denn inzwischen ungefähr?

Knapp 30 000, davon mindesten 15 000 Israelis, die säkular leben. Es gibt also sehr viele Juden, die einen ähnlichen Hintergrund haben wie ich. Ich habe hier sehr viele Leute kennengelernt, die aus vielen ultraorthodoxen Gemeinden stammen. Sie haben diese Gemeinden verlassen und sich in Berlin neu erfunden. Viele von ihnen arbeiten in den Künsten. Ein Freund von mir, der als Kunstfotograf arbeitet, hat eine Theorie entworfen. Er glaubt, dass nur die, die durch Kunst den Ausweg aus der jüdischen Orthodoxie gefunden haben, auf der anderen Seite überleben können. Sie klammern sich an die Kunst.

Und das geht nur in Berlin?

Ich glaube, Berlin ist ein Ort, an dem man sich an nichts anderes klammern kann.

Haben Sie schon in anderen deutschen Städten gelebt?

Nein, aber ich war oft in Hamburg und München, zu Besuch bei Freunden. Auch sie bestätigten mir: Berlin ist die große Ausnahme in Deutschland. Um ehrlich zu sein: Ich weiß keine Antwort auf die Frage, wie es ist, als Jüdin in Deutschland zu leben, ich habe nur eine auf die Frage, wie es ist, Jüdin in Berlin zu sein.

Spielt der Holocaust überhaupt keine Rolle mehr?

O doch! Ich möchte gern erklären, was das Erinnern in Deutschland von dem Erinnern in Amerika unterscheidet. In Deutschland nimmt man dieses Erinnern als eine Pflicht wahr. In Amerika wird diese Pflicht nicht geteilt. Man ist, als Jüdin oder als Jude, ganz allein damit – und das macht einen einsam. Es entfremdet von der Gesellschaft.

Sie müssen mir bitte glauben, dass Berlin der erste Ort war, an dem ich das Gefühl hatte, dass die Erinnerung an die Shoah ein andauerndes kollektives Erlebnis ist. Ich bin nicht allein damit. Alle haben teil an dieser Erinnerung. Sie ist da, und sie wird von vielen geteilt. So wie mir geht es auch anderen Juden.

Berlin – ein Dorado für junge Juden? Das heißt: Sie gehen stolz als Jüdin durch Berlin?

Ja! Aber nicht nur als Jüdin, sondern zugleich als überzeugte Europäerin. Das ist das Komische an Berlin. Du bist auch Jüdin – Betonung auf dem »auch« –, du musst es nicht wegstecken, und niemand stört sich dran. Du musst aber eben nicht nur Jüdin sein.

Wenn man in Paris Jüdin ist, dann ist man nur Jüdin, man ist nichts sonst.

Wurden Sie nie mit Antisemitismus konfrontiert?

O doch. Überall: in Amerika und in ganz Europa.

Was noch interessant ist im Zusammenhang mit dem Antisemitismus: Junge und alte Deutsche unterscheiden sich extrem, auch hier in Berlin. Es gibt junge Menschen in

Deutschland, die anders deutsch sind als ihre Eltern und Großeltern. So wie junge Juden auch anders jüdisch sind als die alten Juden. Und dadurch ist eine enge Verbindung geschaffen zwischen Juden und Deutschen in der jungen Generation, in der keine der beiden Gruppen verzichten muss auf die jeweilige Identität.

Haben Sie alte Deutsche kennengelernt – waren die anders?

Klar. Bei diesen Deutschen gibt es entweder das Verdrängen der Vergangenheit oder ein sehr großes Schuldbewusstsein, das sehr servil daherkommt, also unnatürlich ist. Mit jungen Menschen habe ich diese Servilität nicht erlebt.

Norbert Frei

Norbert Frei wurde am 3. März 1955 in Frankfurt am Main geboren. Von 1973 bis 1978 studierte er Neuere Geschichte, Politik- und Kommunikationswissenschaften in München, wo er auch promovierte und eine Redakteursausbildung an der Deutschen Journalistenschule absolvierte. Anschließend war er bis 1997 als wissenschaftlicher Mitarbeiter am Institut für Zeitgeschichte in München tätig, arbeitete zudem als Redaktionsmitglied an den *Vierteljahresheften für Zeitgeschichte* (VfZ) mit und war Redakteur der Schriftenreihe der *Vierteljahreshefte*.

Nach seiner Habilitation an der Universität Bielefeld 1995 nahm er 1997 zunächst einen Ruf an die Ruhr-Universität Bochum an und wechselte dann 2005 an die Friedrich-Schiller-Universität Jena, wo er bis zu seiner Emeritierung 2021 lehrte. Im Laufe der Jahre nahm er auch verschiedene Gastprofessuren in den USA und Jerusalem wahr und gehört zahlreichen wissenschaftlichen Beiräten und Kommissionen an.

An seinem Lehrstuhl forschte er in längerfristigen Projekten zur Praxis der Wiedergutmachung in Deutschland und Israel seit 1952. Als Mitglied der vom damaligen Außenminister Joschka Fischer berufenen » Unabhängigen Historikerkommission - Auswärtiges Amt « wirkte er daran mit, die Geschichte des Außenministeriums im Nationalsozialismus und den Umgang mit diesem Erbe nach 1945 ausführlich zu untersuchen. Frei ist in zeitgeschichtlichen Debatten präsent, und es ist ihm ein Anliegen, fachwissenschaftliche Erkenntnisse einer breiteren Öffentlichkeit zu vermitteln. Seit 2016 schreibt er für die *Süddeutsche Zeitung* im Vierwochenrhythmus eine Kolumne, die freitags oder samstags erscheint.

Ich falle mit der Tür ins Haus – Antisemitismus in der Bundesrepublik Deutschland. Was hat sich nach 2012 verändert?

Die Zäsur war der Aufstieg der AfD nach 2015 beziehungsweise 2017, als zum ersten Mal seit 1949 eine rechtsradikale Partei in den Bundestag gekommen ist. Neben dem Flüchtlingsthema ist die » erinnerungspolitische Wende um 180 Grad « ja das erklärte Ziel der » Vogelschiss «-Partei. Es ist eben nicht nur der offen rechtsradikale Flügel der Partei, der auf der Klaviatur der NS-Verharmlosung spielt – und trotzdem eine Gruppe von » Juden in der AfD « auf seiner Seite weiß –, sondern es sind auch die vermeintlich bürgerlich-konservativen Kräfte um Alexander Gauland, der ja der Urheber der » Vogelschiss «-Analogie ist. In diesen Kreisen erweist sich das – auch von der CSU viel zu lange mitgemachte – Gerede von der christlich-jüdischen Tradition als bloßes Alibi für antiislamische Phobie.

Was würden Sie schreiben, wenn es einen fünften Band der » Geschichte der Juden in Deutschland « von 2012–2021 gäbe?

Wir müssten natürlich das Faktum hervorheben, dass es heute einen » Antisemitismusbeauftragten « der Bundesregierung gibt. Das zeigt die veränderte Lage an: dass Antisemitismus wieder sehr viel sagbarer und lebbarer geworden ist, und zwar auch weit über das rechtsradikale und rechtsterroristische Lager hinaus. Der Anschlag von Halle ist einerseits präzedenzlos und folgt globalisierten Mustern, andererseits gab es auch in der alten Bundesrepublik der Siebziger- und Achtzigerjahre von rechts und links außen antijüdische Gewalt.

Wer sind die Antisemiten heute? Gibt es durch die eingewanderten Flüchtlinge so etwas wie einen importierten Antisemitismus?

Ich sehe im Wesentlichen drei Gruppen. Erstens die » traditionellen «, oft kleinbürgerlichen biodeutschen Antisemiten, die in der Demoskopie meist als relativ konstanter » antisemitischer Bodensatz « nachweisbar sind. Zweitens die relativ kleine, aber hochgefährliche Gruppe der rechtsterroristischen Verschwörungs-Antisemiten. Und drittens den politischen und kulturellen Antisemitismus aus den Nachbarstaaten Israels, der mit den Geflüchteten importiert worden ist. Wie andere hierzulande nicht akzeptierte politische und gesellschaftliche Einstellungen auch: Homophobie, Antifeminismus etc.

Ist Deutschland ein Einzelfall – oder anders gefragt: Unterscheiden sich die antisemitischen Strömungen in den verschiedenen europäischen Ländern? Frankreich, Polen? Ungarn?

Nein, Deutschland ist beileibe kein Einzelfall, auch wenn der Antisemitismus in dem Land, von dem der Holocaust seinen Ausgang nahm, immer etwas » Besonderes « bleiben wird.

Wie haben die Rechtspopulisten die Einstellung der Deutschen zu den Juden verändert?

Ich glaube nicht, dass die AfD in diesem Sinne demoskopisch viel verändert hat, aber die Antisemiten fühlen sich jetzt wieder politisch repräsentiert, weil ja die » Systemparteien « – und das ist Nazijargon – von ihnen allesamt als projüdisch wahrgenommen werden.

Gibt es wachsenden Antisemitismus unter deutschen Intellektuellen?

Den sehe ich eher nicht. Aber der war bei einer Minderheit nie weg, und wenn die »intellektuelle Rechte« – zum Beispiel Götz Kubitschek, Frank Böckelmann – heute wieder sichtbarer ist, dann muss man nur bis zur deutsch-französischen »Neuen Rechten« der 1980er-Jahre zurückgehen, um zu sehen: Das alles ist eben nicht neu.

Was bedeutet für Sie »Erinnerungskultur« in Bezug auf die Shoah?

Sie ist – und ich hoffe: nicht nur für meine Generation – unabschließbar. Aber bis wir zu dieser Erkenntnis gekommen sind, bedurfte es eines langen und immer wieder angefochtenen Weges der »Vergangenheitsbewältigung«, der seine Problematik ja schon in dem heute zu Recht nicht mehr benutzten, anfangs aber doch aufklärerisch gemeinten Begriff erkennen lässt. Sie werden die neuen Kontestationen mitbekommen haben.

Kann es ein Zuviel an Erinnerungsaufforderungen geben? Noch mehr jüdische Museen? Noch mehr renovierte, einst zerstörte Synagogen – in die aber keine Juden zum G'ttesdienst gehen?

Es kann ein Zuviel an oberflächlichem Diskurs über die Erinnerung geben, auf den dann Menschen »belästigt« reagieren. Das Gefährliche an »gut gemeint, aber nicht gut gemacht« ist: Die Rechten verstehen es perfekt, den darauf gründenden diffusen Überdruss zu politisieren. Den erinnerungspolitischen Wert der Renovierung oder des Wiederaufbaus zerstörter Synagogen würde ich nicht direkt mit der Frage ihrer Wiederverwendung als Gotteshäuser zusammen sehen.

Finden Sie es richtig, dass aus den ehemaligen Konzentrationslagern (Buchenwald, Dachau) Museen und Bildungszentren werden? Und warum?

Absolut. Ohne diese Museen und Bildungszentren an »authentischen Orten« würde die Vermittlung historischer

Bildung noch schwieriger, als sie ohnehin schon wird angesichts eines schwindenden Geschichtsunterrichts.

Wann begann Ihrer Meinung nach der Antisemitismus in Deutschland wieder nach dem Krieg?

Der Antisemitismus hat nie aufgehört, und die seinerzeit vor allem von Daniel Goldhagen propagierte Idee, dass er mit der Ankunft der Amerikaner überwunden war beziehungsweise überwunden wurde, ist natürlich Unfug.

Gibt es wirklich in der nicht jüdischen Öffentlichkeit ein erkennbares jüdisches Leben?

Jedenfalls mehr denn je seit 1945 – und die Zeitungen sind ja neuerdings auch voll von innerjüdischen Debatten.

Könnte der Berliner Rabbiner Walter Rothschild recht haben, dass die Juden das größte Problem für die Juden sind – innerjüdische Streitereien?

Mit solchen Generalisierungen und Zuschreibungen »typischer Eigenschaften« eines Volkes oder gar eines »Volkscharakters« kann und will ich als Historiker nichts anfangen – auch weil ich weiß, wie damit schon vielfach in der Geschichte Politik gemacht wurde.

Wie normal ist das Leben von deutschen Juden heute?

Gemessen an dem Normalitätsdiskurs noch vor zwei, drei Jahrzehnten würde ich sagen: Bei leider noch gewachsener Bedrohungslage für jüdische Einrichtungen bewegt sich die junge Generation sehr viel selbstbewusster und in diesem Sinne »normaler« in der deutschen Gesellschaft – freilich im Wissen, dass erkennbar jüdisches Leben praktisch rund um den Globus besonderer Bedrohung ausgesetzt ist.

Gibt es ein Mittel gegen Antisemitismus, Rassismus, Homophobie? Kennen Sie ein Rezept? Rabbiner Tom Kučera von der Liberalen Gemeinde Beth Shalom antwortete: Bildung, Bildung, Bildung!

Das ist genau mein Argument!

Charlotte Knobloch

Charlotte Knobloch wurde 1932 in München geboren. Ihre Mutter war zum Judentum konvertiert, ihr Vater war der jüdische Rechtsanwalt und spätere bayerische Senator Fritz Neuland. Nach der Scheidung der Eltern wurde sie seit 1936 von ihrer Großmutter erzogen, die unter der nationalsozialistischen Schreckensherrschaft 1942 deportiert wurde und zwei Jahre später im Ghetto Theresienstadt umkam. Charlotte hingegen konnte vor der Deportation gerettet werden, weil eine frühere Hausangestellte ihres Onkels sie im Sommer 1942 im elterlichen Bauernhof im mittelfränkischen Arberg aufnahm und das Mädchen als eigenes uneheliches Kind ausgab. 1945 konnte Charlotte mit ihrem Vater nach München zurückkehren, wo sie 1951 Samuel Knobloch heiratete, einen Überlebenden des Krakauer Ghettos, den sie drei Jahre zuvor kennengelernt hatte. Das Paar hatte eigentlich vor, in die USA auszuwandern, aber nach der Geburt ihrer drei Kinder blieb die Familie doch in München.

Seit 1985 ist Charlotte Knobloch Präsidentin der Israelitischen Kultusgemeinde München und Oberbayern. Von 2003 bis 2010 war sie Vizepräsidentin des Europäischen Jüdischen Kongresses und von 2005 bis 2013 Vizepräsidentin des Jüdischen Weltkongresses, bei dem sie seitdem als Commissioner for Holocaust Memory tätig ist. Außerdem war sie seit 1997 Vizepräsidentin und von 2006 bis 2010 Präsidentin des Zentralrats der Juden in Deutschland.

Verehrte Frau Knobloch, wie schätzen Sie die Situation der deutschen Juden in diesem Land ein?

Sie möchten also wissen, wie man heute als Jüdin oder Jude in Deutschland lebt. Es war nie einfach, als jüdischer Mensch in Deutschland zu leben, und das ist es auch heute nicht. Ich habe mein ganzes Leben in diesem Land verbracht, habe die Zeit des Naziterrors überlebt und bin am Ende in meiner Geburtsstadt München geblieben. Was sich geradlinig anhört, war aber in Wahrheit ein langer und schwieriger Prozess. Darf ich ausführlich sein?

Selbstverständlich.

Ich wuchs als jüdisches Münchner Kindl im NS-Staat auf. Ich habe die Verfolgung der jüdischen Gemeinschaft durch die Nationalsozialisten miterlebt und am 9. November die orthodoxe Synagoge brennen sehen. Sie stand am heutigen Lenbachplatz. Nachdem meine Großmutter im Sommer 1942 deportiert worden war, gelang es meinem Vater, mich bei der Familie einer ehemaligen Hausangestellten seines Bruders auf einem Dorf in Franken zu verstecken, in Arberg. Nicht nur ich überlebte, auch mein Vater überlebte. Meine Großmutter wurde 1944 ermordet. Als ich nach Kriegsende nach München zurückkehrte, war die Stadt völlig zerstört. Zugleich war sie voller jüdischer Displaced Persons. Das waren Überlebende, die sich nichts sehnlicher wünschten, als Deutschland zu verlassen. Argentinien, Australien, Amerika, die Schweiz, England, Israel, egal. Es gab viele Ziele, aber raus aus Deutschland, das wollten fast alle. Den meisten gelang das auch. Von den wenigen, die blieben, hatte jeder seine eigene Geschichte zu erzählen, warum es mit der Auswanderung nichts geworden war. Auch ich: Mein Mann und ich waren bereits auf dem Sprung in die USA gewesen, als das erste Kind sich ankündigte. Dann kamen ein zweites und ein drittes, und am Ende blieben wir hier.

Stimmt es, dass diese Displaced Persons gleich wieder von den Deutschen angegriffen wurden, also es gleich nach 1945 wieder antisemitische Ausschreitungen gab?

Das stimmt. Das jüdische Leben in den ersten Jahrzehnten nach dem Krieg war mit dem von heute überhaupt nicht zu vergleichen. In der frühen Bundesrepublik bildeten jüdische Menschen eine winzige Gemeinschaft, die die meiste Zeit unter sich blieb und die auch von der Mehrheitsgesellschaft kaum beachtet wurde. Anders war das übrigens bei den jüdischen Organisationen und bei Verwandten und Bekannten im Ausland: Von denen mussten wir uns immer wieder harsche Kritik dafür anhören, dass wir weiterhin im » Land der Mörder « lebten. Wenn wir im Ausland waren und uns miteinander auf Deutsch unterhielten, erklärten wir auf Nachfrage immer, wir seien aus der Schweiz. Daran sehen Sie, wie sehr wir uns schämten, geblieben zu sein.

Belastete Sie diese Lüge?

Gewiss. Das Ganze ging an uns natürlich nicht spurlos vorüber, schließlich hatten wir ursprünglich nicht einmal vorgehabt, in Deutschland zu bleiben. Nur wenige Idealisten und unverbesserliche Optimisten wie mein g'ttseliger Vater entschieden sich bewusst dafür, nicht wegzugehen. Er war und er blieb bis zu seinem Tod 1969 durch und durch Münchner. Der Großteil der Gemeinde verharrte lange in einem Gefühl der Unsicherheit. Es war ein Zwischenzustand, denn in den Siebzigerjahren hatten die meisten sich hier längst eine Existenz aufgebaut und wären schon gar nicht mehr ohne Weiteres in der Lage gewesen auszuwandern. Andererseits hatte sich am Schweigen der Täter kaum etwas geändert, und der zunehmende Terror gegen Juden und Israelis auch in Europa tat ein Übriges. In München wurde etwa im Februar 1970 ein Brandanschlag auf das Gemeindehaus verübt, bei dem sieben, vor allem ältere Menschen starben – und das war noch zwei Jahre vor dem bekannteren Attentat auf die israelische Olympiamannschaft. Danach gingen dann doch einige Menschen weg, vor allem nach Israel.

Viele?

Nein.

Interessierten sich die Münchner für ihre Juden überhaupt?

Spät. Erst in den Achtzigerjahren begann sich etwas zu bewegen. Das Interesse der deutschen Mehrheitsgesellschaft an jüdischen Themen wuchs, die Nachkriegsgeneration war erwachsen. Vor allem aber wurde von 1989 an deutlich, dass das jüdische Leben in Deutschland vor einem epochalen Umbruch stand. Für mich waren das Jahre, in denen ich langsam akzeptieren konnte, dass München, meine Geburtsstadt, auch auf Dauer wieder meine Heimatstadt werden konnte. Das war nicht einfach für meine Familie und mich, denn die sprichwörtlichen Koffer waren immer noch gepackt. Die Deutschen hatten sich verändert. Aber die Koffer blieben dennoch gepackt; die Angst war da – bis 2003. Als wir damals am 9. November, einem sonnigen Herbsttag, den Grundstein für das neue Jüdische Zentrum Jakobsplatz legten, das heute das Herzstück unserer Gemeinde bildet; als wir den Baubeginn von Gemeindezentrum und neuer Hauptsynagoge feierten, da wusste ich: Meine Koffer konnten ausgepackt werden. Ich fühlte mich zum ersten Mal wirklich angekommen in München. Wir sind stolz auf das Geleistete und darauf, dass die Münchner uns diese nicht zu übersehende Präsenz in der Stadt geschenkt haben. Aber inzwischen liegt dieses freudige Ereignis schon wieder eine ganze Weile zurück, und ich frage mich immer öfter, ob ich damals nicht doch etwas zu optimistisch in die Zukunft geschaut habe. Ich meine wegen der Koffer. Schließlich haben wir im vergangenen Jahrzehnt einen Anstieg an Judenhass und an politischem und gesellschaftlichem Extremismus erlebt, den ich mir so in diesem Land nicht noch einmal hätte vorstellen können. Das Deutschland, in dem wir 2003 diesen Grundstein legen konnten, war ein anderes als das Deutschland, in dem wir heute leben. Ich spreche nicht nur von einem veränderten gesellschaftlichen Klima, sondern auch ganz konkret von Terror.

Ein geplanter Bombenanschlag von Neonazis auf die Grundsteinlegung konnte 2003 noch verhindert werden, Anschläge in der jüngsten Vergangenheit haben uns sehr verunsichert. Diese Verunsicherung in der Gemeinde betrifft nicht nur die älteren Menschen, sondern – vor allem und besonders erschreckend – die jungen Leute. Diese Menschen, die ihr Leben und viele große Entscheidungen noch vor sich haben, überlegen es sich inzwischen zweimal, ob sie sich in der Öffentlichkeit oder sogar im Freundeskreis noch als jüdisch zu erkennen geben. Weil man so aber nicht auf Dauer leben möchte, gibt es auch einige, die schon über Auswanderung nachdenken.

Denken Sie an Flucht? An eine Wohnung in Tel Aviv?

Nein! Ich weiß, dass hier in München mein Platz ist. Ich rede nicht von mir. Aber Sie sollen wissen, dass jüdisches Leben in Deutschland heute wieder spürbar in Gefahr ist.

Gab es neben den verheerenden Attentaten auch andere Attacken?

O ja! Es gab scharfe Angriffe auf die Gedenk- und Erinnerungskultur unseres Landes. Es gab rechtsextreme Provokationen in KZ-Gedenkstätten. Jüdisches Leben ebenso wie die Demokratie als Ganzes muss heute mit mehr als nur mit Worten geschützt werden! Unserer Gemeinde geht es trotz all dieser Schwierigkeiten gut, und wir vertrauen weiter auf eine jüdische Zukunft in diesem Land und hier in München. Wenn das anders wäre, würden wir nicht das Jüdische Gymnasium weiter auf- und ausbauen und in die Gemeindestrukturen investieren.

Sehen Sie die Situation nicht zu positiv? Was muss geschehen, damit Sie den Juden hier empfehlen, nach Israel zu emigrieren?

Es war nie einfach und ist es auch heute nicht. In gewisser Weise sind wir immer noch oder besser: wieder im Zwischenzustand. Jüdisches Leben in Deutschland ist alles und nichts: Es ist ein Wunder, und es ist – zumindest ein bisschen – Normalität. Es ist Alltag und Ausnahmezustand. Es ist zugleich wundervoll und schwierig, motivierend und bedrückend.

Was würden Sie tun, wenn Sie jung wären?

Meine ehrliche Antwort ist: Ich weiß es nicht. Ich weiß nur: Die Gemeinde tut weiter alles, damit die jüdische Gegenwart hier auch eine Zukunft hat. Damit München die Heimat für jüdisches Leben sein und bleiben kann.

Tom Kučera

Der promovierte Biochemiker Tom Kučera stammt aus Zlín in der Tschechischen Republik und erwarb seine akademische jüdische Ausbildung in Jerusalem an der Jeschiwa Pardes, einer Hochschule, die sich durch ihren egalitären Ansatz auszeichnet, und später an der Universität Potsdam, wo er das Fach Jüdische Studien mit dem Magistergrad abschloss. Seine Smicha erhielt er am der Universität Potsdam angeschlossenen Abraham Geiger Kolleg, seine Ordination als Rabbiner fand als erste in Deutschland seit der Shoah im September 2006 in der Dresdener Synagoge statt. Seit Oktober 2006 amtiert er als Gemeinderabbiner der Liberalen Jüdischen Gemeinde Beth Shalom in München. Er publiziert regelmäßig zu medizinischen und naturwissenschaftlichen Themen aus jüdisch-spiritueller Sicht.

Welche Erfahrung haben Sie mit dem Antisemitismus in Deutschland gemacht? In München?

Ab und zu stelle ich diese Frage meinen Schülerinnen und Schülern. Die meisten haben zum Glück nichts Schlechtes erlebt, aber es gibt auch Ausnahmen, sogar in den » besseren « Stadtvierteln Münchens, in denen man nicht erwarten würde, dass erschreckende Bemerkungen über Juden und Gas gemacht werden. Eine ältere Generation der Schülerinnen und Schüler spricht auch von schwierigen Erfahrungen, besonders wenn sie als die Einzigen in der Klasse beziehungsweise in der Schule mit ihrer jüdischen Identität konfrontiert wurden. Ich finde es wesentlich, dass diese Schülerinnen und Schüler, die mir davon berichteten, ihre aktive jüdische Identität behielten oder sogar sagten: Ich bin damit glücklich.

Schwieriger wurde es meistens, wenn Israel eine größere militärische Operation außerhalb seiner Grenzen, zum Beispiel in Gaza, machte. Da bekamen wir mehr anonyme Anrufe als sonst.

Als sonst?

Ja, als sonst. Sie kommen in unbestimmten Intervallen, dafür regelmäßig. Was mich sehr wunderte, war eine höchst unangemessene schriftliche Nachricht, die nicht einmal anonym war. Auch nicht verwirrt, weil wir oft auch durchaus verworrene, pseudomystische und evangelisierende Briefe bekommen. Wir wenden uns dann an die Polizei, wenn der Ton in Richtung Gaskammer geht. Der Polizeischutz durch die Anwesenheit eines Wagens vor der Synagoge ist eine Normalität, genauso wie ein effektives Sicherheitssystem in der Synagoge selbst.

Ein Gemeindemitglied hat ein Kippa-Experiment gemacht und behauptet: Jahrelang habe ich mit der Kippa unzählige Städte besucht und keine negativen Erfahrungen gemacht. Dies mag für diese Person stimmen. Aber man sieht auch in der Öffentlichkeit nicht die vielseitigen Krankheiten, bis man ein Krankenhaus besucht. Und man sieht schon gar nicht die Toten, bis man einen Friedhof besucht.

Ich vermute, dass zurzeit der muslimische Antisemitismus wächst. Dies mag mit dem Anstieg muslimischer Flüchtlinge zu tun haben. Um dem entgegenzusteuern, habe ich mit dem Vorstand im damaligen Flüchtlingsjahr einige Veranstaltungen für die unbeaufsichtigten minderjährigen Flüchtlinge angeboten, zum Beispiel Zoobesuche, Bowling-Spiele, um das Zeichen zu setzen: Wir kümmern uns um euch. Dies wurde aber nicht von allen Mitgliedern der Gemeinde positiv aufgenommen. Wenn in Berlin israelische Flaggen von den meistens muslimischen Demonstranten vebrannt werden, fühlt man sich unwohl. Wenn jedoch ein Muslim sich im jüdischen Museum mit Messer gewaltsam Zutritt verschaffen will und der Richter beim Prozess entscheidet, es sei nur ein aufgezwungener Besuch gewesen, möchte man schon verzweifeln.

Wie kann die jüdische Gemeinde dem entgegenwirken?

Oft werde ich gefragt, was hilft. Neben der klassischen Antwort – Bildung, Bildung und Bildung! – in den Schulen, in den anderen Ausbildungsinstitutionen, auch in den Stadtverwaltungen, versuchen wir selbst als jüdische Gemeinde, zur Bildung beizutragen: Fast jede zweite Woche kommen zu uns Schülerinnen und Schüler oder Konfirmantengruppen, die ihre Fragen stellen. Sie möchten eine jüdische Gemeinde und das Judentum »von innen« kennenlernen. Sie sind uns sehr willkommen. Ich bin den verantwortungsbewussten Lehrerinnen und Lehrern und auch unserem Team der Freiwilligen dankbar, dass dies ermöglicht wird. Aus dem gleichen Grund sind die jüdischen Museen, in der extremsten Form die KZ, nach wie vor wichtig. Wenn es gut gemacht wird, macht das Thema sogar Spaß, wie zum Beispiel bei dem Thema Judentum und Bier oder die jüdischen Sportler in der Nazizeit, die israelisch-palästinensischen Beziehungen, Humor im Judentum etc. Das waren übrigens auch die Themen des jüdischen Museums in München in den letzten Jahren.

Wie sehen Sie die Zukunft der jüdischen Gemeinden in Deutschland?

Wenn das jüdische Leben bedroht wird, dann nicht nur von außen, sondern auch dadurch, dass ältere Mitglieder sterben und jüngere Generationen den Gemeinden eher fernbleiben. Dies mag sich ändern, wenn sie selbst Kinder bekommen und nach einer Identität für ihre neue Familie in der Gesellschaft fragen. Ich bin aber kein Befürworter tragischer Szenarios und denke dabei an die satirische Anmerkung: Das Judentum ist eine Religion, die schon seit einigen Tausend Jahren ausstirbt. Es wird aber nicht geschehen.

Moris Lehner

Moris Lehner wurde 1949 in München geboren. Nach seinem Jurastudium und der Dissertation in Heidelberg war er als Rechtsanwalt in Bonn und München tätig. 1993 habilitierte er an der Juristischen Fakultät der Ludwig-Maximilians-Universität München im Staatsrecht und war danach Professor an der Universität Heidelberg und der Freien Universität Berlin. Nach abgelehnten Rufen an die Universitäten Kiel und Leipzig trat er 1998 die Nachfolge seines akademischen Lehrers Klaus Vogel an der Juristischen Fakultät der Ludwig-Maximilians-Universität München an. Neben seinem Lehrstuhl für Öffentliches Wirtschafts- und Steuerrecht oblag ihm die Leitung der Forschungsstelle für ausländisches und Internationales Finanz- und Steuerrecht. Im Turnus mit seinen Kolleginnen und Kollegen war er bis zu seiner Emeritierung 2016 auch Dekan seiner Fakultät.

Moris Lehner war der erste ordentliche Professor jüdischen Glaubens an einer Juristischen Fakultät in Deutschland nach dem Holocaust. Seine Lehrtätigkeit im Ausland, auch an der Hebräischen Universität in Jerusalem, war ihm sehr wichtig. Über einen Zeitraum von mehreren Jahren war er im Vorstand und auch als Vizepräsident der Israelitischen Kultusgemeinde München und Oberbayern aktiv, deren Ehrenmitglied er seit dem Frühjahr 2023 ist.

Was bedeutet für Sie » Erinnerungskultur « in Bezug auf die Shoah?

So wie sie offiziell an Jahrestagen praktiziert wird, würde ich eher von Bemühungen um geistige Wiedergutmachung sprechen. Ohne Kenntnis der Geschichte und ohne emotionale Empfindung, die wiederum ohne unmittelbares oder mittelbares Erleben schwer zu erlangen ist, kann Erinnerung als Grundlage für gesellschaftsbezogene Verantwortung kaum gelingen.

Störend empfinde ich auch den Begriff » Erinnerungskultur «. Kultur ist, wenn es sich nicht um die Kultivierung von Mikroorganismen in einer Petrischale handelt, eng mit humanistischer Bildung und geschichtlichem Wissen verknüpft. Dies sind Bedingungen, die in Bezug auf den Holocaust oft im Bereich des Wunschdenkens angesiedelt sind. Grund: Man hat genug davon, genießt die » Gnade der späten Geburt «, und man kennt ja auch keine oder nur wenige Juden.

Kann es ein Zuviel an Erinnerungsaufforderungen geben? Noch mehr jüdische Museen? Noch mehr renovierte, einst zerstörte Synagogen – in die aber keine Juden zum G'ttesdienst gehen?

» Erinnerungsaufforderung « ist nach meinem Empfinden ein technisch-distanzierter Begriff, mit dem ich meine Antwort auf die erste Frage gut ergänzen könnte. Erinnerung sollte aber nicht in » jüdischen «, sondern in » deutschen Museen « stattfinden. Vielleicht sogar in Kirchen, auf jeden Fall aber in Schulen, wo Shoah aber bereits » gelehrt « wird. Schließlich: Wie kommen Sie darauf, dass Juden hierzulande nicht in Synagogen gehen? Ist nicht der permanente und leider notwendige Polizeischutz dieser Gebäude Beweis für das Gegenteil dieser Behauptung?

Finden Sie es richtig, dass aus den ehemaligen Konzentrationslagern – Buchenwald, Dachau – Museen und Bildungszentren werden?

Ja, weil Erinnerung am besten – nur? – dort entstehen und wachsen wird, wo ein besonderer Bezug zum Gegenstand der Erinnerung hergestellt werden kann. Dazu gehörten, solange sie noch lebten, auch Besuche von KZ-Überlebenden in Schulen. Mein Vater hat das sehr intensiv in Dachauer Schulen getan. Seine Authentizität ist daraus erwachsen, dass er nach seiner Befreiung aus dem Konzentrationslager Dachau bis zu seinem Tode in einem Dachauer Krankenhaus in Dachau geblieben ist und dass er Initiator und über Jahrzehnte hinweg Unterstützer der Dachauer Jugendbegegnungsstätte war. Bis in sein hohes Alter hat er mit Dachauer Schülern Erinnerungsarbeit (!) geleistet. Dazu gehörten auch Besuche in ehemaligen Konzentrationslagern, von denen es, um den Klammerzusatz der Frage – Buchenwald, Dachau – nicht falsch zu verstehen, mehr als 7000 Haupt- und Außenlager gab.

Wann begann Ihrer Meinung nach der Antisemitismus in Deutschland wieder nach dem Krieg? Stichwort: Displaced Persons.

Zum Antisemitismus: Die Frage erweckt den Eindruck, als hätte Antisemitismus in Deutschland keine historische Kontinuität. Andauernden Antisemitismus gibt es doch hier spätestens seit dem Mittelalter.

Zu den Displaced Persons: Die Menschen, die Konzentrationslager mit großem Glück und mit letzter Kraft überlebt haben, waren nicht nur » displaced « im Sinne von heimatlos und umgesiedelt. Sie waren lebende Leichen, die – ihr Leben lang! – meistens nicht mehr zu einem psychisch und physisch erträglichen Zustand zurückgefunden haben.

Gibt es wirklich in der nicht jüdischen Öffentlichkeit ein erkennbares jüdisches Leben?

Die Frage ist seltsam. Natürlich gibt es das. Nur ein Beispiel: Mehr als 200 000 Münchnerinnen und Münchner haben die Synagoge und das Gemeindezentrum am Münchner Jakobsplatz besucht. Wir laden sehr häufig und mit großer Resonanz zu Kulturveranstaltungen ein. Schließlich gibt es auch – typisch deutsch – die Gesellschaft für Christlich-Jüdische Zusammenarbeit. Eine Fußnote: Das trotz wechselndem Kalendertag durchaus bekannte Datum des jüdischen Neujahrsfestes – Rosch ha-Schana – wird zwar als Ausdruck des Miteinanders jedes Jahr in nicht jüdischen Medien erwähnt, trotzdem erreichen mich aus dem Kreis meiner Bekannten, die wissen, dass ich Jude bin, nur ganz vereinzelt gute Wünsche zum jüdischen Neujahr. Ein großer Affront wäre es aber, wenn ich diesen Menschen meinerseits kein schönes Weihnachts- oder Neujahrsfest wünschen würde!

Könnte der Berliner Rabbiner Walter Rothschild recht haben, dass die Juden das größte Problem für die Juden sind – innerjüdische Streitereien?

Falls diese Aussage wirklich stimmt, was ich kaum glauben kann, müsste man sie als riesigen Blödsinn, als arrogant, anmaßend und als sehr unverschämt zurückweisen: Im Klartext wäre die zitierte Aussage eine Abwandlung von »Die Juden sind doch selber an ihrem Schicksal schuld«.

Gibt es ein Mittel gegen das Wiedererstarken des Antisemitismus? Tom Kučera und Norbert Frei sagen: Bildung.

Ich stimme uneingeschränkt zu. Und erlaube mir eine weitere Anmerkung: Eines der größten Probleme für die hier lebenden Jüdinnen und Juden besteht darin, dass sie für die Politik des Staates Israel verantwortlich gemacht werden. Dazu gehören Narrative wie: »Gerade ihr Juden solltet doch«, ich ergänze: von uns Deutschen, »gelernt haben, was es bedeutet, wenn ein Volk unterdrückt wird.« Und noch etwas: Als ich 1998 frisch an die Juristische Fakultät der LMU berufen war, habe ich in meinem Grundkurs »Öffentliches Recht« – Staats- und Verwaltungsrecht – ausführlich über das Ermächtigungsgesetz von 1933 gesprochen. Die

Reaktion kam gleich am Nachmittag nach der Vorlesung: Auf die meinem Büro gegenüberliegenden Toilettentüren war je ein Hakenkreuz geschmiert, und dazu war geschrieben: » Nicht für Juden «. Auch auf der Tür zur Behindertentoilette befand sich ein Hakenkreuz. Der Text lautete jedoch: » Nur für Juden «. Das war kein Blöder. Leicht haben es mir meine Kolleginnen und Kollegen gemacht. Sie waren sehr loyal. Besonders hat es mich gefreut, dass sie mich auch zu ihrem Dekan gewählt haben.

Obwohl es weltweit und leider auch in Deutschland starken Antisemitismus gibt, empfinde ich dieses Land als meine Heimat und München als meine Heimatstadt.

Walter L. Rothschild

Walter L. Rothschild wurde 1954 im nordenglischen Brad-
ford geboren und studierte zunächst Theologie und Pädagogik an der Universität Cambridge. Nach der Lehramts-
prüfung und dem Magisterabschluss ging er zum Rabbiner-
studium an das Leo Baeck College in London. Während
seiner Studienzeit koordinierte er die progressiv-jüdischen
Jugend- und Studentenorganisationen in England. Nach
einer Tätigkeit als Religionslehrer in London wurde er 1984
ordiniert und war zehn Jahre lang der Rabbiner der Sinai-
Synagoge in Leeds und einiger benachbarter Gemeinden.
Anschließend folgten Stellen bei der liberalen Gemeinde in
Wien (1995–1997), auf Aruba/Niederländische Antillen
(1997–1998) und bei der Jüdischen Gemeinde in Berlin
(1998–2000). Seit 2001 betreut er als freiberuflicher Rabbiner verschiedene liberale jüdische Gemeinden. So trug er für
die Münchner Gemeinde Beth Shalom bis 2006 Verantwortung und war bis Ende 2009 der zuständige Rabbiner für die
Synagogengemeinde in Halle (Saale). Von 2005 bis 2015 war
er Landesrabbiner für den Landesverband der Jüdischen
Gemeinden von Schleswig-Holstein. Er betreute » Or Cha-
dasch – Jüdische Liberale Gemeinde Wien « sowie die liberalen Gemeinden in Köln und Freiburg im Breisgau. Zudem
war er von 2011 bis 2015 Mitglied im Vorstand der Union
progressiver Juden in Deutschland.

Wie lebt es sich als Jude, als Rabbiner in Deutschland, verehrter Rabbi Rothschild?

Bevor ich überhaupt anfange, Ihre Frage zu beantworten, möchte ich anmerken, dass ich dieses Konzept der »Juden« als eine Art andere Spezies im Vergleich zu den »Deutschen« recht verstörend finde. Wir müssen beide dieser Kategorien definieren, bevor wir darüber sprechen können, was »die Deutschen über die Juden denken« oder wie sich »die Juden bezüglich der Deutschen fühlen«. Nie ist die Rede von »den Deutschen und den Katholiken« oder »den Deutschen und den Vegetariern« oder »den Deutschen und den Gartenbauern«, aber es gibt immer »die Deutschen und die Juden«.

Heutzutage werden Muslime häufig in ähnlicher Weise separiert, was ebenso falsch ist bezogen auf diejenigen, die deutsche Staatsbürger sind und vermutlich hier geboren und aufgewachsen sind. Aber es lässt sich zumindest insofern einigermaßen nachvollziehen, wenn man beachtet, dass Muslime tatsächlich relativ neu in Deutschland sind, erst seit circa zwei Generationen, wohingegen es Juden bereits seit den Zeiten der Römer hier gab, bevor es überhaupt tatsächlich Deutsche gab. Oder gar Christen.

In der Tat gibt es kaum deutsche Juden. Lediglich »Juden in Deutschland«. So lautet zumindest die Erklärung der Nazis, die die »Reichsvertretung für Juden in Deutschland« gründeten. Nach dem Krieg übernahm der Zentralrat der Juden in Deutschland diese Bezeichnung, und um ehrlich zu sein, waren die meisten Juden in Deutschland nach 1945 keine Deutschen, sondern Displaced Persons, ursprünglich aus Polen, Ungarn oder Litauen ... Die deutschen Juden sind entweder rechtzeitig geflohen oder deportiert worden. Dann sind einige deutsche Juden aus verschiedenen Gründen aus ihrem Exil in Südamerika, Schanghai oder Palästina zurückgekehrt. Eine Sub-Gruppe kam auch als fromme

Kommunisten aus den Vereinigten Staaten und Russland zurück, nicht jedoch als gläubige Juden. Sie hatten die moralischen und ethischen Werte des Judentums verinnerlicht, jedoch nicht die spirituellen oder rituellen Werte. Sie wollten ein neues, besseres Deutschland aufbauen und ließen sich in der Sowjetischen Besatzungszone nieder, der späteren DDR. Leider durchlebten die meisten von ihnen dort eine zweite Phase des Verrats und der Repression. Sie wurden misstrauisch als »Kosmopoliten« beäugt und mussten feststellen, dass der Antisemitismus noch immer präsent war, nur besser getarnt. In der DDR, wie auch überall sonst im Ostblock, wurden keine Juden als »Juden« von den Nazis getötet, es gab lediglich allgemeine »Opfer des Faschismus«.

Die Kommunisten wurden zu Märtyrern, wohingegen (so die Unterstellung) die Bourgeoisie das, was ihr angetan wurde, weitgehend verdient hatte.

Lassen Sie uns bitte zurückkommen auf die Juden in Deutschland oder die jüdischen Deutschen.

Was also sind »deutsche Juden«? Man würde sie heute wohl eher in Nordamerika oder Australien antreffen, mit dem aschkenasischen Akzent, dem Regal mit alten Gebetsbüchern und ihrer Liebe zur liturgischen Musik Lewandowskis. Es gibt noch immer einige ältere Juden in Berlin, die Spanisch sprechen, die in Exilfamilien in Chile und Argentinien geboren und aufgewachsen sind und als Kinder nach Deutschland gelangten, weil ihre Eltern zurückkehrten. Sind sie »deutsche Juden«?

Lassen Sie uns also allem voran einige Kategorien aufdröseln. Die größten Probleme für Juden hier sind meiner Meinung nach:

1. Die Juden selbst mitsamt ihren zentralisierten, autoritären, unflexiblen und intoleranten Institutionen;

2. die guten Deutschen und ihr wohlmeinender, aber verblendeter unkritischer Philosemitismus;

3. die bösen Deutschen, früher wie heute, mit ihren sexuellen und psychologischen Problemen, die sie entweder in Nostalgie für eine rassistische, brutalistische Vergangenheit oder in Träumen von einer rassistischen Zukunft ausdrücken; und

4. Gott. Wie können wir über Judentum und Juden sprechen, ohne auch nur ein Wort über Gott zu verlieren? Die meisten Kommentatoren machen allerdings einen großen Bogen um theologische Verschwörungstheorien. Sie bevorzugen die Politik. Und Sie fragen mich als Rabbiner, oder? Wie sollen wir den Begriff »Bund« verstehen, nach allem, was passiert ist?

Sie sind sehr kritisch gegenüber den Juden in Deutschland.

Ja. Eines der schwerwiegendsten Phänomene, das hier von vornherein hervorgehoben werden sollte, ist, dass beinahe kein Jude in Deutschland am Judentum interessiert ist. Dem gegenüber steht eine überraschend hohe Anzahl an Nichtjuden, die es sehr wohl sind. Das führt zu einer großen Asymmetrie, bei der die jüdischen Gemeinden ab und an von gut meinenden Besuchern überrannt werden, bei der potenzielle Konvertiten den Mitgliedern zahlenmäßig überlegen sind, bei der Kirchen, Schulen und politische Organisationen sich mehr für den Besuch eines Rabbiners interessieren als die Synagogen selbst. Für einen Außenstehenden kann das alles sehr irritierend sein. Hier gibt es, meine ich, mehr Zentren für jüdische Studien oder Lehrstühle für Judaistik als in allen anderen Ländern.

Wieso sind die Juden das größte Problem? Das verstehe ich nicht.

Exakt. Das größte Problem sind die Juden selbst. Ich muss

Ihnen sagen, dass es tatsächlich nur sehr wenige Juden hier gibt, deutlich weniger, als viele denken. Sie können beinahe jeden beliebigen Deutschen fragen, und er würde Ihnen sagen, dass es zwischen fünf und zwanzig Millionen Juden in der Bundesrepublik gibt. Schließlich sind »Jews news«, und es vergeht kaum ein Tag, an dem nicht irgendein Politiker über Juden, den Antisemitismus, die Beziehung zu Israel oder anderes spricht. Sie müssen bedenken, dass es Millionen Deutscher gibt, die wahrhaftig glauben, dass wir Juden beinahe alles kontrollieren: die Banken, die Börsen, die Medien, die Regierung, das Wetter, die Art und Weise, wie Viren sich verbreiten und noch vieles mehr. Also sind wir natürlich überall, wenn auch im Verborgenen.

Manchmal denke ich, dass Gott echt Sinn für Humor hat. In den 1930er- und 1940er-Jahren wollten die Deutschen die Juden loswerden; in den 1960ern, den 1970ern und den 1980ern wollten sie die Russen loswerden. Dann, aus einem Schuldgefühl heraus, als die UdSSR, die einstige Sowjetunion, zerbrach, nahmen sie Tausende russische Juden auf! Als »Kontingentflüchtlinge«. Diese Menschen mussten sich bei einem Deutschen Konsulat bewerben, irgendetwas nachweisen – niemand war sich je sicher, was; sie mussten nie nachweisen, dass sie an etwas glaubten oder beschnitten waren, beteten oder Hebräisch lesen konnten oder dergleichen, es war alles nur auf dem Papier. Und dann durften sie nach Deutschland einwandern, jedoch unter strengen Anfangsbedingungen. Zuerst wurden sie in regionalen »Auffanglagern« untergebracht und dann auf die verschiedenen Bundesländer aufgeteilt, die sie wiederum den jeweiligen Kommunen zuteilten, in denen sie die ersten fünf Jahre leben mussten. Damit sollte verhindert werden, dass sie alle in die Großstädte abwandern, wie es bei früheren Einwanderungswellen der Fall gewesen war. So entstanden plötzlich neue »Jüdische Gemeinden« in Städten, in denen es seit den 1940er-Jahren keine Gemeinden mehr gab, wenn überhaupt. Menschen ohne jüdisches Wissen, Erfahrung oder Hintergrund, ohne die Fähigkeit, ein Gebetbuch zu lesen oder einen Gottesdienst zu halten, wurden plötzlich an verschiedenen Orten angesiedelt, und ihnen wurde gesagt: »Masel tov! Ihr seid jetzt die Jüdische Gemeinde von Buch, Cottbus, Oranienburg, Schwerin, usw.« Fast, so scheint es, willkürlich. Natürlich hatten sie keine Ahnung. Und auch sonst niemand. Ich habe sogar einmal einen Anruf erhalten, als ich Rabbiner in Berlin war, und wurde gefragt, ob ich »ein paar Juden« in eine bestimmte Stadt, nicht allzu weit entfernt in Brandenburg, schicken könne, da der Bürgermeister meinte, es wäre eine schöne Sache, darauf hinweisen zu können, dass »wir jetzt wieder eine jüdische Gemeinde haben«!

Die Juden sind also wirklich ein Problem für die Juden.

Richard C. Schneider

Als Sohn ungarischer Shoah-Überlebender wurde Richard Chaim Schneider 1957 in München geboren. Nach dem Studium der Germanistik, Theaterwissenschaften, Kunstgeschichte und Philosophie war er mehrere Jahre europaweit im Regiebereich an Stadt- und Staatstheatern tätig. Im Anschluss an einen Forschungsaufenthalt in Jerusalem begann er als freier Journalist für verschiedene Zeitungen und Zeitschriften zu schreiben. Eine wichtige berufliche Station wurde die ARD, bei der er für verschiedene Sender, vor allem aber die Auslandsredaktion des Bayerischen Rundfunks arbeitete. Von 2006 bis 2016 war er als Leiter des ARD-Fernsehstudios in Tel Aviv für die Berichterstattung über Israel, die Palästinensischen Autonomiegebiete und Zypern verantwortlich. Nach einem einjährigen Intermezzo als Leiter des ARD-Fernsehstudios in Rom kehrte er 2017 nach Tel Aviv zurück und ist für die ARD nun im sogenannten langen Format tätig, dreht weltweit Reportagen und Dokumentationen. Daneben hat er sich auch als Buchautor und Hochschuldozent etabliert. Im Jahr 2000 erhielt er den Bayerischen Fernsehpreis und den CIVIS Medienpreis für die vierteilige Dokumentation » Wir sind da! Juden in Deutschland nach 1945 «.

Wie lebt es sich als Jude in Deutschland?

Die Frage, die Sie mir stellen, klingt so simpel, ist aber im Grunde genommen wahnsinnig komplex. Oberflächlich betrachtet lebt es sich natürlich sehr gut in Deutschland, vor allem im Vergleich zum Leben in vielen anderen europäischen Ländern. Nichtsdestotrotz gibt es zwei Aspekte, die problematisch sind. Das eine ist tatsächlich die völlig irrsinnige Situation, dass man als Jude in dem Land lebt, das mit aller Intensität und mit viel Know-how, um es ironisch zu sagen, sechs Millionen des eigenen Volkes umgebracht hat.

So ähnlich hat es auch Charlotte Knobloch formuliert.

Dass meine Eltern, die überlebten, irgendwann hier landeten, hat viel mit den Nachkriegswirren zu tun. Dass sie geblieben sind, hatte indes vielerlei Gründe, über die ich nicht sprechen möchte, aber selbst wenn man diese Gründe nachvollziehen kann, es bleibt völlig absurd, als Jude nach dem Krieg in Deutschland zu leben.

Gilt das auch für die Gegenwart?

O ja! Das gilt auch heute noch, da es die Tätergeneration nicht mehr gibt. Das Gefühl ist immer noch das gleiche. Man fragt sich, wie kann man in dieser Kultur leben? Wie kann man mit dieser Sprache leben? Wie kann man Teil dieser Kultur und dieser Sprache sein?

Dann müssten Sie besonders leiden, Ihr Beruf verlangt nichts so sehr wie den Umgang mit der deutschen Sprache und Kultur.

Sie haben recht. Bei mir ist das Problem noch erheblich komplexer, weil ich Germanistik studiert habe und die deutsche Sprache jetzt mein Handwerksmittel ist als Journalist. Ich bin ein deutscher Journalist – und nichts anderes. Ich habe mich durch die Sprache und meinen Beruf an dieses Land gebunden.

Aber Sie leben die meiste Zeit in Israel, oder?

Das stimmt – das erleichtert mein Leben aber nicht. Zurück zu Ihrer Frage. Der ständig wachsende Antisemitismus in diesem Land lehrt die Juden das Fürchten, denn dieser Antisemitismus ist keiner der Außenseiter am rechten oder linken Rand des politischen Spektrums. Der immer offenere Antisemitismus in Deutschland ist in der Mitte der Gesellschaft angekommen. Er ist nicht länger ein Tabu. Es ist diese Entwicklung, die zwangsläufig zu der Frage führt, ob man als Jude überhaupt in diesem Land leben kann. Denn es gibt ein Gefälle zwischen dem, was die Politik formuliert, was also offiziell verlautbart wird, und dem, was in der Gesellschaft tatsächlich los ist.

Heißt das, dass die Politik das Problem herunterspielt, verharmlost und die Bürger weit aggressiver sind in ihrer Haltung gegenüber den Juden in ihrem Land?

Ja. Aber auch das ist letztlich kein deutsches Problem, sondern ein europäisches. Schauen Sie nach Frankreich oder nach Polen und Ungarn.

Nochmals die Frage: Kann man als Jude in diesem Land unbehelligt und frei leben?

Ja, man kann als Jude in Deutschland leben! Aber es ist nicht einfach! Die Last der ermordeten sechs Millionen Juden bedrückt und beschwert die wenigen Überlebenden und auch die Juden der nächsten und übernächsten Generation. Ich weiß, ich wiederhole mich: Aber wie will man als Jude in einem Land leben, dessen Bewohner unser Volk, das jüdische Volk, also das eigene Volk, vernichtet haben?!

Der Rabbiner Walter L. Rothschild meint, dass die deutschen Juden bis zu einem gewissen Grade schuld seien an dem wieder erstarkenden Antisemitismus. Ist das nur Polemik?

Juden waren immer untereinander zerstritten. Na und? Welche Rolle spielt das? Was hat das mit der Außenwelt zu tun und der Art, wie Juden wahrgenommen werden? Selbst wenn Juden sich *perfekt* verhalten würden – was auch immer das sei –, wären sie Objekt von Antisemitismus, Ressentiment, Vorurteil. Nun denn. Die Frage ist in sich sogar ein klein wenig antisemitisch. Sie insinuiert, dass Juden, wenn sie denn nur anders wären, besser leben würden. Das hat unterschwellig etwas Perfides. Und zeugt sogar von einem Minderwertigkeitsgefühl. So nach dem Motto: Wenn wir nur anders wären, *besser,* dann wäre alles gut. Juden sind, wie sie sind. So what? Das gibt einer nicht jüdischen Umwelt nie das Recht, zu diskriminieren, zu verfolgen, anzugreifen.

Was halten Sie von der viel zitierten, viel diskutierten sogenannten Erinnerungskultur?

» Erinnerungskultur « – das ist eine staatlich organisierte Form des Gedenkens, die inzwischen zum Selbstverständnis der Bundesrepublik gehört, aber nicht unbedingt zu dem seiner Bürger. Erinnerungskultur – das sind die ewig selben Reden von Politikern, deren Redenschreiber sich aus dem immer selben Textbaustein-Kasten bedienen. Das sind Reden, in denen die Politiker versuchen, mit Pathos in der Stimme » Betroffenheit « zu mimen. Erinnerungskultur ist politisch sicher nötig. Aber sie ist von keinerlei emotional echter Berührung geprägt. Und so manches, was da gesagt wird, wird nicht hinterfragt: » Nie wieder « etwa oder » Wehret den Anfängen «, obwohl jeder weiß, dass es längst wieder geschieht und wir bereits mittendrin sind. Ich weiß nicht, ob man diskutieren sollte, ob es zu viele Erinnerungsbemühungen gibt oder zu wenige. Es geht um das Wie. Und vor allem: für wen und von wem.

Ist es eine gute Idee, aus ehemaligen Konzentrationslagern auf bundesrepublikanischem Boden Museen zu machen oder Orte für Studien zum Nationalsozialismus und zur Judenverfolgung?

Ich kenne etliche ehemalige KZ. Und ich finde sie » zu schön «. Das Grauen ist da kaum noch nachzuvollziehen. Ich hätte sie » roher « gelassen, » brutaler «. Eine kleine Ausstellung, die die Geschichte des jeweiligen KZ erzählt – okay. Aber ansonsten: Nackter wäre besser gewesen. Aber das ist ja inzwischen sowieso zu spät. Das kann man nicht mehr herstellen. Als es um das Denkmal für die ermordeten Juden in Europa neben dem Brandenburger Tor ging, gab es einen Entwurf, den ich für perfekt hielt. Eine Bushaltestelle. Von dort sollten regelmäßig Busse in die ehemaligen KZ und Vernichtungslager fahren. An den echten Orten des Geschehens sollte das Gedenken stattfinden. Nicht an künstlichen Orten. Das fand ich damals überzeugend. Und heute immer noch.

Wann begann der Antisemitismus Ihrer Meinung nach? Ich meine nach der Befreiung 1945?

Wann der Antisemitismus in Deutschland wieder begann? War er denn jemals weg????

Haben Sie den Eindruck, dass die deutschen Juden präsent sind im bundesrepublikanischen Alltag?

Nein, die Juden sind nicht präsent in diesem Land. Es gibt »Inszenierungen« jüdischen Lebens für Nichtjuden. Es gibt von Menschen, die sich »Juden« nennen, aber nicht unbedingt halachische Juden sind, einen Aktivismus in Sachen Judentum, meistens in den Bereichen Kultur oder Gesellschaftspolitik. Das ist völlig in Ordnung und nicht zu kritisieren. Aber mit lebendigem, »normalem« Judentum hat das nur wenig zu tun.

Josef Schuster

Josef Schuster wurde 1954 in Haifa geboren. Sowohl mütter-licher- als auch väterlicherseits zählte seine Familie zu den Opfern der nationalsozialistischen Verfolgung der Juden und des Holocaust: Die aus Oberschlesien stammenden Eltern seiner Mutter wurden in Auschwitz ermordet, und sein Vater und sein Onkel, die im unterfränkischen Bad Brü-ckenau als Hoteliers tätig gewesen waren, wurden nach KZ-Haft gezwungen, ihren Grundbesitz an Nationalsozialisten zu veräußern und nach Palästina auszuwandern. Zwei Jahre nach der Geburt des Sohnes kehrte die Familie 1956 nach Deutschland zurück, und Würzburg wurde Josef Schusters Heimatstadt.

Dort promovierte er nach Abitur und Studium im Fach Humanmedizin und betrieb nach der Facharztausbildung bis 2020 eine eigene Praxis für Innere Medizin. Seit diesem Jahr ist er Mitglied im Deutschen Ethikrat. Zudem ist er Mitglied der Bioethikkommission der Bayerischen Staatsre-gierung sowie der Zentralen Ethikkommission der Bundes-ärztekammer.

1998 wurde Josef Schuster zum Vorsitzenden der Israeli-tischen Kultusgemeinde Würzburg und Unterfranken ge-wählt, ein Amt, das bereits sein Vater nach der Rückkehr der Familie bis 1996 ausgeübt hatte. 2002 erfolgte seine Wahl zum Präsidenten des Landesverbandes der Israelitischen Kultusgemeinden in Bayern. Nach dem 1999 erfolgten Ein-tritt in das Präsidium des Zentralrats der Juden in Deutschland wurde er im Anschluss an vier Jahre als Vizepräsident, 2014 erstmals zum Präsidenten gewählt und auch bei der jüngsten Wahl 2022 wieder für vier Jahre im Amt bestätigt. Zugleich ist Josef Schuster Vizepräsident des European Jewish Congress und des World Jewish Congress.

Was bedeutet für Sie » Erinnerungskultur « in Bezug auf die Shoah; und kann es ein Zuviel an Erinnerungsaufforderungen geben? Noch mehr jüdische Museen? Noch mehr renovierte, einst zerstörte Synagogen – in die aber keine Juden zum G'ttesdienst gehen?

Erinnerungskultur bedeutet für mich, ein Bewusstsein in der Gesellschaft zu schaffen für die Shoah und aktiv an die schrecklichen Geschehnisse zu erinnern, aber auch an die Menschen, die während der Shoah grausam ermordet wurden. Gleichzeitig gilt es aufzuzeigen, was zum Zweiten Weltkrieg führte, der so viel Leid und Tod über das jüdische Volk und die Welt, vor allem in Europa, gebracht hat. Erinnerungskultur bedeutet für mich auch, auf die Verantwortung unserer Gesellschaft hinzuweisen, dass so etwas nie wieder geschieht. Denn wie bereits der Shoah-Überlebende Primo Levi sagte: »Es ist geschehen, und folglich kann es wieder geschehen.« Vor diesem Hintergrund halte ich auch Gedenktage und öffentliche Gedenkveranstaltungen für essenziell.

Finden Sie es richtig, dass aus den ehemaligen Konzentrationslagern Museen und Bildungszentren werden?

Ich halte es für richtig und wichtig, dass an den Orten der ehemaligen Konzentrationslager Gedenkstätten und Lernorte entstanden sind und weiterhin entstehen. An den authentischen Orten aufzuzeigen, was geschehen ist, wie es dazu kommen konnte und warum es nie wieder geschehen darf, ist eine dauerhafte Aufgabe. Darüber hinaus bin ich der

Meinung, dass jeder, der dauerhaft in Deutschland lebt, einmal in seinem Leben eine Gedenkstätte besucht haben sollte. Daher setze ich mich für verpflichtende Gedenkstättenbesuche für Schülerinnen und Schüler weiterführender Schulen ein. Auch in den Integrationskursen für Geflüchtete und Zugewanderte muss die Shoah Thema sein. In nicht allzu ferner Zukunft wird es keine Zeitzeugen mehr geben, die unmittelbar von der Shoah und ihrer persönlichen Leidens- und Lebensgeschichte berichten können. Daher kommt insbesondere Museen,. Gedenkstätten und Bildungseinrichtungen die wichtige Aufgabe zu, weiterhin über die Shoah aufzuklären.

Wann begann Ihrer Meinung nach der Antisemitismus in Deutschland wieder nach dem Krieg? Stichwort: Displaced Persons.

Der Antisemitismus war nach 1945 nie verschwunden. Es war allerdings lange Zeit verpönt, sich offen antisemitisch zu äußern. Diese Hemmungen sind in den letzten Jahren bei vielen Menschen gefallen. Maßgeblich dazu beigetragen hat eine Partei, namentlich die » Alternative für Deutschland «, die sich nach meiner Auffassung nicht auf dem Boden des Grundgesetzes bewegt. Diese Partei zählt nicht nur Rechtspopulisten, sondern auch Rechtsextreme zu ihren Führungsfiguren und Mitgliedern. Meines Erachtens zu Recht soll diese Partei vom Verfassungsschutz beobachtet werden. Mit ihren Aussagen hat die Partei rote Linien in der gesellschaftlichen Debatte verschoben. Dadurch werden antisemitische Äußerungen wieder sagbar.

Gibt es wirklich in der nicht jüdischen Öffentlichkeit ein erkennbares jüdisches Leben?

Es gibt jüdisches Leben, das auch in der nicht jüdischen Öffentlichkeit präsent ist. Zum Beispiel durch Synagogen, Jüdische Gemeindezentren, Jüdische Museen, Restaurants, Kultur- und Filmtage. In Großstädten wie Berlin, in denen zahlreiche jüdische Menschen leben, ist jüdisches Leben eher sichtbar als in kleinen Kommunen. Darüber hinaus ist die Mehrheit der Jüdinnen und Juden optisch nicht als jüdisch erkennbar. Unter dem Dach des Zentralrats befinden sich 105 jüdische Gemeinden mit rund 100 000 Mitgliedern. Angesichts einer Gesamtbevölkerung von 83 Millionen ist der Anteil von Jüdinnen und Juden in Deutschland sehr klein, was auch eine geringere Sichtbarkeit zur Folge hat. Es ist mir aber ein Anliegen, dass jüdisches Leben in Deutschland sichtbarer und damit auch selbstverständlicher wird.

Gibt es ein Mittel gegen das Wiedererstarken des Antisemitismus? Der Rabbiner Tom Kučera und der Historiker Norbert Frei kennen nur eines: Bildung.

Das wirkungsvollste Mittel gegen Antisemitismus ist in der Tat Bildung. Kein Kind wird als Antisemit geboren. Studien verdeutlichen bereits seit Jahren immer wieder, dass rund ein Fünftel der deutschen Bevölkerung Vorurteile gegenüber Juden hat. Daher halte ich es für unerlässlich, über Judentum und das jüdische Leben aufzuklären, um Antisemitismus vorzubeugen. Der Zentralrat der Juden arbeitet beispielsweise eng mit der Kultusministerkonferenz zusammen. Gemeinsam haben wir eine Erklärung zur Vermittlung jüdischer Geschichte, Religion und Kultur im Unterricht herausgegeben sowie eine Empfehlung zum Umgang mit Antisemitismus in der Schule. Mit dem Verband Deutscher Bildungsmedien stehen wir zu Schulbuchinhalten im Austausch. Viele Menschen haben noch nie einen jüdischen Menschen getroffen. So können sich Vorurteile halten. Um dem entgegenzuwirken, hat der Zentralrat in meiner Amtszeit zwei Begegnungsprojekte initiiert. Bei »Meet a Jew« besuchen Jugendliche und junge Erwachsene Schulklassen, Vereine oder Kirchgemeinden und berichten von ihrem jüdischen Alltag. Dabei stellt sich heraus, dass Juden und

Nichtjuden einer Altersgruppe ähnliche Interessen und auch Sorgen haben. Man begegnet sich auf Augenhöhe. Das Projekt » Schalom Aleikum « eröffnet Räume für Begegnungen von Juden und Muslimen jenseits der Funktionärsebene. Beide Projekte halte ich für äußerst sinnvoll und gewinnbringend.

Danksagung

Ich bedanke mich bei allen, die dieses Projekt unterstützt und begleitet haben! Vor allen anderen bei Felicitas von Lovenberg, die mich, der ich immer wieder zögerte, motivierte. Ich bedanke mich bei all meinen Gesprächspartnerinnen und -partnern, die sehr offen von ihren Erfahrungen, ihren Ängsten und ihren Enttäuschungen sprachen.

Dass Charlotte Knobloch, Präsidentin der Israelitischen Kultusgemeinde München und Oberbayern, mich empfing und mir viel Zeit schenkte, war eine besondere Freude. Auch allen anderen sei gedankt: Deborah Feldman, Antje Yael Deusel, Rabbiner Tom Kučera, Rabbiner Walter L. Rothschild, Josef Schuster, dem Präsidenten des Zentralrats der Juden in Deutschland, und den Freunden Norbert Frei, Moris Lehner und Richard C. Schneider (die meisten der Interviews wurden schriftlich geführt. Sie sind gekürzt; der Text von Rabbiner Rothschild wurde aus dem Englischen übersetzt).

Schließlich gilt mein Dank meiner Lektorin Esther Feustel. Sie war eine sehr aufmerksame Leserin und forderte von mir nicht wenige Kürzungen und dafür neue Artikel. Ihren Rat habe ich befolgt!

Glossar

Almemor heißt der Tisch, auf dem die Thorarollen ausgerollt werden.
Der Almemor steht direkt vor dem Thoraschrein, auf einem Podest,
sodass diejenigen, die aus der Thora lesen, sich nur umwenden müssen – vom Schrein zum Tisch.

Aron Hakodesch ist der Thoraschrein. Er wird auch bezeichnet als heilige Lade oder heilige Arche. In ihm werden die Thorarollen aufbewahrt. (Manche kleinere Gemeinden besitzen nur eine Thorarolle.)
In einem genau festgelegten Ritual werden die Thorarollen dem
Schrein entnommen. Zunächst wird der Schmuck entfernt. Wäh-
renddessen werden von der Gemeinde bestimmte Gebete rezitiert.
Der Vorleser, der seine Aufgabe stets als eine besondere Ehre begreift – in Gemeinden des progressiven Judentums dürfen diesen
Dienst auch Frauen ausüben –, tritt dann zur Bima, wohin die Rolle
vom Rabbiner zuvor getragen wurde.

Bar Mitzwa hat im Aramäischen und im Hebräischen eine unterschiedliche Bedeutung. Zum einen steht der Begriff für » Sohn «, zum
anderen für » Gebot «. Die Bar-Mitzwa-Feier bedeutet für einen
jüdischen Jungen – meist ist er dreizehn Jahre jung –, die Anerken-
nung als vollwertiges Mitglied der jüdischen Gemeinde. Zum ersten
Mal darf er aus der Thora lesen; das ist das Zeichen der religiösen
Mündigkeit. Gelesen werden nicht nur der für diesen Tag vorgese-
hene Thora-Abschnitt, sondern auch Auszüge aus den Büchern der
Propheten. Meist sind diese Feiern an einem Schabbat-Morgen.
Danach bitten die Eltern des Jungen – ähnlich wie nach Kommunio-
nen oder Konfirmationen – die anwesenden Gemeindemitglieder zu
einer Feier, meist in den Räumen der Gemeinde und nicht zu Hause.

Bat Mitzwa ist das Bar-Mitzwa-Ritual für Mädchen, sie sind an diesem
Feiertag meist ein Jahr jünger als die Jungen. Dieses Ritual gibt es nur
in den Reformgemeinden, und zwar erst seit Beginn des 20. Jahrhunderts. In orthodoxen jüdischen Gemeinden existiert so eine Feier der
religiösen Mündigkeit für Mädchen nicht.

Bima, ein anderer Name für Almemor.

Bracha (Plural Brachot) heißt jeder Segen, jeder Lobpreis. Am Kabbalat Schabbat werden die zwei Kerzen, das Brot und der Wein gesegnet, mit jeweils verschiedenen Brachot.

Brit Mila ist der Begriff für die Beschneidung von jüdischen Knaben (oder jüdischen Männern nach dem Übertritt zum mosaischen Glauben). Dieser Eingriff, den ein Arzt oder ein sogenannter Mohel vornimmt, erfolgt am 8. Lebenstag des Säuglings. Ein Mohel ist ein frommer Jude, der gelernt hat, diese Mini-Operation auszuführen. Die ganze Familie ist bei dieser Zeremonie in der Synagoge versammelt. Das Kind liegt dabei stets auf dem Schoß eines Mannes, der für diese Ehre ausgesucht wird – es muss nicht der Vater sein. Während dieses Rituals werden Gebete gesprochen, und am Ende folgt ein Segen für das Kind. Die Beschneidung von jüdischen und muslimischen Jungen führte in Deutschland immer wieder zu Debatten. Am Ende blieb ein Verbot, das von Gegnern des Beschneidungsritus aus Gründen des Kinderschutzes gefordert worden war, aus.

Chamez heißt alles »Gesäuerte«. Also jede Speise, die aus Getreide und Wasser besteht und die genügend Zeit hatte zu fermentieren. Brot ist Chamez, Kekse sind es, Pasta, Pizza, Biere, Schnäpse aus Korn gebrannt. All diese Lebensmittel und Getränke nehmen orthodoxe Juden an den Pessach-Feiertagen nicht zu sich. Statt Chamez, also Brot, wird Mazza gegessen, ungesäuertes Brot (Plural: Mazzot). Warum? Sehr schmackhaft sind die meist quadratischen dünnen Mehlplatten nicht. Der Verzehr dieses ungesäuerten Brotes erinnert gläubige Juden an die Flucht aus Ägypten. Die Mazza oder Mazze ist während der Seder-Feier die wichtigste Speise. Zentrum einer jeden Seder-Tafel.

Chanukka heißt übersetzt »Weihung«. Und bezeichnet ein achttägiges Fest, meist im Dezember. Oft feiern die Juden Chanukka, wenn die Christen Weihnachten begehen, was assimilierte deutsche Juden darauf brachte, beide Feste zu feiern und sie »Weihnukka« zu nennen. Chanukka ist ein Lichterfest. Wieder ein Gedenktag. Gedacht wird der Wiedereinweihung des zweiten Tempels in Jerusalem im Jahr 164 vor Christus, im Jahr 3597 nach dem jüdischen Kalender. Gefeiert wird ein Wunder. Denn während der Kämpfe der Juden mit den Seleukiden geschah es, dass das Öl, das gebraucht wurde, um die Menora, den siebenarmigen Leuchter, der niemals erlöschen darf, zu erleuchten, sich als nie versiegend erwies. Eigentlich hätte es nur für einen Tag gereicht, aber der Leuchter spendete acht Tage lang Licht. Genauso lange brauchte man, um neues geweihtes Öl herzustellen.

Deshalb hat der Chanukka-Leuchter, genannt die Chanukkia, acht Lichter. Manchmal sind es sogar neun. Das neunte Licht nennt man den Diener. An dieser Flamme, und nur an ihr, werden Tag für Tag die anderen acht Lichter angezündet.

Haggada ist ein Buch, in dem festgelegt wird, was am Seder-Abend beim gemeinsamen Fest zu Hause (oder in der Synagoge) zu geschehen hat; welche Speisen erlaubt sind, welche nicht fehlen dürfen – und welche Gebete gemeinsam gesprochen werden sollen. Die Haggada ist also eine Gebrauchsanweisung für Pessach, sie regelt den Ablauf. Seder heißt »Ordnung«. Gefeiert wird die Befreiung der Israeliten aus der ägyptischen Sklaverei. Oft ist die Pessach-Haggada ein bebildertes Buch. In jeder Familie gibt es nicht nur eine Haggada, sondern meist mehrere. Was vertrackt ist, denn sie unterscheiden sich. Nicht im Ablauf, aber in der Auswahl der Texte und Gebete. Es wird nicht nur gemeinsam gebetet und vorgelesen, es wird auch viel gesungen. Das »Dajenu« ist immer der Höhepunkt des streng geordneten Abends.

Halacha ist der rechtliche Teil der jüdischen Überlieferung. Sie umfasst die 613 Mizwot, also die Ge- und Verbote, deren spätere Auslegung unter anderem im Talmud zusammengefasst wurde.

Jom Kippur ist der höchste Feiertag im jüdischen Jahr. Er bildet nach zehn Bußtagen den Abschluss des Neujahrsfestes, genannt Rosch ha-Schana. Jom Kippur, den »Tag der Sühne«, halten selbst Jüdinnen und Juden ein, die sonst eher leger mit den Festtagen und den Geboten umgehen. Es ist ein Tag, an dem nicht gearbeitet werden darf. Es ist ein strenger Fastentag. Es darf weder etwas gegessen noch etwas getrunken werden, nur Kleinkinder, Kranke und alte Menschen müssen sich nicht an diese strenge Regel halten. Ich habe aber oft erlebt, dass auch Greise sich weigerten, etwas zu trinken, nachdem sie nicht mehr die Kraft hatten, für die Gebete aufzustehen. In den Gebeten erinnern sich die Gläubigen all ihrer Vergehen im vergangenen Jahr. Und Gott wird gebeten, die Verfehlungen, auch Übertretungen genannt, zu vergeben und einen Neuanfang zu ermöglichen. Man bittet Gott um Vergebung, wohl wissend, dass Gott erst dann vergeben wird, wenn man sich zuvor den Menschen anvertraut hat, denen man in Gedanken oder mit Taten unrecht getan hat. Der Gottesdienst dauert mindestens zehn Stunden. Die Synagoge ist weiß geschmückt – Zeichen der Reinheit; die Gläubigen tragen weiße Kleidung. Der Gottesdienst am Vorabend beginnt mit dem Gebet »Kol Nidre«, das vor Sonnenuntergang gelesen wird. Im Zentrum der Liturgie am Vorabend und an Jom Kippur stehen das Sündenbekenntnis, immer im Plural formuliert. Am Ende wird der Schofar geblasen, das Widderhorn. Meist von einem Gemeindemitglied, das für diesen einen Auftritt vor der Gemeinde sehr viel geübt hat, denn das Blasen des Schofars ist extrem schwierig. Nach den drei Schofartönen wird das Fasten gebrochen. In Israel sind an Jom Kippur alle Restaurants und Cafés geschlossen (ausgenommen arabische). Das Arbeitsverbot gilt für alle. Deshalb sind Flughäfen geschlossen und Grenzübergänge auch. An Jom Kippur sieht man kaum Autos auf den Straßen, außer Krankenwagen, Feuerwehren und Polizeiautos. Keine Rundfunk-, keine Fernsehanstalt sendet. Dass Israel an diesem Tag quasi gelähmt und extrem verwundbar ist, nutzten Syrien und Ägypten im Oktober 1973 und begannen den Jom-Kippur-Krieg.

Kabbalat Schabbat nennt man den Freitagabend, den »Empfang des Schabbats«. Kabbalat Schabbat wird in den Synagogen gefeiert und zu Hause. Es werden Psalmen (zum Beispiel die Psalmen 95 bis 99) und verschiedene andere Dichtungen gelesen. Traditionell isst man einen Hefezopf, Challa genannt. In München gibt es einen bekannten Feinkostladen in Bogenhausen, wo so ein Zopf am Freitag angeboten wird – mit und ohne Mohn. Verkauft als Wiener Hefezopf, von manchen Bedienungen aber verschämt auch »das Judenbrot« genannt.

Kantor ist ein Vorsänger, Chorleiter oder eine Person, die sich um die musikalische Gestaltung des Gottesdienstes kümmert. Jüdische Kantoren heißen Chasanim (Singular: Chasan). Der Kantorenberuf ist ein sehr angesehener. Kantoren haben meist eine Ausbildung als Sänger hinter sich. Manche sind berühmt und veröffentlichen CDs. Kantoren können es oft mit professionellen Opernsängern aufnehmen, weswegen einige in Kantorenkonzerten – zum Beispiel zum jüdischen Neujahrsfest – auftreten. Die Neujahrsfeste im Münchner Prinzregententheater sind inzwischen Tradition und Kult, besucht von Juden und Nichtjuden.

Kaschrut heißen die jüdischen Speisevorschriften.

Kiddusch ist ein Segensspruch. Gesprochen an jedem Schabbat, also am Freitagabend und am Samstagmorgen. Und an allen jüdischen Feiertagen – mit Ausnahme des Jom Kippurs. Gesegnet werden die beiden Schabbatkerzen, der Becher Wein und die Challa. Ursprung ist das Gebot aus dem 2. Buch Mose 20,8: »Gedenke des Sabbattages, dass du ihn heiligst.« Der Schabbat ist der zweitwichtigste Feiertag der Juden nach dem Jom Kippur. Das heißt: ein wöchentlicher hoher Feiertag!

Kippa (Plural Kippot) nennt man eine kleine kreisförmige Kopfbedeckung. Aus Stoff, Wolle oder Leder, manchmal reich bestickt. Nie sehr groß. Eine Kippa bedeckt nicht den Kopf, sondern eigentlich nur den Scheitel. Eitle Männer tragen sie ohne Haarklammer. Nirgendwo in den Schriften und im Talmud gibt es ein Gebot für Männer, beim Beten den Kopf zu bedecken. Die Kippa wurde Mode erst im 17. Jahrhundert. Heute ist sie üblich (und mancherorts auch gefordert) beim Gebet in der Synagoge, auf jüdischen Friedhöfen. Manche Juden, vor allem orthodoxe, tragen sie auch im Alltag, sogar beim Training in Fitnessstudios. An den Kippot erkennt man den männlichen Juden in der Öffentlichkeit, an den Kippot erkennen Juden und Jüdinnen einander. Wer dieses Outing fürchtet, kann statt der Kippa einen Hut, eine Mütze oder eine Baseballkappe tragen. Beim Besuch von Synagogen und jüdischen Friedhöfen sind auch Nichtjuden angehalten, irgendeine Kopfbedeckung zu wählen. Notfalls reicht auch ein Taschentuch.

Klezmer ist eine Musikform. Sie entwickelte sich im deutschen und osteuropäischen Judentum. Seit dem 15. Jahrhundert kennen wir die sogenannten Klezmorim. Das waren Volksmusikanten, die eine Mischung aus weltlicher, nicht liturgischer jüdischer Musik und Musiken aus der religiösen Tradition anboten. Die wichtigsten Klezmer-Instrumente sind die Geige und die Klarinette. Früher spielten Klezmorim vor allem bei jüdischen Hochzeiten, heute treten sie in Konzerthäusern auf.

Koscher sind alle Lebensmittel, die nach den jüdischen Speisegesetzen erlaubt sind; sie sind tauglich. Koscher – und das sind nur wenige Beispiele – ist das Fleisch von wiederkäuenden Paarhufern, es ist also erlaubt, Obst und Milchprodukte sind erlaubt. Meeresfrüchte sind prinzipiell verboten, auch Fische, die keine Kiemen haben und die man nicht schuppen kann. Kaviar ist verboten, weil er vom Stör stammt, Forellen- und Lachsrogen ist erlaubt. Blut ist verboten.

Laubhütte ist ein kleines Häuschen, nicht sehr wetterfest und gebaut meist auf den Balkonen von Häusern oder in Gärten. Sie werden errichtet für das Fest Sukkot; es ist eines der drei großen Wallfahrtsfeste des Judentums und dauert acht Tage und Nächte. Es geht zurück auf das göttliche Gebot, diese Hütten zu errichten, um sich zu erinnern an die Wunder, die der Herr den Juden in der Wüste bereitete.

Machsor ist ein Gebetbuch, in dem ausschließlich Texte, Gebete aus dem Tanach enthalten sind. Es sind besondere Auszüge und Funde, die ausschließlich an Feiertagen vorgelesen werden – im Unterschied zu den alltäglichen Gebeten im Siddur. In den meisten Fällen handelt es sich bei einem Machsor um ein großformatiges Buch in zwei Bänden. Es gehört einer Privatperson, die es an Feiertagen der Gemeinde zur Verfügung stellt, während der Feiertage wird es dann aufbewahrt in der Synagoge.

Maschgiach ist ein Aufseher und Aufpasser. Er kontrolliert in Restaurants und in allen Küchen, in denen koscher gekocht werden soll, ob die Speisegesetze eingehalten werden. Das heißt, der Maschgiach schaut sich jedes Ei an, das für die Zubereitung von Speisen verwendet wird – Blutreste im Dotter, schon darf das Ei nicht benutzt werden. Mehl mit einem Insekt darinnen muss vernichtet werden, drum wird Mehl erst einmal gesiebt. Die jüdischen Speisegesetze heißen Kaschrut. Der Maschgiach ist aber nicht die oberste Autorität bei dieser Kontrolle, sondern es ist der Rabbiner oder eine unter rabbinischer Aufsicht stehende Organisation, die letztlich entscheidet, was gegessen werden darf. Von einem Maschgiach kontrollierte Lebensmittel, Metzgereien, Bäckereien oder Restaurants werden mit einem Koscher-Stempel versehen.

Mesusa (Plural Mesusot) ist eine Schriftkapsel, die an den Eingangstüren von Häusern und Wohnungen angebracht wird. Und immer neben jeder Tür, außer vor dem Bad, der Toilette und den Kellerräumen. In jeder Wohnung hängen also mehrere Mesusot. In jeder Mesusa befindet sich ein beschriftetes Pergament, auf dem Zeilen aus dem wichtigsten Gebet der Juden stehen, dem »Schma Jisrael!«, dem »Höre, Israel!«. Nicht geklärt ist, wie die Mesusa anzubringen ist: schräg oder gerade?

Mikwa oder Mikwe ist das rituelle Bad der Juden. Es dient nicht der alltäglichen körperlichen Reinigung. Das mit Wasser gefüllte Becken ist vorgesehen für die rituelle Waschung, erzielt werden soll eine Reinheit. In die Mikwe müssen alle steigen, über Treppen hinab, die mit einem Toten in Berührung gekommen sind. Menstruation bewirkt ebenso Unreinheit. Der Besuch der Mikwa gehört zum orthodoxen jüdischen Leben so selbstverständlich wie die Einhaltung der Schabbat-Gebote. Für das Eintauchen müssen Männer und Frauen nackt sein. Schmuck ist ebenso wenig erlaubt wie Nagellack oder Lippenstift. Es ist kein Baden, sondern ein komplettes Untertauchen. Männern wie Frauen ist der Besuch einer Mikwe vorgeschrieben. Männer sind aber frei in der Wahl des Tages. Frauen hingegen müssen nach jeder Menstruationsblutung und bevor sie wieder Geschlechtsverkehr haben, in die Mikwa. Dass Männer und Frauen nicht gleichzeitig dieses Tauchbad vollziehen dürfen, versteht sich. Dass sie nicht allein in das Bad steigen dürfen, ist weniger selbstverständlich. Fakt ist aber, dass dieses rituelle Bad für Männer und Frauen streng überwacht wird. Eine Frau passt bei den Frauen auf, ein Mann bei den Männern. Das Untertauchen wird beaufsichtigt. Und bei Frauen wird nach dem Bad darauf geachtet, dass es am Handtuch keine Blutreste mehr gibt.

Mitzwa (Plural Mitzwot) heißt erst einmal nur »Gebot«. Im Talmud wird erklärt, dass in der Thora 613 Mitzwot erwähnt würden – 365 Verbote und 248 Gebote. Eigentlich gibt es keine Hierarchie unter den Mitzwot, aber unterschieden wird dann doch zwischen leichten und schweren Verstößen.

Parochet nennt man den meist sehr prächtig verzierten und oft kostbaren Prachtvorhang vor dem Thoraschrein in der Synagoge. Den Vorhang sieht man erst, wenn die (hölzernen) Türen des Schreins geöffnet sind.

Pessach zählt zu den wichtigsten Festen des Judentums und erinnert an den Auszug aus Ägypten. Das Fest beginnt mit dem Seder-Abend.

Rabbiner leiten normalerweise den Gottesdienst in der Synagoge. Sie sind zugleich Seelsorger, kümmern sich um die Belange der Gemeinde und ihrer Mitglieder, sind auch Ansprechpartner für die Jugend. Letztlich sind sie durch ihre Ausbildung auch »Schriftgelehrte«. Rabbiner sind »Lehrer« und zugleich »Meister« in der Interpretation der geistlichen Schriften. Rabbiner ist Beruf und Ehrentitel zugleich. Die meisten Rabbiner sind verheiratet und haben Familie.

Rosh ha-Schana bedeutet »Haupt des Jahres« und ist der jüdische Neujahrstag. Der Neujahrsgruß ist »Schana tova« – »Ein gutes Jahr!« – oder »Schana tiva u'metuka!« – »Ein gutes und süßes Jahr!«. Die verschiedenen jüdischen Gemeinschaften haben eigene Gebräuche für die Mahlzeit am Neujahrsabend. Ich kenne die Feier mit Apfelschnitzen und Honig, es gibt aber durchaus Gemeinden, die Rosh ha-Schana mit Honigkuchen, süßem Wein, Weintrauben und Granatäpfeln feiern.

Schabbat bedeutet »Ruhetag, Ruhepause«. Der Schabbat ist orthodoxen und auch den meisten Juden, die dem progressiven Judentum nahestehen, heilig. Ein Tag ohne Arbeit, das steht schon in den Zehn Geboten. Ein Tag, an dem nicht telefoniert wird, an dem man nicht reist. Der Schabbat ist nach dem Jom Kippur der wichtigste Feiertag der Juden – jede Woche wieder. Der Schabbat beginnt am Vorabend (Kabbalat Schabbat) und dauert von Sonnenuntergang am Freitag bis zum Eintritt der Dunkelheit am folgenden Samstag. Der Tag wird also wahrgenommen als eine Zeitspanne vom Vorabend bis zum Abend des nächsten Tages, so wie es in der Schöpfungsgeschichte steht – also nicht von 0 bis 24 Uhr. Juden wünschen sich » Schabbat Schalom«, und manche Nichtjuden wünschen ihren jüdischen Freunden das Nämliche. Orthodoxe Juden legen das Arbeitsverbot besonders streng aus. Das bedeutet zum Beispiel auch das Verbot des Feuerentzündens, was die Bedienung elektrischer Geräte umfasst, oder das Verbot des Tragens von Gegenständen. Küchenherde dürfen nicht bedient werden, Lichtschalter auch nicht, Fahrstuhlknöpfe darf man nicht drücken, weshalb es in Israel Schabbat-Lifte gibt, die automatisch auf jedem Stockwerk halten.

Siddur bedeutet » Ordnung«. Es handelt sich beim Siddur um eine Gebetssammlung und eine Sammlung von Segenssprüchen. All diese Texte dienen Jüdinnen und Juden, ihren Alltag zu ordnen. Enthalten sind unter anderem die Morgen-, die Nachmittags- und die Abendgebete. Orthodoxe Juden beten dreimal täglich. Auch die Gebete vor und nach den Essen sind darin aufgenommen. Schließlich ist das Mussafgebet im Siddur, also jenes Gebet, das nur am Schabbat und an den Feiertagen gebetet wird.

Sofer wird derjenige Mann genannt, der die Thorarollen und die Pergamente für die Mesusot beschriftet – ein privilegierter Schreiber.

Synagoge ist ein Gebäude – manchmal sind es auch nur einige Zimmer in einem Wohnhaus, wie zum Beispiel bei der liberalen Gemeinde Beth Shalom in München –, das der Versammlung der Gläubigen zum gemeinsamen Gottesdienst dient und dem Religionsunterricht von Kindern, Jugendlichen und Erwachsenen. Eine Synagoge dient also viel mehr Zwecken als eine christliche Kirche. Es ist ein Lehrhaus. Synagoga ist zudem eine allegorische weibliche Figur, die meist einer anderen weiblichen Figur gegenübergestellt wird: der Ecclesia. Die beiden Frauengestalten spielen in der christlichen Ikonografie des Mittelalters eine wesentliche Rolle. Sie sind Gegenspielerinnen, wobei die Siegerin bereits feststeht. Ecclesia ist die schöne Frau, die eine Krone trägt, also Herrscherinnenstatus genießt. In ihren Händen hält sie ein Kreuz und einen Kelch. Synagoga wird meist als schwache, gedemütigte Frau gezeigt. Die Krone liegt am Boden, ihre Lanze ist gebrochen, und über den Augen trägt sie eine Binde. Sie ist, das ist die Aussage, blind – so wie alle Juden, die Christus nicht erkannt haben, nicht erkennen wollen.

Talmud Der Talmud ist eines der bedeutendsten jüdischen Schriftwerke. Er ist Belehrung zum einen, zum anderen bedeutet das Wort » Studium«. Judentum ist ohne Talmud nicht vorstellbar. Die Schrift besteht aus zwei Teilen. Der ältere Teil heißt Mischna, der jüngere Gemara. Es gibt zwei Ausgaben des Talmuds: den babylonischen und den Jerusalemer. Wenn vom Talmud die Rede ist und aus diesem zitiert wird, dann ist immer der jüngere, die Gemara, gemeint. Sie besteht aus Kommentaren und Analysen zur Mischna. Es sind Interpretationen, Auslegungen zu allen die Menschen bewegenden Themen. Der Talmud ist also kein biblischer Gesetzestext, sondern er beschäftigt sich damit, wie die gegebenen Gesetze, die Gebote und Vorschriften ausgelegt werden können, wie sie das Denken und die Entwicklung beeinflussen. Kein Gebiet wird ausgeklammert. Medizin, die Naturwissenschaften, die Geschichte der Juden, die Pädagogik und das Recht im Judentum werden mitgedacht, analysiert und bewertet. Der Talmud ist also weniger Belehrung als vielmehr Anregung oder besser noch: Aufforderung zum Studium, zum Weiterdenken und Weiterforschen. Ein Lehrbuch des Judentums – das weitergeschrieben werden muss.

Tanach oder Tenach ist wiederum ein Buch, eine Sammlung heiliger Schriften des Judentums. Die Texte umfassen die fünf Bücher Mose. Sie werden innerhalb eines Jahres in der Synagoge gelesen, wöchentlich, immer am Schabbat. Der Tanach besteht also aus den Hauptteilen Thora (Weisung), Nevi'im (Propheten) und Ketuvim und ist somit die Hauptquelle jüdischen Rechts, jüdischer Ethik, jüdischer Bräuche. Ohne Tanach gäbe es kein Judentum!

Thora heißt wörtlich übersetzt die Lehre oder die Weisung. Die Texte der Thora sind identisch mit den fünf Büchern Mose, die – in Wochenabschnitte aufgeteilt – im Laufe eines Jahres in der Synagoge vorgelesen werden. Immer am Schabbat. Die Thora gilt Juden als die Quelle für die Ge- und Verbote, die das Zusammenleben regeln. Ohne Thora: kein jüdisches Recht, keine jüdische Ethik, keine religiösen Bräuche. Ohne Thora, von der Juden glauben, dass Mose sie am Sinai vom Ewigen erhalten habe, gäbe es kein Judentum.

Treife bedeutet bei den Speisegesetzen nicht koscher, also nicht rein.

Zizit sind Fransen, auch Schaufäden genannt. Gläubige jüdische Männer tragen vom Kleinkindalter an unter ihrem Hemd eine Art Poncho, den Tallit Katan, den kleinen Mantel. An ihm hängen an jeder der vier Ecken Fransen. Jüdische Knaben aus orthodoxen Familien fallen spätestens beim Turnunterricht als » anders « auf und müssen dies erklären. Wer so ein Kleidungsstück trägt, befolgt das Gebot der Thora: » Sie sollen sich Fransen an die Ecken ihrer Kleidung machen. « Der Zizit besteht aus acht Fäden und fünf Knoten, macht 13. So ergibt die Endrechnung die Zahl 613. Das bedeutet, dass die Schaufäden die Träger dieses Hemdes an alle 613 Mitzwot erinnern, damit sie sie einhalten. Täglich, zu jeder Stunde – außer im Schlaf.

Anmerkungen

1 FAZ, Frankfurter Anthologie, 1.6.2018, https://www.faz.net/aktu ell/feuilleton/buecher/frankfurter-anthologie/frankfurter-antho logie-partisanenlied-von-hirsh-glik-15618349.html.

Vorwort

1 https://2021jlid.de/pressemitteilungen/bundespraesident-frank-walter-steinmeier-nur-wenn-juden-hier-vollkommen-sicher-vollkommen-zuhause-sind-ist-dieses-deutschland-vollkommen-bei-sich/.

Einleitung

1 https://mediendienst-integration.de/gruppen/judentum.html.

2 Jüdische Allgemeine, 19.2.2021, https://www.juedische-allgemeine. de/politik/judentum-gehoert-zu-deutschland/.

3 https://www.zeit.de/gesellschaft/zeitgeschehen/2018-05/religioese-diskriminierung-christen-ablehnung-pew-studie.

4 https://www.sueddeutsche.de/politik/antisemitismus-deutschland-juedischer-weltkongress-1.4652536.

5 Per Leo: Tränen ohne Trauer – Nach der Erinnerungskultur, Stutt-gart 2021, S.197.

6 Jureit/Schneider: Gefühlte Opfer – Illusionen der Vergangenheits-bewältigung, Klett-Cotta, Stuttgart, 2. Auflage 2011, S.19.

7 Bundeszentrale für politische Bildung (bpb), https://www.bpb.de/ themen/erinnerung/geschichte-und-erinnerung/39813/erinnerungs kultur/.

8 Leo, a.a.O. S.237.

9 Stefanie Schüler-Springorum: Das Untote – Warum der Antisemitis-mus so lebendig bleibt und ist, in: Kursbuch 202, September 2020, S.54.

10 Norbert Frei im Gespräch.

11 Richard C. Schneider: Wir sind da! Die Geschichte der Juden in Deutschland von 1945 bis heute, Berlin 2000, S.22.

12 Ebenda, S. 231.

13 Ebenda, S. 22.

14 Ebenda, S. 114.

15 Ebenda, S. 167.

16 Ebenda, S. 219.

17 Ebenda, S. 493.

Zurück im Land der Mörder

1 Michael Brenner (Hrsg.): Geschichte der Juden in Deutschland – Von 1945 bis zur Gegenwart, München 2012, S. 20.

2 Charlotte Knobloch im Gespräch.

3 Brenner: Geschichte der Juden, S. 144.

4 Moris Lehner im Gespräch.

5 Brenner: Geschichte der Juden, S. 144.

6 Peter Schäfer: Kurze Geschichte des Antisemitismus, München 2020, S. 264.

7 Wilhelm Emanuel Süskind: Judenfrage als Prüfstein, in: Süddeutsche Zeitung, 2. 8. 1949.

8 Süskind: Judenfrage.

9 Richard Bauer/Michael Brenner: Jüdisches München – vom Mittelalter bis zur Gegenwart; München, 2006, S. 190.

10 Süskind, zitiert nach Steinke: Leserbrief, https://www.sueddeutsche.de/muenchen/antisemitismus-wie-ein-leserbrief-voller-judenhass-in-die-sz-kam-1.3936116.

11 Steinke: Leserbrief.

12 Zitiert nach Steinke: Leserbrief.

13 https://www.kas.de/de/einzeltitel/-/content/erste-regierungserklaerung-von-bundeskanzler-adenauer.

14 Konrad Adenauer: Regierungserklärung des Bundeskanzlers vor dem Deutschen Bundestag, zitiert nach https://www.konrad-adenauer.de/seite/20-september-1949-regierungserklaerung-des-bundeskanzlers-vor-dem-deutschen-bundestag/.

15 Bauer/Brenner: Jüdisches München, S. 196.

16 Richard C. Schneider im Gespräch.

Zentralrat der Juden

1 Brenner: Geschichte der Juden, S. 163.

2 Charlotte Knobloch im Gespräch.

3 Brenner: Geschichte der Juden, S. 164.

4 Ebenda, S. 165.

5 Leibl Rosenberg: Wie ein Raumschiff auf einem fremden Planeten. Geschichten aus dem Föhrenwald, in: Roman Haller (Hrsg.): Und bleiben wollte keiner. Jüdische Lebensgeschichten im Nachkriegsbayern, München 2004, S. 90 f.

6 Konrad Adenauer, Interview mit Alfred Wolfmann für die »Allgemeine Wochenzeitung der Juden in Deutschland«, 25. 10. 1963, zitiert nach https://www.konrad-adenauer.de/seite/25-oktober-1963/.

Gesellschaft für Christlich-Jüdische Zusammenarbeit

1 https://www.gcjz-m.de/geschichte-der-gcjz-muenchen/.

2 Schneider, a. a. O., S. 19.

3 https://www.gcjz-m.de/geschichte-der-gcjz-muenchen/.

4 https://www.gcjz-m.de>unsere-satzung.

5 https://www.gcjz-m.de/geschichte-der-gcjz-muenchen/.

6 https://stadt.muenchen.de/dam/jcr:8d618be3-6776-41f6-b307-12f0ef3a7769/GCJZ_online.pdf.

7 https://de.wikipedia.org/wiki/Deutscher_Koordinierungsrat_der_Gesellschaften_für_Christlich-Jüdische_Zusammenarbeit.

8 https://www.bundespraesident.de/SharedDocs/Reden/DE/Frank-Walter-Steinmeier/Reden/2019/03/190310-Woche-der-Bruederlichkeit.html.

9 Ebenda.

Die Shoah ist Vergangenheit – der Antisemitismus ist Gegenwart

1 Brenner, a. a. O., S. 263.

2 Zitiert nach: https://www.deutschlandfunk.de/schaendung-der-koelner-synagoge-vor-60-jahren-beginn-einer-100.html.

3 zitiert nach: https://geschichtsbuch.hamburg.de/epochen/sechziger-jahre/die-antisemitische-welle-19591960/.

4 Münchner Jüdische Nachrichten, 30. 3. 1961.

5 Per Leo, a. a. O., S. 64.

6 Ebenda, S. 65.

7 Zitiert nach: https://www.konrad-adenauer.de/seite/16-januar-1960/.

8 Zitiert nach: https://dejure.org/BGBl/1960/BGBl._I_S._478.

9 https://de.wikipedia.org/wiki/Liste_von_antisemitischen_Anschlägen_und_Angriffen_im_deutschsprachigen_Raum_nach_1945.

10 Zitiert nach: Wolfgang Kraushaar: Die 68er Bewegung, 1998, 2. Band, S. 652.

11 https://de.wikipedia.org/wiki/Liste_von_antisemitischen_

Anschlägen_und_Angriffen_im_deutschsprachigen_Raum_
nach_1945.

12 Bulletin des Presse- und Informationsamtes der Bundesregierung
vom 10.11.1978.

13 Jureit/Schnieder, a.a.O., S.22.

14 Ebenda.

15 Bulletin des Presse- und Informationsamtes der Bundesregierung
vom 10.11.1978.

16 Zitiert nach: https://www.bundespraesindent.de>Reden>2013/11.

17 Ebenda, 2019712.

18 Per Leo, a.a.O., S.88.

19 Ebenda, S.88f.

20 Ebenda, S.91.

21 https://de.wikipedia.org/wiki/Liste_von_antisemitischen_
Anschlägen_und_Angriffen_im_deutschsprachigen_Raum_
nach_1945.

22 Jüdische Allgemeine, 7.10.2016.

23 https://de.wikipedia.org/wiki/Liste_von_antisemitischen_
Anschlägen_und_Angriffen_im_deutschsprachigen_Raum_
nach_1945.

24 Ebenda.

25 Süddeutsche Zeitung, 7.8.2019.

26 Süddeutsche Zeitung, 4.10.2019.

27 Tagesspiegel, 10.10.2019, https://www.tagesspiegel.de/politik/union-
und-spd-sehen-nach-attentat-in-halle-mitschuld-bei-afd-4108738.
html (zuletzt abgerufen 17.8.2019).

28 Matthias Dobrinski, Der Bruch eines Versprechens, in: Süddeutsche
Zeitung, 10.10.2019, https://www.sueddeutsche.de/politik/halle-
anschlag-kommentar-1.4634876 (zuletzt abgerufen 20.7.2023).

29 »Wir sind absolut erschöpft.« Interview von Thorsten Schmitz, in:
Süddeutsche Zeitung, 9.11.2019, https://www.sueddeutsche.de/
politik/max-privorozki-halle-anschlag-judentum-interview-1.4674420
(zuletzt abgerufen 20.7.2023).

30 »Ich sehe hier ein Abrutschen nach rechts.« Josef Schuster im
Gespräch mit Stefan Henlein, in: Deutschlandfunk, 26.11.2018,
https://www.deutschlandfunk.de/josef-schuster-zentralrat-der-
juden-ich-sehe-hier-ein-100.html (zuletzt abgerufen am 20.7.2023).

31 Andreas Herholz, Es ist nicht so, dass man sich als Jude verstecken
muss, in: NWZ Online, 9.11.2019, https://www.nwzonline.de/
interview/es-ist-nicht-so-dass-man-sich-als-jude-verstecken-muss_
a_50,6,1263787350.html (zuletzt abgerufen am 20.7.2023).

32 Stefanie Schüler-Springorum, a. a. O., S. 53 f.

33 Ebenda S. 62.

34 Richard C. Schneider im Gespräch.

35 Charlotte Knobloch im Gespräch.

36 Tom Kučera im Gespräch.

37 Norbert Frei im Gespräch.

38 Antje Yael Deusel im Gespräch.

39 Moris Lehner im Gespräch.

Wiedergutmachung – materiell und ideell

1 Karl Marx im Gespräch mit Konrad Adenauer, in : Allgemeine Wochenzeitung der Juden in Deutschland, 25. 11. 1949.

2 Ebenda.

3 Ebenda.

5 Ebenda, S. 22 f.

6 Christoph Cornelißen: Zur Erforschung von Erinnerungskulturen in West- und Osteuropa. Methoden und Fragestellungen. In: Ders., Roman Holec, Jiri Pesek (Hrsg.): Diktatur – Krieg – Vertreibung. Erinnerungskulturen in Tschechien, der Slowakei und Deutschland seit 1845, Essen 2005, S. 25 ff.

7 Hans Günter Hockerts; Zugänge zur Zeitgeschichte: Primärerfahrung, Erinnerungskultur, Geschichtswissenschaft. In: Konrad H. Jarausch; Martin Saborw (Hrsg.): Verletztes Gedächtnis. Erinnerungskultur und Zeitgeschichte im Konflikt, Frankfurt a. M., 2002, S. 9–73; hier S. 41.

8 Aleida Assmann: Der lange Schatten der Vergangenheit, Erinnerungskultur und Geschichtspolitik, München 2006.

9 Norbert Frei: Vergangenheitspolitik. Die Anfänge der Bundesrepublik und die NS-Vergangenheit, München 1996, S. 664.

10 Johannes R. Becher, in: https://de.wikipedia.org/wiki/Auferstanden_aus_Ruinen.

11 Jureit/Schneider, a. a. O., S. 153 f.

12 Ebenda, S. 21.

13 15 Jahre Gesellschaft zur Förderung jüdischer Kultur und Tradition e. V., hrsg. Von der Gesellschaft, München. Herbst 1996, S. 9.

14 Ebenda, S. 10.

15 Ebenda, S. 13.

16 Zitiert nach: https:///www.hagalil.com/2021/11/35-juedische-kulturtage-muenchen.

17 Richard C. Schneider im Gespräch.

18 https://de.wikipedia.org/wiki/Alte_Hauptsynagoge_München.

19 https://www.muenchenarchitektur.com/architektur-highlights/
   21-kultur-und-bildungsbauten/146-das-juedische-zentrum-am-
   jakobsplatz.

20 https://de.wikipedia.org/wiki/Liste_von_antisemitischen_
   Anschlägen_und_Angriffen_im_deutschsprachigen_Raum_
   nach_1945.

21 https://www.bundespraesident.de/SharedDocs/Reden/DE/Horst-
   Koehler/Reden/2006/11/20061109_Rede.html.

22 Stiftung Baukultur Rheinland-Pfalz (Hrsg.): Gebauter Aufbruch –
   Neue Synagogen in Deutschland, Regensburg 2010, S. 96.

23 Jüdische Allgemeine, 6. 2. 2007.

24 https://swr.de.

25 Ebenda.

26 Ebenda.

27 https://www.bundespraesident.de/SharedDocs/Reden/DE/
   Christian-Wulff/Reden/2010/09/20100903_Rede.html.

28 Jüdische Allgemeine, 2. 7. 2020.

29 Jan Mühlstein im Gespräch.

30 https://de.wikipedia.org/wiki/Geschichte_des_Antisemitismus_
   seit_1945.

31 https://de.wikipedia.org/wiki/Museum.

32 https://www.cicero.de/comment/201072.

33 Ebenda.

34 Ebenda.

35 Ausstellungsstück im Jüdischen Museum Fürth.

36 taz, 21. 3. 2020.

37 http://kultur-vollzug.de/article-58137/2015/12/31/wie-aus-einer-
   verruckten-idee-das-judische-museum-entstand/.

38 https://www.muenchen.de/sehenswuerdigkeiten/museen/juedisches-
   museum-muenchen.

39 https://www.aktives-museum-suedwestfalen.de/.

40 https://museum-peenemuende.de/zeitreise/denkmallandschaft/.

41 https://www.gg-online.de/html/kz_walldorf.htm.

42 Ebenda.

43 Michael Brenner: 1998: Die Walser-Bubis-Kontroverse, 12. 11. 2013,
   https://www.juedische-allgemeine.de/politik/1998-die-walser-
   bubis-kontroverse/ (für alle drei Zitate).

44 https://www.hagalil.com/antisemitismus/deutschland/
   antisemitismus/nation.htm.

45 https://de.wikipedia.org/wiki/Lea_Rosh.

46 Lea Rosh: Holocaust-Rezeption und Geschichtskultur, in: Holger Thünemann: Zentrale Holocaust-Denkmäler in der Kontroverse, Idstein 29005, S. 159 ff.

47 https://de.wikipedia.org/wiki/Lea_Rosh.

48 https://www.freitag.de/autoren/jaugstein/denk-mal-an.

49 Rudolf Augstein: Wir sind alle verletzbar, in: Der Spiegel 49/1998, 29.11.1998, https://www.spiegel.de/politik/wir-sind-alle-verletzbar-a-bfeed278-0002-0001-0000-000007085973.

50 Jureit/Schneider, a. a. O., S. 413.

51 Ebenda.

52 https://de.wikipedia.org/wiki/Martin_Walser.

53 https://www.faz.net/aktuell/politik/inland/mahnmal-fuer-sinti-und-roma-wir-haben-jetzt-einen-ort-11937005.html.

54 https://de.wikipedia.org/wiki/Denkmal_für_die_im_Nationalsozialismus_ermordeten_Sinti_und_Roma_Europas.

55 https://de.wikipedia.org/wiki/Gedenk-_und_Informationsort_für_die_Opfer_der_nationalsozialistischen_%E2%80%9EEuthanasie%E2%80%9C-Morde.

56 Richard C. Schneider im Gespräch.

57 Moris Lehner im Gespräch.

58 Josef Schuster im Gespräch.

59 Norbert Frei im Gespräch.

60 Rosel Kirchhoff: Am Lagertor, zitiert aus Schalom Ben-Chorin: Jugend an der Isar, Göttingen 2019, S. 119.

61 K. Erik Franzen: Migration und Krieg im lokalen Gedächtnis. Beiträge zur städtischen Erinnerungskultur Zentraleuropas, München 2016.

62 Ruth Klüger: Weiter leben. Eine Jugend, Göttingen 2012 und https://www.sueddeutsche.de/muenchen/dachau/versoehnungskirche-dachau-das-leben-als-zufall-1.2509923?reduced=true.

63 Volkhard Knigge: Die Neukonzeption der Gedenkstätte Buchenwald, Weimar 2001, S. 20.

64 Ebenda.

65 https://www.stiftung-gedenkstaetten.de/ueber-uns/stiftunggesetz

66 Knigge S. 58 f.

67 Bundestagspräsident Wolfgang Thierse bei der Gedenkfeier in der KZ Gedenkstätte Flossenbürg am 16. April 2005, https ://www. bundestag.de/parlament/praesidium/reden/2005.

68 Bundestagspräsident Wolfgang Thierse in seiner Rede am 24. Oktober 1999 in Buchenwald anlässlich des Festakts zum Abschluss der Neukonzeption der Gedenkstätte Buchenwald in: Gedenkstätten

für die Opfer des Nationalsozialismus. Eine Dokumentation. Band II, Bundeszentrale für politische Bildung, 2000.

69 Ebenda.

70 Gedenkstättenleiter: Rechte Störer in Buchenwald, in: Neue Westfälische, 22.1.2020, zitiert nach https://www.presseportal.de/pm/65487/4499792.

71 https://www.n-tv.de/politik/Rechte-zeigen-sich-offen-in-Buchenwald-article21527201.html.

72 Norbert Frei im Gespräch.

73 Süddeutsche Zeitung, 13.10.2014.

74 Info Israelitische Kultusgemeinde, 5.12.2014.

75 Münchner Streit um Stolpersteine – Wer gedenkt am besten? In: Die Tageszeitung. 28.06.2006.

76 Richard C. Schneider im Gespräch.

77 Norbert Frei im Gespräch.

Jüdischer Protest im Rampenlicht

1 Spiegel 46/1985.

2 Cristina Nord, Antisemitische Klischees bei Fassbinder. » Der reiche Jude «, in: taz, 29.9.2009, https://taz.de/Antisemitische-Klischees-bei-Fassbinder/!5155304/.

3 SZ, 6.11.1985.

4 Frankfurter Rundschau, 2.11.2015.

5 http://www.gallustheater.de/2015/11/kgesm03.php.

6 Spiegel, a.a.O.

7 https://www.cicero.de/kultur/antisemitismus-in-deutschland-empathie-gibt-es-nur-fuer-tote-juden.

8 Ebenda.

9 Jochen Leffers, Die lästige NS-Vergangenheit, Spiegel Online, 14.5.2002, https://www.spiegel.de/lebenundlernen/uni/studenten-und-holocaust-die-laestige-ns-vergangenheit-a-196024.html.

10 https://www.dw.com/de/die-documenta-15-endet-die-antisemitismus-vorwürfe-bleiben/a-63178310.

11 Ebenda.

12 Ebenda.

13 Hugo Müller-Vogg: Wer lügt? Der Documenta-Skandal könnte Claudia Roth noch zum Verhängnis werden, in: Focus online, 15.7.2022, https://www.focus.de/politik/deutschland/kommentar-von-hugo-mueller-vogg-die-documenta-braucht-einen-neuen-anfang-und-wir-vielleicht-eine-neue-ministerin_id_116907280.html.

14 Matthias Meisner: Eklat um die Kulturministerin, in: taz, 21.5.2023, https://taz.de/Claudia-Roth-bei-Jewrovision/!5933183/.

15 Meisner: Eklat.

16 Erica Zingher, Kultur und Antisemitismuskritik, in: taz, 27.5.2023, https://taz.de/Enttaeuschung-ueber-Claudia-Roth/!5934395/.

Israelitische Kultusgemeinde

1 https://de.wikipedia.org/wiki/Israelitische_Kultusgemeinde.

Union progressiver Juden in Deutschland

1 Union progressiver Juden: 35 Grundsätze, https://www.liberale-juden.de/ueber-uns/35-grundsatze/.

2 Union progressiver Juden: 35 Grundsätze.

Koscheres Leben – Gebote und Verbote im Judentum

1 Schalom Ben Chorim: Jugend an der Isar, Göttingen 2019, S. 17.

2 Tobias Kühn: Ein Haus, eine Mission, in: Deutschlandfunk, 22.5.2017, https://www.deutschlandfunk.de/judentum-ein-haus-eine-mission-100.html.

Jüdische Kunst

1 Philo-Lexikon – Handbuch des jüdischen Wissens. Jüdischer Verlag im Athenäum-Verlag, Königstein 1982, Spalte 405.

2 https://de.wikipedia.org/wiki/J%C3%BCdische_Kultur.

3 Christine Schmitt: Familie ist am wichtigsten, in: Jüdische Allgemeine, 19.5.2021, https://www.juedische-allgemeine.de/unsere-woche/familie-ist-am-wichtigsten/.

4 https://jcom.de/.

5 Grossmann im Gespräch mit dem Autor.

6 Ebenda.

7 Ebenda.

8 Grossmann im Gespräch mit dem Autor.

9 Sophie Emilie Beha: Stolpersteine der Musikgeschichte. Diese zwei jüdischen Orchester feiern den Klang der Verfemten, in: Tagesspiegel, 7.7.2021, https://www.tagesspiegel.de/kultur/diese-zweijudi schen-orchester-feiern-den-klang-der-verfemten-7997548.html.

10 Ebenda (für beide Zitate).

11 Gegen Vergessen – Für Demokratie e.V., »Es geht um europäisches Kulturerbe«, o.D., https://www.gegen-vergessen.de/themen/natio nalsozialismus/detailansicht-aktuelles/article/es-geht-um-europaei sches-kulturerbe/.

12 Ministerpräsident Kretschmer überreicht Verdienstorden der Bundesrepublik Deutschland an acht Persönlichkeiten, https://www.sachsen.de (Homepage der Sächsischen Staatskanzlei), 19.4.2023, https://www.medienservice.sachsen.de/medien/news/1065526.

13 Gegen Vergessen – Für Demokratie e.V., »Es geht um europäisches Kulturerbe«, o.D., https://www.gegen-vergessen.de/themen/nationalsozialismus/detailansicht-aktuelles/article/es-geht-um-europaeisches-kulturerbe/.

14 Michael Ernst, Kein Geburtstagskonzert in Sicht, 1.11.2022, https://www.musik-in-dresden.de/2022/11/01/neue-juedische-kammerphilharmonie/.

15 Gegen Vergessen – Für Demokratie e.V., »Es geht um europäisches Kulturerbe«, o.D., https://www.gegen-vergessen.de/themen/nationalsozialismus/detailansicht-aktuelles/article/es-geht-um-europaeisches-kulturerbe/.

Freie Berufe

1 https://de.wikipedia.org/wiki/Geschichte_der_Juden_(Neuzeit).

2 Gila Lustiger: Weltläufig. Warum Deutschland eine jüdische Zeitung braucht, in: Jüdische Allgemeine, 12.4.2006, https://www.juedische-allgemeine.de/allgemein/weltlaeufig/.

3 Frank-Walter Steinmeier: Unermüdlich, unbeirrbar, unvergleichbar, in: Süddeutsche Zeitung, 29.8.2021, https://www.sueddeutsche.de/kultur/rachel-salamander-laudatio-rede-antisemitismus-steinmeier-heine-preis-rede-1.5394922.

Daseinsfürsorge

1 https://de.wikipedia.org/wiki/Israelitisches_Krankenhaus_Hamburg.

2 Das neue Israelitische Hospital zu Hamburg, in: Heinrich Heine, Neue Gedichte, Hoffmann und Campe, Hamburg 1844.

3 Israelitisches Krankenhaus: 150 Jahre Israelitisches Krankenhaus in Hamburg. Hamburg 1997, S. 94.

4 Israelitisches Krankenhaus: 150 Jahre Israelitisches Krankenhaus in Hamburg. Hamburg 1997, S. 94.

5 https://www.juedisches-krankenhaus.de/willkommen.html.

6 http://www.berlin-judentum.de/kultur/alter.html.

7 Helmut Reister: Bis heute ungeklärt, in: Jüdische Allgemeine, 6.2.2020, https://www.juedische-allgemeine.de/unsere-woche/bis-heute-ungeklaert/.

8 Reister, Bis heute ungeklärt.

Judentum bedeutet lernen

1 Schalom Ben-Chorin a. a. O., S. 43.

2 https://www.bllv.de/projekte/geschichte-bewahren/erinnerungsar beit/historischer-hintergrund/juedische-bildung/.

3 Michael Szentei-Heise: Wir brauchen jüdische Schulen! Ein Plädoyer zum Schulanfang, in: Jüdische Allgemeine, 28. 8. 2018, https:// www.juedische-allgemeine.de/unsere-woche/wir-brauchen-juedische-schulen/.

4 Maximilian Perseke, Lernen mit Kippa, Quasten und Polizeischutz, in: Rhein-Neckar-Zeitung, 24. 1. 2019.

5 https://www.deutschlandfunk.de/antisemitismus-an-schulen-du-jude-du-opfer-100.html.

Epilog

1 Matthias Claudius: Werke in einem Band, München 1976, S. 488 ff.

2 Söder greift die AfD an – Spahn kritisiert die Grünen, in: Handelsblatt, 12. 10. 2019, https://www.handelsblatt.com/politik/deutschland/deutschlandtag-der-jungen-union-soeder-greift-die-afd-an-spahn-kritisiert-die-gruenen/25110152.html.

3 György Polgár, Shoah als Pflichtfach, in: Jüdische Allgemeine, 26. 1. 2022, https://www.juedische-allgemeine.de/juedische-welt/schoa-als-pflichtfach/.